地殻変動する国際エネルギー資源業界

中津孝司 [編著]
嶋崎善章 [著]
河村　朗

創 成 社

はじめに

　大転換。今，われわれはこれまでに経験したことのない変革の入り口に立っている。産業構造パラダイムの地殻変動ともいうべき新たな時代の変化である。

　その伏線は地球温暖化を阻止しようとする世界的な取り組みにある。地球の温暖化が本当に進展しているのかどうかは判然としないけれども，少なくとも美しい地球を維持したいという観点では異論はないだろう。

　発電部門では化石燃料をむやみに燃焼させず，温存していこうとする方向へと走り出している。石炭から石油，そして天然ガスへとシフトしてきたが，天然ガスですら有限の貴重な地球共通の財産である。液化天然ガス（LNG）の生産増強を進める企業が再生可能エネルギーとの競争に打ち勝つことができるのか。

　そうした化石燃料とは決別して，再生可能エネルギー，すなわち風力，地熱，潮力，太陽光といった無限のエネルギー源を電源とする。そのうえでガソリンや天然ガスを使用しない交通手段へと舵を切る。そして，全体として地球温暖化ガスの排出を抑制する壮大なる人類の実験である。

　従来であれば，原油価格の上昇局面では石油会社の収益が改善され，電力会社やガス会社の収益は圧迫された。と同時に，資源価格の上昇局面では再生可能エネルギーにブレーキがかかってきた。

　だが，これからは違う。資源価格がたとえ低迷していても，電力・ガス会社は再生可能エネルギーを重要視しなければならないし，石油会社も再生可能エネルギーへのシフトが求められる。国際社会の見つめる眼が厳しくなる中，再生可能エネルギーに対する各社の取り組み状況が生き残りをかけた競争になるのである。社会，ひいては顧客の反応を重視しなければならない，いわば社会

的組織の宿命でもある。

　その範囲は資源エネルギー業界のみにとどまらない。周知のとおり，われわれが毎日のように利用する乗用車は電気化とコンピュータ化とが同時進行している。乗用車はもはや高度にコンピュータ化された家電製品の様相を呈する。

　そうなると，乗用車を製造するのは自動車会社である必要はなくなる。電気自動車（EV）の性能を左右するのは，エンジンや燃費ではなく，モーターと電池になる。乗用車の完全自動化に必要なのは自動車会社ではなく，IT（情報技術）企業である。その世界では自動車会社は無用の長物だ。

　資源エネルギー業界が再生可能エネルギーを無視し，自動車業界がEVを軽視するのは業界の勝手ではある。やりたいようにやればよい。しかし，国際社会や顧客をいつまで無視できるか。世界は20世紀型の社会・産業構造からの脱却を模索している。日本では平成の世すら終わろうとしている。資源エネルギーの大転換がさまざまな産業界に挑戦状を突き付けている。

　本書は地殻変動する資源エネルギー業界を縦軸として，そして，激動する国際政治経済を横軸に，その接点を探ろうとしている。この取り組みが奏功したかどうかは読者の皆様方の厳しいご批判に依拠するが，本書が理解を深める一助となれば，望外の喜びであることはいうまでもない。本書で足りない部分は次著において必ずや克服する所存である。

　本書の完成については，共著者の嶋崎善章先生，河村朗先生の多大なるご助力を得た。記して感謝申し上げたい。また，創成社の塚田尚寛社長，ならびに編集部スタッフのご理解とご支援がなければ本書出版は実現しなかった。厚く御礼を申し上げる次第である。

平成30年立春のころ

勤務先の研究室にて

中津孝司

目　次

はじめに

Chapter I　地殻変動する国際エネルギー資源業界 ─── 1

1．原油価格変動の新メカニズム……………………………………1
　A．身勝手な産油国　1
　B．原油価格変動の5大要因　2

2．凋落する石油王国・サウジアラビア ……………………………9
　A．窮地に追い込まれる石油王国　9
　B．脱原油依存戦略は奏功するか　10
　C．頭角を現すムハンマド皇太子　12
　D．著しく低下するサウジアラビアの原油輸出市場シェア　13
　E．行政改革で起死回生を図れるか　16

3．窮地に追い込まれるロシアの石油・天然ガス産業………18
　A．英国の欧州連合（EU）離脱はロシアを利するか　18
　B．原油安と経済制裁がロシア経済を追い詰める　21
　C．ロシアの石油・天然ガス産業と経済　23
　D．ロシアの石油産業　24
　E．ロシア国営石油企業ロスネフチの苦悩　25
　F．ロシア国営天然ガス独占体ガスプロムの命運　28

4．日本が産油国を救済する ……………………………………29
　A．経済協力か，救済か　29
　B．苦悩するサウジアラビアを救済する日本　31

5．ロシアとサウジアラビア，そして米シェールオイル…34
　A．ロシアは原油減産に踏み切るか　34
　B．サウジアラビアのお家事情　36

6. トランプの米国と国際原油市場 ································· 37
   A. トランプ政権の誕生で世界は変わるか　37
   B. トランプ政権のエネルギー政策と国際原油市場　40
7. 主要産油国の原油減産合意で市場はいかに動くか ········ 42
   A. 主要産油国は減産を遵守するか　42
   B. 協調減産しないロシア　44

Chapter II　台頭する再生可能エネルギー：現状と展望 —— 51

1. はじめに ··· 51
2. 再生可能エネルギー利用の現状 ································· 53
   A. 総1次エネルギー供給　53
   B. 発　電　56
   C. 発電設備容量　57
3. 再生可能エネルギー価格の現状 ································· 61
4. 再生可能エネルギー投資の現状 ································· 66
   A. 投資の全体像　66
   B. ブルームバーグ新エネルギーファイナンスによる分析　67
5. 再生可能エネルギーの導入ポテンシャル・産油国の
   動向・今後の展望 ·· 71
   A. 世界の再生可能エネルギー導入ポテンシャルと賦存量　72
   B. 再生可能エネルギーに関する産油国の賦存量と動向　74
   C. 太陽光発電と風力発電の見通し　76
6. 小　括 ··· 77

Chapter III　原油安に苦しむ石油輸出国機構（OPEC）と「シェール革命」—— 81

1. はじめに ··· 81
2. 世界の石油動向の歴史とOPEC ································· 82
3. 原油価格の下落とOPEC産油国の現状 ······················ 87

4．「シェール革命」と OPEC 諸国 …………………………… 96
    A．米国産シェールオイルの増産と米国の OPEC 原油の輸入　96
    B．「シェール革命」に対する一部の OPEC 諸国の対処策　102
5．OPEC と非 OPEC の連携 …………………………………… 106
6．結　　論 ……………………………………………………… 108

Chapter IV　原油安と日本の中東産原油・液化天然ガス（LNG）輸入 ── 117

1．はじめに ……………………………………………………… 117
2．福島事故後・原油安の中での日本のエネルギー経済
   概観と世界における日本の位置付け ……………………… 119
    A．1次エネルギー動向と化石エネルギー動向　120
    B．石油動向　123
    C．天然ガス動向　127
3．日本と中東諸国間のエネルギー貿易動向 ………………… 130
    A．中東産原油と日本　131
    B．中東産 LNG と日本　134
4．原油安と中東諸国のエネルギー消費増大が日本に
   与える影響 …………………………………………………… 140
    A．原油価格下落と日本　140
    B．GCC 諸国におけるエネルギー消費の増大と日本経済　144
5．結　　論 ……………………………………………………… 146

Chapter V　窮地に追い込まれるロシアのエネルギー外交 ── 157

1．乱気流に巻き込まれる国際エネルギー業界 ……………… 157
2．危ういクレムリン外交 ……………………………………… 163
3．長期化するロシア経済の変調 ……………………………… 171

4．資源安に苦悩するロシアの石油・天然ガス産業界……174
　　5．日本とロシア……180

Chapter VI　プーチン訪日で日露関係は進展するか ── 184
　　1．国際環境の激変と日本の国家課題……184
　　2．安倍政権悲願のプーチン大統領訪日……186
　　　　A．プーチン訪日の前哨戦　186
　　　　B．プーチン大統領の山口，東京訪問　189
　　3．対露経済協力の内容……191
　　4．追い詰められるロシア経済……197
　　5．北方領土問題と安全保障……199
　　6．産油国としてのロシアと国際原油市場……202
　　7．激化するクレムリンの権力闘争……207

Chapter VII　産油国の国際政治経済学 ── 212
　　1．低迷が続く国際原油価格……212
　　2．中東世界の政治力学とサウジアラビア……217
　　　　A．カタール経済封鎖と中東世界　218
　　　　B．サウジアラビアの経済変革は進展するか　221
　　　　C．イラン，イラクと中東世界　225
　　3．米露関係の急変と国際原油市場……228
　　　　A．ロシアゲート疑惑と米露関係　228
　　　　B．混迷を深めるロシア経済　234
　　　　C．ロスネフチとガスプロム　236
　　4．国際原油市場の主役に躍り出た米シェールオイル……240

索　引　247

Chapter I
地殻変動する国際エネルギー資源業界

1．原油価格変動の新メカニズム

A．身勝手な産油国

　英経済紙『フィナンシャル・タイムズ』が2016年4月中旬にスイスのローザンヌで開催した「国際商品グローバル・サミット2016」の席上，ロシア国営石油最大手ロスネフチ社長のイーゴリ・セチンは米国が石油市場シェア対決に敗北していると豪語した[1]。事実，米国の産油量は2016年4月8日現在で，日量897万バレルと同900万バレルを割り込んでいる。直近ピーク時の2015年6月から同60万バレル減少した勘定になる[2]。

　しかし，産油量は例外なく，原油価格の急落で窮地に立たされていた。確かに米国は産油国ではあるけれども資源エネルギー一辺倒の国ではない。産業構造は高度化，多様化しており，農業からサービス産業，ことにIT（情報技術）に至る産業部門すべてが米国経済を支えている。

　だが，ロシアは違う。ロシア経済は今もってエネルギー資源部門に頼る，いびつで脆弱な体質。資源価格が下降し始めると，たちどころに行き詰まってしまう。

　ロシアだけではない。石油輸出国機構（OPEC）に加盟する産油国はすべからく低空飛行を続けた原油価格の動向に振り回されてきた。足元では価格が持ち直してきたとはいえ，今もって1バレル50ドル台を推移しているに過ぎない。

　OPECはこれまで国際原油価格カルテルとしてその機能を発揮していた。

これが幾度となく石油消費国を襲ったオイルショックの導火線となったことは周知のとおりである。原油価格が低下局面に入ると，産油量を絞り込む。反対に，上昇気流に乗ると，産油量を拡大する。OPECは原油生産量を調節して，いわゆるスウィング・プロデューサー役（生産調整）を演じ，国際原油価格を自由自在に操ってきた。

おごる平氏は久しからず。いわゆる「シェール革命」で米国の産油量が急増，その分，原油輸入量は激減した。これが国際原油市場を大きく揺さぶっていく。米国に輸入されず，行き場を失ったアフリカ産や南米産の原油が欧州やアジアの市場に押し寄せて，需給バランスが崩れていく。その結果が原油価格の急落。産油国の経済や財政を傷つける原因となっていく。

通例ならば，OPECが産油量を意図的に減らして，原油価格の急反発を演出するところだが，米国政府が自国産原油の輸出を解禁したことから，OPECは原油市場の占有率が低下することに警戒感を抱く。

OPECは産油量を減らすどころか，増産体制を保持し続けた。原油価格は反発する機会を逃してしまった。OPECは価格調整機能を放棄したことになる。事実上，OPECは空中分解，OPECが国際原油市場を牛耳る時代は終焉を迎えた。

今後，原油価格は低空飛行から脱することはできるのか。原油価格が安定推移する条件とは何か。眼前に広がる新たな価格変動メカニズムを追跡する。

B. 原油価格変動の5大要因

原油価格の国際指標としては通例，米国の指標となるニューヨーク原油先物のWTI（ウエスト・テキサス・インターミディエート），欧州の指標であるロンドン市場の北海ブレント原油先物，東京商品取引所の中東産ドバイ原油先物を挙げることができる。

米国，欧州，アジアそれぞれの市場の動向が価格の推移に影響を及ぼすものの，趨勢としてはWTI，北海ブレント，ドバイ原油の価格は連動して上下運

動を繰り返す。

基本的には米国の金融引き締め，金利高，ドル高局面では，原油を筆頭とする国際商品全般に価格下落圧力がかかる。しかしその一方で，市場がリスクオンモードに入ると，国際商品市場にもマネーが流れ込むために，下落圧力は緩和され，価格は上昇に転じる。

この意味で原油市場は金融・資本市場と無縁の存在ではない。原油は金融商品の一角を占めるといえる。

原油価格は2016年1月20日に1バレル27.82ドル（北海ブレント）の直近底値を記録[3]，しばらくは安値で推移したものの，底打ち後は反発し，同50ドル台で推移するようになっている。

a. 産油国による増産凍結の行方

市場関係者は1バレル40ドルよりも下押しする可能性は低いとみる。その一方で，需給バランスの回復には時間がかかると読む。2017年後半を迎えないと，日量150万バレルとされる供給過剰は解消されない（リバランス）との見方が支配的だ。

ただ，2020年には原油の世界需要は日量1億バレル（現在は同9,600万バレル）に到達，原油価格は1バレル80ドルを回復すると国際エネルギー機関（IEA）は予測する[4]。市場はOPECに加盟しない代表格の産油国ロシアとOPEC加盟主要産油国とが原油増産を凍結，あるいは減産できるかどうかに着目する。

現状では世界全体の原油生産量は日量9,692万バレルである。供給増に歯止めはかかっているとはいえ，2016年12月のOPEC加盟国の産油量は3,308万バレルと対前月比で日量22万バレルしか減っていない。OPEC当局は2017年のOPEC産原油に対する需要は対前年比日量90万バレル増の日量3,210万バレルと予想している[5]（後に上方修正）。

2016年4月17日，OPEC加盟国，OPEC非加盟国の18カ国がカタールの首都ドーハに集結した。その議題は原油増産の凍結問題だったが，協議は決裂。増産凍結合意は先送りされ，紳士協定の締結は不首尾に終わった。

今回の焦点は協調減産ではなく，増産凍結。本来ならば，減産，生産調整について協議すべきだが，産油国は断固として拒否。市場シェア回復を優先する頑なな姿勢を変えなかった。

　確かにサウジアラビアは原油輸出量で世界首位を誇る。しかしながら，そのシェア低下が著しい。カタール，イラク，米国，アラブ首長国連邦（UAE）は産油量を積み上げてきたが，サウジアラビアのシェアは中国で2013年の19％から2015年には15％と4ポイントも低下した[6]。ロシア産の原油が台頭したからである。ロシア産原油の中国シェアは8.8％から12.6％に急拡大している。

　南アフリカでのサウジアラビア産原油のシェア低下はさらに衝撃的だ。同時期に53％から22％へと急落している。ナイジェリア産とアンゴラ産が食い込んできた結果だ。産油量が増大してきた米国でも同様に17％から14％に減少した。

　日本勢も原油調達先の多様化を図り，リスク分散に走る。米国産，メキシコ産，ロシア産（日量29万バレル），中南米産（同11万バレル）原油の調達を増やした結果，中東依存度は81％台で推移，中東産原油の輸入量は日量276万バレルにまで減少している（2015年実績）。カナダ産原油も動員すれば，中東依存度はさらに低下する[7]。

　OPECの盟主を自認するサウジアラビアはイランがドーハ会議に欠席したことに不満を表明，敵対するイランを牽制した。核兵器開発問題で欧米諸国に科されていた経済制裁が解除されたイランは，原油の安値攻勢でシェア奪還を急ぎたい。他方，サウジアラビアはイラン台頭を封じ込めたい。ロシアは両国の対決姿勢に苛立ちを隠さない。

　原油価格の下支えを狙うのは産油国全体に共通する認識。本音では1バレル70ドル以上の回復を切望する。OPEC全体の石油収入はピーク時である2012年の1兆2,000億ドルから2015年には5,000億ドルに急減。2016年では3,200億ドルとさらに下押しする[8]。

　当然，原油安が産油国の台所を直撃し，景気の悪化に見舞われている。政治的・外交的思惑と経済合理性のいずれを優先するのか。原油相場が安定推移し

ない要因となっている。

協議の決裂を受けて，当時，原油市場では失望売りが広がったが，そもそも設備投資が必要なイランの増産ペースは緩慢である。イランの産油量は2016年当時，日量280万バレルで増産余力は同50万バレルにとどまっていた[9]。イランの原油輸出量は2016年3月時点で日量200万バレルを突破したものの，供給余剰感は早晩，解消に向かう。

b．米国の産油量

「シェール革命」の本格始動以降，米国の産油量は急増，2008年の日量500万バレルから2015年4月には同970万バレルに膨らんだ[10]。しかし，2015年通年では対前年比マイナス5％と減少に転じ，2016年も通年で同じくマイナス4％の減産，2017年の産油量は日量820万バレルになると予想されている。

その反面，意外と知られていない事実だが，実は米国の石油（原油，石油製品）生産量は2016年実績で日量1,252万バレルと，世界首位を誇る。世界第2位のサウジアラビアの日量1,241万バレルや同第3位のロシアの同1,134万バレルを上回る。世界シェアで12.9％を占める[11]。

米国の産油量が頭打ちとなった背景には，原油価格の急落で米国内のシェール企業の採算が悪化，資金繰りに窮する企業が続出して，倒産を余儀なくされるケースが相次いだ事情がある。

米シェール大手7社の最終損益は2014年の110億ドルの黒字から370億ドルの赤字に転落，売上高の急減と減損処理に悲鳴を上げていた[12]。コスト削減を徹底し，生産・開発投資も大幅に抑制せざるを得ない窮状だ。早速，デボン・エナジーは原油生産量を1割ほど絞り込む方針を表明していた[13]。

シェール企業は開発資金を金融機関から借入してきたが，業績の悪化でその返済能力は急低下，多額の負債が経営を圧迫。2016年4月にはシェール中堅企業のエナジーXXIに引き続いて，グッドリッチ・ペトロリアムが経営破綻した。グッドリッチの負債総額は5億ドルに達する[14]。

それでも，プライベートエクイティ（PE）といったファンド勢が倒産する

シェール企業を全面支援する。PE が運転資金を供給，倒産したシェール企業でも従来どおり，原油生産が継続できる。シェール企業が倒産しても生産し続け，債務のリストラで財務体質を改善できる。かくして OPEC によるシェール退治は失敗，米シェールオイルに屈服せざるを得ない[15]。

原油価格の底打ちを背景に，北米の石油企業が強気に転じている。北米の 200 社以上を対象にした英銀大手のバークレイズの調査によると，2017 年には対前年比で 27％も資本支出を増やす計画だという。これには米系石油大手の開発・生産企業が大きく寄与している。これは米シェール企業が急速に回復してきていることを示唆している[16]。

また，米系国際石油資本（メジャー）のエクソンモービルも 2017 年の投資額を対前年比 14％増の 220 億ドルとすると発表している[17]。シェールオイル生産については，米テキサス州とニューメキシコ州にまたがるパーミアン鉱区の生産量を現行の日量 14 万バレルから同 35 万バレルに増産することを表明している。バッケン鉱区も加えると，シェールオイルの生産量はエクソンモービル全体の 20 〜 25％を占有する[18]。

米国は産油国であると同時に，技術大国でもある。原油価格の再浮上を背景に，シェール企業が息を吹き返している。しかも生産性の向上が著しい。原油掘削装置（リグ）1 基から 1 日で生産する原油量が過去 2 年間で 2 倍前後にまで上昇しているという。地質分析にビッグデータ解析を駆使することで，生産効率の向上に結びついている[19]。

しかも米石油産業はトランプ新政権の成立で追い風に恵まれている。オバマ前大統領が却下したキーストーン XL パイプライン（総延長 2,700 キロメートル）。このカナダのアルバータ州と米メキシコ湾岸を結ぶパイプラインの建設をトランプ大統領が認可した。完成すれば，カナダ産のオイルサンドを米国内の製油所で精製できるようになる。

ダコタ・アクセス・パイプライン（総延長 1,900 キロメートル）の建設も認可の対象となっている。送油能力は日量 45 万バレルである。このパイプラインは米ノースダコタ州から中西部の製油所へシェールオイルを送油するために設置

される[20]。

パイプラインの新設で米国の原油生産量の増加が見込まれる。

c. ヘッジファンド（投機筋）の動向

原油価格の底打ちを確認した投機筋は値上がりすると読み，買い越しに転じていく。一方，大口ユーザーといった実需筋も値下がり局面で買いを入れる。投機筋も相場が下降局面に入ると，すかさず買い持ち高の解消に動く。投機筋と実需筋の売り買いの動向が原油相場を大きく動かす。相場が荒いゆえんでもある。

ただ，持続的回復を期待するにはファンダメンタルズ（経済の基礎的条件）が依然として弱い。2016年の世界経済成長率は2.5％と景気後退（リセッション）をかろうじて回避する程度だ[21]。原油価格の先高感はいまだ醸成されていない。

d. 供給サイド

原油増産意欲が旺盛な産油国はイラク，イラン，ナイジェリア，ロシア，そして米国。

石油部門に外国資本を積極的に誘致したことが奏功したイラクの産油量は日量400万バレルに急拡大している[22]。また，ロシアの産油量は2016年1月，日量1,091万バレルと，ソ連邦の崩壊以降で最高水準を記録した。

ただし，非OPEC産油国は新規プロジェクトを見送っているために，全体としては原油生産量を減少させている。

e. 需要サイド

原油需要の増加量は2016年で日量120万バレルと過去5年よりも多いと推測されている。OPECが発表した今後5年間の中期的な世界原油需要の見通しによると，2021年で日量9,920万バレルと2015年よりも同620万バレル増加するという。OPEC産原油の世界需要は2018年で日量3,340万バレル，2019

年以降は同 3,370 万バレルだと予測している[23]。

　念のために明記しておくが，中国の原油輸入量は増え続けている。原油価格低迷の原因が中国の需要減少にあるとの指摘は的を射抜いていない。

　中国の石油消費量は 2000 年の日量 470 万バレルから 2015 年には同 1,200 万バレルへと急増した。年率換算で 6.4％増の勢いで順調に拡大してきた。同時期の世界石油消費量が日量 7,700 万バレルから同 9,500 万バレルに同 1,800 万バレル増加したが，このうち中国の占める比率は 41％に達する[24]。

　中国の原油輸入量は 2015 年実績で日量 674 万バレル（純輸入量は同 650 万バレル）と対前年比で 8.8％となっている[25]。この数値は経済成長率である 6.5％近辺を上回るだけでなく，過去最高水準を舞う。ただし，航空機，乗用車，家庭用燃料の消費が増加する一方，建設機械，トラックの燃料消費は鈍い。

　戦略石油備蓄を積み上げていることも輸入量増加の原因の 1 つとなっている。国家備蓄は 2015 年末で 1 億 9,000 万バレル，官民合計で 4 億 3,000 万バレルに達する[26]。

　続く 2016 年の原油輸入量についても，中国は対前年比 13％増の日量 765 万バレルと増加しており，しかも同年 12 月の輸入量は同 860 万バレルを記録している[27]。2017 年 1 月も日量 805 万バレルと高水準を維持している。

　国内生産を抑制して（2016 年実績は対前年比 7％減の日量 396 万バレル），輸入量を増やしている要因も軽視できない。それでも中国の石油需要は 2015 年で対前年比 4.1％となっている。いずれにせよ，中国の石油需要が減少している事実は見当たらない。

　年率 7％の経済成長率を誇るインドの石油消費量も着実に伸び，今や日本を抜いて世界第 3 位の石油消費国に躍り出た。2016 年の石油消費量は日量 427 万バレルと対前年比 11％の勢いで伸張している。原油輸入量についても 2016 年には日量 400 万バレルを突破している。2017 年の石油需要も 5％程度の伸びを期待できるという。

　要するに，現段階では原油の余剰感は解消されていないものの，2017 年に

は需給ギャップが縮小し，需給が好転すると考えられる。米専門誌『オイル・アンド・ガス・ジャーナル』によると，2017年の世界原油需要量が日量9,760万バレルであるのに対して，世界原油供給量は同9,670万バレルと需給バランスが逆転する予測となっている[28]。これを安心材料に米系石油企業は一段と産油量を増やしていくことだろう。

原油価格，ことに先物は需給好転をいずれ織り込んでくる。この先，急落する可能性はかなり低くなった。1バレル60ドル以上の水準の回復が見込める。

2．凋落する石油王国・サウジアラビア

A．窮地に追い込まれる石油王国

古今東西，産油国は国際原油価格の動向に翻弄される。原油価格が高値圏で推移している場合は問題ない。悲惨なのは低空飛行を続ける原油安局面だ。往々にして，産油国は外貨収入を原油輸出に全面依存する。原油の輸出収入が貿易収支や財政収支の黒字化に寄与。オイルマネーは経済活動の隅々にまで浸透して，国民生活を支える。

それゆえに，オイルマネーが枯渇すると，逆噴射現象が発生。産油国経済はたちどころに行き詰まってしまう。

中東の産油国を代表するサウジアラビアは石油王国と形容される。なぜか。サウジアラビアでは国王が君臨する，時代錯誤の絶対君主制。そして世界最大の原油輸出国。産油能力は日量1,150万バレルに達する。

政府歳入の73％を原油輸出，90％以上を化石燃料に依存するだけに，不動とされてきた石油王国が原油安に揺さぶられる。2016年予算では3,262億リヤル（9兆7,000億円）の財政赤字，対国内総生産（GDP）比19％の赤字が見込まれている。債権国から債務国に転落したことを受けて，米格付け会社スタンダード・アンド・プアーズ（S&P）はサウジアラビアの格付けを引き下げている。

原油安で歳入が細る一方で，イエメン内戦に軍事介入。この戦費が国庫の重荷となる。2016年1月に断交し，ペルシャ湾を挟んで睨み合うイスラム教シー

ア派のイランと鋭く対立。イエメン内戦，シリア内戦はサウジアラビアとイランの代理戦争の様相も呈する。そのために政府歳出の4分の1を占有する軍事・治安費を切り詰められないでいる。財政赤字に転落するのは当然の帰結だ。2015年の経常収支はすでに赤字転落している[29]。

　財政赤字を補填するには外貨準備金を取り崩すか，外国から資金を調達するか，補助金を削減して増税に踏み切るか。その手段は限られる。サウジアラビア政府は2018年に付加価値税（VAT）を導入する準備に入ったという[30]。

　外貨準備金は2016年2月段階で2兆2,224億リヤル，対前年同月比で17％も減少した（2015年末時点では6,164億ドル，対前年比16％減[31]）。資金調達については，1991年以来25年ぶり（ペルシャ湾岸戦争で10億ドルを起債した経緯がある）に国際銀行団から100億ドルの融資を受ける。三菱東京UFJ銀行，英HSBC，米JPモルガン・チェースなどが融資するという[32]。

　また，サウジアラビア政府は初めて外国市場で国債を発行，175億ドルという巨額の資金を調達している。アルゼンチンの165億ドルを凌ぎ，新興国では最大規模である[33]。政府債務の対GDP比率は2015年の7.7％から2020年には50％に上昇するという。

　さらに加えて，外国市場でやはり初めてとなるイスラム債（スクーク，イスラム法に基づく債券）を発行，過去最大規模の90億ドルを調達する[34]。

　ソフトバンクグループとはパブリック・インベストメント・ファンド（PIF）が共同で最大で1,000億ドルの投資ファンド，ソフトバンク・ビジョン・ファンドを創設することで合意している[35]。

B．脱原油依存戦略は奏功するか

　財政赤字に転落した石油王国がここにきて脱原油を内外に宣言，経済構造の多様化を狙う。

　大胆な経済変革構想「ビジョン2030」を打ち出した[36]。ここでは油価1バレル30ドルの水準が前提となっている。原油に代わる収入源は2兆ドルという世界最大規模を誇る政府系ファンド（SWF）のPIF。国際金融界の一大勢力

となる可能性が秘められている。

それだけではない。PIFはサウジアラビア経済変革の主役を演じる役割も兼ね備えている。サウジアラビア中央銀行からの資金提供も得て，アブドラ国王金融地区といったプロジェクトにも関与するなど，幅広い分野への投資が期待されている[37]。

構想の目玉の1つが世界最大の石油企業・国営サウジアラムコの新規株式公開（IPO）。2018年に発行済み株式5％未満が上場され，その株式時価総額は2兆ドルと見込まれている。株式放出分は単純計算で1,000億ドルとなる。

2兆ドルの根拠を示すのは難しいが，サウジアラムコが所有する原油埋蔵量は世界全体の16％（2,600億バレル），天然ガスを含めた石油換算では3,100億バレル超と米エクソンモービルの10倍を突破する[38]。

サウジアラムコは持ち株会社に転換され，サウジアラムコ株を含む政府保有資産はPIFに移管・管理される。PIFは現在，サウジアラビア基礎産業公社（SABIC）などの株式を保有する。

なお，英蘭系メジャーのロイヤル・ダッチ・シェルは同社が50％を出資するサウジアラビアの石油化学会社の株式を8億2,000万ドルで，SABICに売却すると発表している[39]。

IPO案件はさらに続く。軍需産業を傘下に置く政府全額出資の持ち株会社が創設され，サウジアラビア証券取引所に上場される計画も同時に表明された。

非石油部門からの政府歳入を2030年までに1兆リヤルにまで積み上げると同時に，GDP[40]に占める民間部門の比率を現在の40％から65％に引き上げるという具体的な数値目標も明記されている。また，中小企業の対GDP比を20％から35％に引き上げ，その育成に力を注ぐ姿勢も示された。

人口3,000万人のサウジアラビアではその増加率が高く，30歳以下の若年層が3分の1を占める[41]。当然，若年層の雇用拡大が喫緊の経済課題となる。そこで，変革構想では，雇用の創出にも言及，2020年までに100万人の雇用を追加するとした。失業率を現在の11.6％から7％に引き下げる目標が掲げら

れる一方，女性の労働参加率の向上も目指す。

　他方，外国人労働者には5年以内にグリーンカードを発行すると言明されている。イスラム観光業を拡大し，サウジアラビアを国際物流のハブとする機能を高め，経済特区を創設することで新たな雇用を創出していく構えだ。

　合わせて，外国資本を重視する方針も描かれ，外国直接投資（FDI）の対GDP比を3.8％から5.7％に拡大することとなった。

　要するに，サウジアラビアが石油王国としてではなく，産業立国によって経済を再構築していく構想であることがわかる。その旗振り役がムハンマド皇太子。ムハンマド指揮官の野望が成功するかどうかは，抵抗勢力を打ち砕けるか否かにかかっている。ただ，サウジアラビアが石油に依存できる時代は終幕を迎えたことだけは確かである。

　ところが，現実は厳しい。非石油部門が過去30年間で初めてのリセッションを経験している。職がなく，実質所得も低下する悲劇に一般庶民は直面する。早くも脱石油の道が閉ざされようとしている。これは構造改革とともに，景気刺激策が必要なことを示している。しかし，政府は財政再建を優先，税率5％の付加価値税を導入するほか，補助金の削減や年金の減額に走る[42]。「ビジョン2030」はジョークだと皮肉る声さえある[43]。

C. 頭角を現すムハンマド皇太子

　「ビジョン2030」を意気揚々と発表した人物は，強大な権力を誇示する若干30歳のムハンマド・ビン・サルマン皇太子。サルマン国王の子息にして王位継承順位第2位，国防相と対外経済相も兼務する。経済政策の意思決定機関トップとして経済変革構想を主導，当然，石油産業部門についても口を挟む。石油鉱物資源相として21年間在任したアリ・ヌアイミ氏を凌ぐ存在に登り詰めている。

　事実，ヌアイミ氏は石油鉱物資源相辞任に追い込まれた。ムハンマド皇太子が名実ともに，サウジアラビア・エネルギー政策の中心人物に躍り出た。

　2016年4月17日，産油国の石油部門トップがカタールの首都ドーハに集結

した。既述のとおりである。産油国サミットの主要議題は原油生産量の凍結問題。ドーハ会議では産油量の凍結が決議されるはずだった。

ところが，ムハンマド皇太子から一本の電話が入る。イランがサミットに参加していないことを根拠に凍結合意を拒否するという。この鶴の一声でドーハ会議は決裂，凍結合意に至らなかった。

ロシアのノワク・エネルギー相はイランが当初から凍結交渉に参加していないにもかかわらず，イランの不参加を理由に合意を拒否することは不合理だと不満をあらわにした[44]。ムハンマド皇太子がさまざまな場面で石油をイラン対決の道具にしていることは明白である。

確かにサウジアラムコは無借金経営を貫徹する優良企業なのかもしれない。しかし，イランが原油増産姿勢を強める一方，ロシアとイラクは攻勢を仕掛ける。結果として，サウジアラビアの原油輸出市場シェアは低下の一途。著しいシェア低下を下流部門への参入，石油製品の生産増や輸出先での製油所経営で挽回しようと躍起になっている[45]。

サウジアラビアはシェア奪還と経済変革の二兎を追えるか。当分の間はムハンマド皇太子の手腕が問われそうである。

D. 著しく低下するサウジアラビアの原油輸出市場シェア

焦るのも無理はない。サウジアラビアは自他ともに認めるOPECの盟主であるにもかかわらず，OPECが組織として機能不全に陥っている。OPECの本質は価格カルテル。産油量を調整することで国際原油価格の形成に多大な影響力を行使してきた。

その中心的役割を果たしたのが原油生産余力で世界屈指を誇るサウジアラビア自身だった。しかし，原油価格が安値圏で推移する今，生産余力は無用の長物。もって価格カルテルとしてのOPECは存在意義を失った。

OPECは内部分裂状態。焦るサウジアラビアを横目に，イラクやイランは原油増産に熱を上げる。産油量を日量400万バレルに膨らませたイラクは安値攻勢を仕掛ける。そうなると，産油国は協調減産が期待を上回る進捗状況だと

胸を張るが⁽⁴⁶⁾，協調減産合意そのものが意味をなさない。

　その一方で，非 OPEC 加盟産油国が台頭。米国を筆頭に，フリーハンドの産油国が勝手気ままに振る舞う。それに加えて，米国の原油需要が盛り上がらない。原油在庫の取り崩しが進まず，在庫が減少に転じない⁽⁴⁷⁾。

　まさに八方塞状態。原油輸出市場でサウジアラビアがシェアを落とすのは当然の帰結なのかもしれない。

　サウジアラビアが原油輸出量で世界首位という事実にいささかの変化もない。輸出先の 3 分の 2 はアジア市場である。だが，市場占有率の低下が極端なのである。日本市場を重要視する姿勢はサウジアラビアの焦りを如実に示している。

　産油量が格段に増強されたとはいえ，米国は今もってサウジアラビアから大量の原油を輸入する。米国内の製油所ではサウジアラビア産などの重質油が適合する。米国産のシェールオイルは軽質油であるため，既存の製油所では歓迎されない。

　それでもサウジアラビアのシェアは低下している。トランプ政権は原油の脱中東路線を掲げる。早晩，サウジアラビア産の原油は不要になるだろう。

　中国でも同様だ。原油価格の低迷に中国内石油企業ですら悲鳴を上げる。国産よりも輸入原油のほうが割安だということも手伝って，中国の原油輸入量は一向に衰えていない（原油輸入量は 2015 年実績で日量 650 万バレルと対前年比 19％増）。中国には近隣のロシアや中央アジアから潤沢な原油が輸入される。

　中国でのロシア産原油のシェアは 12.6％に拡大している（2015 年実績）⁽⁴⁸⁾。中国のロシアからの原油輸入量は 2016 年 5 月実績で 524 万 5,000 トン（日量 124 万バレル）と対前年同月比で 33.7％増と過去最高を記録した。2016 年実績では 13.9％と，ロシアのシェアはさらに高まっている⁽⁴⁹⁾。

　一方，サウジアラビアからの輸入量は日量 96 万 1,000 バレルと，サウジアラビアがシェアを落としている。中国でのサウジアラビアのシェアは 2016 年で 13.6％と 2015 年を 1.7 ポイント下回っている。非 OPEC 産油国がサウジアラビアを苦しめる構図だ。

インドではサウジアラビア産の原油が減少する一方，イラク産がシェアを伸ばしている（2016年実績で20.2%）。南アフリカでのシェア低下も劇的。2013年の53%から2015年には22%への急落している。ナイジェリアやアンゴラといったアフリカを代表する産油国が対南アフリカ輸出に励んだからに他ならない[50]。

サウジアラムコは確かに無借金経営を貫いてきている。雇用者数は6万5,000人に達し，石油部門だけでなく，学校や病院，それにスポーツスタジアムまで建設する，サウジアラビアを代表する大企業である[51]。その最高経営責任者（CEO）はアミン・ナセルが務める。

サウジアラムコは油田開発，原油生産といった上流部門だけでなく，製油所や石油化学部門といった下流への参入も果たしてきた。石油製品の生産増強で2015年は日量100万バレル増を記録，製油能力を年間で日量1,000万バレルに倍増する計画も掲げられている。

原油輸出先で製油所を建設して，その運営にも携わっている。事実，ナセルCEOは石油タンカーやリグ（原油掘削装置）を建造し，港湾を建設すると同時に，エンジンも製造すると明言している[52]。

サウジアラムコによるアジア地域での下流部門事業については，まず，日本の昭和シェル石油に15%出資している。中国では，中国石油化工（シノペック）と石油精製・化学の合弁事業に踏み出している。2017年3月中旬にサウジアラビアのサルマン国王が北京を訪れた際には，総額650億ドルに達する経済協力で合意している。また，サウジアラムコは韓国の石油大手SオイルにもJ63%を出資，関係強化に乗り出している。

インドネシアでは石油最大手のプルタミナとジャワ島中部にあるチラチャプ製油所を建設，2021年には50億ドルを投じた拡張事業が完成する。マレーシアでも国営ペトロナスがジョーホール州で開発する大型石油化学設備（精製能力は日量30万バレル，総投資額は270億ドル）の建設に70億ドルを投資，50%の権益を確保する。2019年の稼動を目指している。ここにはサウジアラムコが原油を供給する予定だ。

このように，サウジアラムコには全体として，アジア地域の旺盛な石油製品需要に応答する狙いがある。加えて，流動的な国際情勢，中東情勢がサウジアラビアに米国一辺倒ではない，多角的な外交を余儀なくさせている面もある[53]。

しかしながら，原油安がサウジアラムコの経営を圧迫，財務状況は急速に悪化してきた。いうまでもなく，サウジアラムコとサウジアラビア政府は運命共同体。サウジアラムコの経営悪化はサウジアラビアの財政を直撃する。2016年の財政赤字は3,262億リヤルに達するとされる。国際通貨基金（IMF）は2017年の経済成長率を0.4％に下方修正している[54]。

サウジアラビアの外貨準備金は2014年の7,370億ドルから2015年には6,164億ドルに減少したが，財政赤字を補填せざるを得ない。公的債務は2014年末の対GDP比1.6％から2020年には50％へと急拡大すると見通されている。

S&Pはサウジアラビアの格付けをダブルAマイナスからAプラスに[55]，同じくムーディーズ・インベスターズ・サービスもA1に1段階引き下げている[56]。

E. 行政改革で起死回生を図れるか

在任期間が20年に及んだヌアイミ石油鉱物資源相が突如，解任された。その後任にはムハンマド皇太子のインナーサークル，側近であるハリド・ファリハ保健相が起用された。この人事にサプライズはないが，ムハンマド皇太子の台頭に象徴されるように，サウジアラビアでは新世代へのバトンタッチが目立つ。世代交代が新陳代謝を促すのか[57]。

石油鉱物資源省はエネルギー産業鉱物資源省と改称され，ファリハ氏はエネルギー産業鉱物資源相とサウジアラムコ会長を兼務する。着任当時，ファリハ氏は市場シェア維持を最優先する方針を表明，原油増産も辞さない構えを示していた。ライバル国，ことにイランと全面対決する姿勢を鮮明にしていた[58]。

サウジアラビアはOPECの盟主として，新たなOPECの存在理由を模索せ

ざるを得ない[59]。イランと対立しつつ，不協和音が目立つ OPEC を修復できるのか。

　行革ではまた，水利電力省は廃止され，エネルギー産業鉱物資源省に吸収された。エネルギー産業鉱物資源省はサウジアラビア経済の 53％を所管することになる。省庁再編では商工省が商業投資省に，農業省が環境水利農業省にそれぞれ改変され，労働省と社会問題省は統合される。

　行政改革は整然と進むだろう。だが，旧世代，抵抗勢力の既得権益に抵触するやいなや，改革は頓挫する可能性がある。壁を打ち破ることはできるのか。政治改革，すなわち絶対君主制から議会制民主主義体制への移行なくして，真の改革はありえない。これはムハンマド皇太子の立場を危うくすることと同義だ。その勇気があるのか，ないのか。結局はそこへ行き着くことになる。

　「ビジョン 2030」が示され，行政改革の第一歩を踏み出したサウジアラビア。脱石油政策への道は明らかにサウジアラビアのポスト石油経済へと向かう新秩序への道程である[60]。サウジアラムコのナセル CEO が指摘するように，経済構造多角化の核心はサウジアラムコにある。つまりサウジアラムコ民営化プロセスが変革のリトマス試験紙となる。

　合わせて，サウジアラビア政府は「国家変革計画 2020」も公表している。2020 年までに非石油収入を 1,635 億リヤルから 5,300 億リヤルへと 3 倍以上に増やし，かつ民間部門で 45 万人の新規雇用を創出する。

　その一方で歳出に占める公務員給与のシェアを 45％から 40％に抑制するという具体的な数値目標も打ち出された。付加価値税の導入や水道・電気料金補助金の削減で財源を捻出する。非石油部門の輸出額を 1,850 億リヤルから 3,300 億リヤルに拡大する目標も掲げられている[61]。

　もう 1 つ。経済変革には外国資本は不可欠。規制撤廃と外資誘致を同時進行させていくべきだろう。米ゼネラル・エレクトリック（GE）が再生可能エネルギーや水処理，それに航空といった分野に 14 億ドルを投下するという[62]。具体的には GE がサウジアラムコなどとエネルギー・海洋関連の工場を建設，雇用の創出に貢献する。今後，日系企業の商機拡大も見込める。

逆に，PIFから出資を受ける米企業もある。PIFが米配車サービス最大手のウーバーテクノロジーズ（サンフランシスコ）に35億ドルを出資，5％の株式を取得する。PIFを軸とする収益源多様化の具体的な案件と位置づけられる[63]。

問題は経済効率。生産性を改善しないと，サウジアラビア経済は再建できない。サウジアラビアでは政治改革にも通じる問題でもある。これはどうしても不確実性を醸成してしまう。投資家の一部はサウジアラビア経済の脱石油宣言に懐疑的であることを付言しておきたい。代替策が不在のなか，茨の道であることは間違いがない。

追い詰められたサウジアラビアは対米関係を修復しようと，米国資本を受け入れる方針に転換した。サウジアラビアの石油政策，脱石油路線は詰まるところ，対米関係の行方に如実に投影されていく。

3. 窮地に追い込まれるロシアの石油・天然ガス産業

A. 英国の欧州連合（EU）離脱はロシアを利するか

世上にわかに英国のEU離脱問題でかまびすしい。現実に英国がEUを離脱するかどうかはいまだ不明であるにもかかわらず，悲観論が先行。英国のEU離脱が決定したといわんばかりの論調が目立つ。仮に英国がEUを離脱したとしても，実質的にEU単一市場にアクセスできるように配慮されるはずだ。EU離脱後も英国は欧州経済領域（EEA）の一員として，EU加盟諸国と円滑な経済関係を保持していく。

そもそも英国は大陸欧州と一線を画してきた。共通通貨ユーロの導入を拒み，労働力の自由移動を保障するシェンゲン協定にも調印していない。英国が大欧州世界の一員であることには間違いがないけれども，あくまでも英国は英国なのである。

英国は集団安全保障の枠組みである北大西洋条約機構（NATO）に加盟すると同時に，米国の偉大なる同盟国でもある。メイ首相はトランプ政権成立直後，米国に飛び，トランプ新大統領との首脳会談に臨んだ。一方，メキシコの

ペニャニエト大統領はトランプ大統領との会談をキャンセルしている。

　ロンドンの金融街シティーはニューヨーク，東京とともに国際金融センターの一角を占め，国際金融界を代表する。欧州でロンドンに匹敵する国際金融都市は見当たらない。

　ロシアがウクライナ領のクリミア半島を略奪，実効支配してから4年の歳月が流れたが，ウクライナに返還する動きは微塵もない。ウクライナ東部地域では親露派武装勢力とウクライナ軍との交戦が今なお続く。

　この暴挙を国際社会が許すはずもなく，米国もEUもロシアに対する経済制裁を解除していない。EUはすでに2017年6月末，対露制裁を2018年1月末まで半年間延長することを正式に承認している。制裁期間の延長でロシア経済の復活は絶望的となった。

　ハンガリー，ギリシャ，イタリアなどが制裁の緩和を促す一方，ポーランドやバルト3国などは制裁解除に慎重だ。いずれ制裁内容が緩和される公算は大きいが，完全解除に至るには長い道程が待ち構えている。

　クレムリン（ロシア大統領府）はEU制裁包囲網を突き崩すことを画策してきたが，ロシアが思い描くような欧州分断は容易ではない。結局，ロシアの孤立状態が際立つ格好となっている。

　NATOはバルト3国とポーランドの防衛力強化に乗り出すと同時に，欧州南方に広がる黒海の地政学的重要性を再認識している。アジア地域にとっての海洋問題とは南シナ海を指すが，欧州地域では黒海がそれに匹敵する。南シナ海の覇権を中国が目論むように，ロシアは黒海の覇権を狙う。

　クリミア半島を強奪することでモスクワは黒海覇権を宣言した。黒海覇権の布石はすでに打たれつつある。ロシアの黒海艦隊は黒海に面するセバストポリ港（クリミア半島）を拠点とする。加えて，シリアにも拠点網を拡大する戦略で軍事介入した。

　ロシアはアサド政権の正統性を錦の御旗に，15カ月間，反アサド勢力を標的として集中的に空爆，イスラム過激派のロシアへの逆流を阻止した。しかしながら，アサド政権擁護や空爆そのものが真の狙いではない。北アフリカ・中

東地域への関与，覇権に主目的がある。シリア，イラン，エジプトへの政治的関与は中東覇権の足場に過ぎない。

　クレムリンの次の標的はリビアへの介入である[64]。イスラム過激派退治を名目にリビアに露骨な政治介入で失地回復を企てているとしても不思議ではない。しかし，リビアでは政治勢力が東西に分裂して対立する構図は解消されていない。モスクワの介入でかえって対立の構図が複雑化する恐れすらある。

　さらにプーチン大統領はトルコのエルドアン大統領に急接近，現実主義を最優先に，トルコを巻き込んだ[65]。これによりロシアは地中海への出口も手中に収め，黒海から地中海に至る海上輸送路（シーレーン）まで制圧できることになる。黒海がロシアの海と化したことで，黒海は新冷戦の象徴となってしまった。と同時に，トルコが正式加盟するNATOを分断することにも触手を伸ばすことができる[66]。

　こうしたロシアの脅威に対抗すべく，NATOは対ロシア抑止力を増強，ロシア包囲網を着々と整備してきた。今後，ウクライナとジョージア（旧グルジア）のNATO加盟は対ロシア戦略上，重要な課題となる。

　実利主義で動くエルドアン大統領はロシアとの関係強化を図る一方で，米国のトランプ政権にも擦り寄る。ポンペオ米中央情報局（CIA）長官が初の外遊先としてトルコを訪問，トルコ国内のクルド系勢力について協議する。エルドアン大統領が敵視する，在米イスラム教指導者ギュレン師のトルコへの送還もトランプ政権に要求した[67]。

　ワシントンとアンカラの関係修復が進めば，エルドアン政権はモスクワとの関係改善を修正するかもしれない。トランプ政権によるシリア空爆でそのプロセスは早まるかもしれない。

　それでも，万が一に備えて，中東地域での米軍によるプレゼンスが低下することを視野に，NATOの影響力を中東地域にまで拡大しなければならない。場合によっては，中東地域の主要国，たとえば，イスラエルやサウジアラビアのNATO加盟を真剣に検討しておく必要があるだろう。中東地域における勢力均衡（バランス・オブ・パワー）を図るためにほかならない。

いずれにせよ，英国の EU 離脱問題でロシアが果実を得ると考えるのは早計，かつ単純であり，浅はかだ。むしろ欧州諸国の対露結束が強化されることをロシアは覚悟したほうが良い。

B. 原油安と経済制裁がロシア経済を追い詰める

たとえ表面的に平然を装っても，ロシアの悩みの種は尽きない。

国際原油価格とこれに連動する天然ガス価格が低迷して久しい。足元でも1バレル 45 ドルから 60 ドルのレンジで推移する。原油がロシア最強の輸出の切り札である以上，OPEC 加盟産油国と同様，産油国ロシアの台所も苦しい。

変動為替相場制度への移行（2014 年 11 月 10 日）を余儀なくされたことも手伝って，外国為替市場では通貨ルーブルが売り込まれ，2016 年 1 月 21 日には1 ドル 85.95 ルーブルと過去最安値を記録した。

その為替水準を大底にルーブル相場は切り返し，為替レートの年間チャートを見れば一目瞭然だが，アップダウンを繰り返しながらも，趨勢としては急速に水準を切り上げてきた。足元では 1 ドル 60 ルーブル近辺にまで持ち直してきている。この間，大儲けした投資家もいるだろう[68]。

しかしながら，ルーブルが役に立たない通貨である事実にはいささかの変化もないうえ，これからは原油価格の動向や経済制裁による負の影響，ルーブルの金利水準，それにロシアのマクロ経済指標がルーブル相場を決定づけていく。歴史的に見ても，ルーブル相場はきわめて脆弱な水準にある。

利下げは実施されているが，それでも政策金利は年 7.75％と高水準である。景気刺激のために金融緩和に動きたいところだが，ルーブル防衛が優先されて，利下げに踏み込めない。結果，輸入インフレが顕在化している。

輸入インフレによる物価上昇圧力は増すばかりで（7％超），ロシアの実質所得，家計所得は低迷し続けている。2015 年に賃金が 10％も減少したあげく，2016 年 2 月には実質家計所得は対前年同月比でマイナス 7％に落ち込んだ[69]。加えて，不況と高金利が足枷となって，ロシア企業は思い切った投資ができない。

欧州経済が停滞すれば，ロシア経済のさらなる重荷になる。ロシアの先行きは依然として不安定である。ロシア市民はより良い未来をプーチン大統領に託してきたが，どうやらその期待は裏切られ，信頼は消滅したようだ。政治的な自由が制約される反面，経済的な安定と繁栄は保障されるという交換条件はもはや成立しなくなった。

　ロシアでは政府歳入と総輸出額のほぼ半分を石油関連収入が占有する。このためルーブルも主要株価指数RTSも国際原油価格にリンクして変動する傾向が強い。その相関係数は0.98とほぼ完全に連動する[70]。

　核兵器の超大国ロシアが原油頼みというのは情けない話だが，紛れもない現実である。プーチン大統領の支持率が高いとはいえ，それは高齢者，年金生活者，地方の住民によって支えられる不安定な支持に過ぎない。都市部住民や若年層の欲求は満たされていない。イスラム過激派もプーチン政権を敵と位置づける。

　大統領選挙や国際イベントが近づくと，デモやテロが多発するのはもはやロシアの風物詩となっている。2017年3月末にもロシア全土で反政府・反腐敗・反汚職を呼びかける大規模デモが繰り広げられた。反乱の中核となった層が高校生や大学生といったソ連邦時代や新生ロシア誕生期を知らない世代である。扇動する人物が反政府運動家のアレクセイ・ナヴァルヌイ。彼らは政府幹部が不正に蓄財に励む姿を抗議の標的とする。

　プーチン政権は新興財閥から資産を強制的に没収し，国家資産とした。その結果，ロシアGDPの7割を国営企業が占有することになった[71]。その国家資産が不正の温床であることを悟った若者が怒りの声を上げている。しかも不正の温床が今や権力闘争の舞台と化している。反政府運動の主張は的を射抜いている。プーチン政権も彼らの存在を無視できなくなった。ナヴァルヌイの狙いはまさにここにある[72]。

　政権側が無闇に取り締まる，あるいは情報を統制すれば，かえって逆効果となる。現代の若者にプーチン流の古めかしい愛国心は通用しない。もちろん若者もネット上で緩やかにつながっているに過ぎない。政権運営の経験すらない

彼らが既存の政治勢力に取って代わることはできない。組織として昇華していかないと，目的は達成され得ない。ただ，既存勢力を揺さぶるには十二分なインパクトなのである。

イスラム過激派の存在もプーチン政権を大きく揺さぶる。ロシア第2の都市，サンクトペテルブルクでイスラム過激派による地下鉄爆破テロが勃発したが，これはイスラム過激派のプーチン政権に対する報復攻撃である。シリア国内のイスラム過激派を空爆することへの報復措置である。テロ勃発当時，プーチン大統領はサンクトペテルブルクに滞在中だった。プーチン大統領を標的とするテロではないが，プーチン政権を標的としていることは明らかである。

プーチン政権は民主派勢力だけではなく，イスラム過激派とも対峙しなければならない。この二正面作戦が機能しなくなるとき，プーチン政権は崩壊する。プーチン政権の敵はロシア国内に多数存在する。

C. ロシアの石油・天然ガス産業と経済

石油・天然ガス産業からの政府歳入は2012年の2,000億ドルから2016年には500億ドルと4分の1に激減している[73]。資源価格が低空飛行を続けると，輸出収入も歳入も急減する経済構造だ。財政収支は赤字転落し，2016年では対GDP比4.4％と試算される。現状の1バレル50ドルで対GDP比3％の財政赤字となる[74]。

ロシアの年金受給者は人口の3分の1を占めるが，2030年には現役世代が100万人減少して，年金受給者と現役世代とが同数になるという[75]。ロシア社会の高齢化が一段と進行する格好だ。経済の停滞が5～6年間続くと，プーチン政権時代の経済的蓄積がすべて喪失してしまう。その後に社会不安が襲来することは当然の帰結である。

歳出削減と国営企業の民営化で穴埋めできるかどうか。2016年にはダイアモンド大手のアルローサ株11％を放出し，最近ではロスネフチ株19.5％を売却した。しかし，民営化が話題になると，必ずやそこで抵抗勢力が妨害する[76]。結局，民営化は遅々として進まない。

世界銀行はロシアのGDP成長率を2017年1.5％，2018年1.7％といずれも，わずかながらプラス成長に復活すると予測しているけれども[77]，1バレル40ドルの価格水準に逆戻りしてしまうと，2017年も実質経済成長率はマイナス圏に沈んでしまう。景気はまだ底を打っていない。

　オイルマネーやガスマネーの流入は途絶え，石油企業もガス企業も低収入に喘ぐ。ロシアの石油企業やガス企業がお得意先としてきた欧州市場はすでに飽和状態。アジア太平洋市場を新規開拓しないと生き残れないが，需要不足で新規の市場開拓は立ち往生している。

D. ロシアの石油産業

　従来，ロシアを代表する油田地帯といえば，西シベリアであった。その事実は不動だが，西シベリアの油田は老朽化が著しい。一刻も早く新規油田を開発しないと，ロシアの石油産業は衰退の一途をたどってしまう。

　確かにロシアの産油量は2016年1月に日量1,091万バレルとソ連邦崩壊後最大を記録した。その後も堅調に推移している[78]。だが，産油量を維持するには追加投資が要請される。日量100万バレル規模の増産計画はあるものの，その実現は疑わしい。

　さらに，新規油田の開発・生産には資金と技術が不可欠。東シベリアの油田地帯は陸上だが，将来的に有望と見込まれる北極圏[79]の油田開発には外資系企業の資金と技術力が必要である。

　ところが，経済制裁が足枷となって次のステップへと進めないでいる。米系メジャーはもちろんのこと，欧州系の石油資本もロシアから撤退した。経済制裁が緩和，解除されない限り，新規油田の開発に着手できない。

　東シベリアの油田開発は徐々に進展し，東シベリア太平洋パイプライン（ESPO）でロシア極東のコズミノ港から日本を含むアジア市場に輸出されている。このESPO（エスポ）原油は品質の高い軽質油で，2〜3日で日本をはじめとする東アジア諸国に向かう。

　サハリン産の原油も大型タンカーで出荷されてきている。割増金（プレミア

ム）が拡大してエスポ原油の割高感は強まっているが，日本の原油輸入に占めるロシア産原油の割合は9％に達するようになった。

　サハリン（樺太）では外資系石油企業がプレゼンスを誇示する一方，東シベリアではロシア石油最大手の国営ロスネフチが主導する。

E．ロシア国営石油企業ロスネフチの苦悩

　貧すれば鈍する。当然のことながら，原油安は石油企業に打撃を与える。ロスネフチでさえ例外ではない。

　ロスネフチの2015年実績を見ると，純利益はルーブル建てでは対前年比2％のプラスを確保したが，ドル建てでは61億ドルと同じくマイナス34.4％に沈んだ[80]。原油の国際価格下落に直撃された格好だ。

　かつては小さな田舎企業に過ぎなかったロスネフチだが，ロシアの民間石油企業のユーコスを吸収合併して以降，飛躍的な成長を遂げた。油田の開発から，原油生産，流通，石油製品の製造・販売までを手広く手がけ，川上から川下に至る垂直統合型の経営形態を確立した。

　加えて，プーチン大統領の盟友であるイーゴリ・セチン氏がロスネフチの社長に就任したことを契機に，積極的なM&A（合併・買収）に打って出る。

　英系メジャーのBPとロシアのチュメニ石油とが折半出資で創設した合弁石油企業のTNK－BPに買収攻勢を仕掛け，2013年に550億ドルで傘下に収めた。ユーコスとTNK－BPの吸収によって，ロスネフチの原油埋蔵量は急拡大，一気に世界屈指の石油企業に躍り出た。セチン社長はこの世の春を謳歌したことだろう。

　しかしながら，国際原油価格が急降下すると，逆噴射が発生。さらに，ウクライナ領・クリミア半島の強制編入に伴うロシア経済制裁という逆風にさらされる。パートナーとして頼りにしていた米エクソンモービルなどの外資系石油企業はロシアを見限り，撤退した。

　無理なM&A戦略が仇となり，ロスネフチは借金漬けのマンモス企業に成り果てた。その借金とはドル建てである。ルーブル安局面ではドル建て債務が

膨張する。ロスネフチは借金で首が回らなくなった。

　ロスネフチ株を69.5％保有していたロシア政府に融資を懇願したが、ロシアの国庫も非常事態。ロスネフチに回せる金がない。セチン社長とプーチン大統領との間にすきま風が吹く。こうなると、経費の削減を徹底し、投資を先送りせざるを得ない。

　資金を確保するには前払い契約や資産売却しか手立てはない。にもかかわらず、最近でもロシア石油第6位のバシュネフチを買収している。ここから熾烈な権力闘争へと発展したことは記憶に新しい。

　ロスネフチはバシュネフチ買収でロシア産油量の過半を牛耳ることができる。バシュネフチの産油量は2010年以降、55％も増加、日量42万4,000バレルにおよぶ。優良企業と診断できるだろう。ロスネフチはこの優良企業買収で資産増を狙う[81]。

　ロスネフチによる原油輸出の3割を占める買い手が資源商社のトラフィギュラ。トラフィギュラは日量50万バレルの原油を買い取り、前払いしている[82]。今後はここに、出資していたグレンコアも加わることになる。トラフィギュラやグレンコアといった石油トレーダーがロスネフチの資金繰りを支える構図だ。

　東シベリア油田地帯の一角を占めるロシア有数のバンコール油田。本来ならば、ロスネフチが単独で油田を開発するが、金欠で油田開発に着手できない。困り果てたロスネフチはインドに泣きつく。セチン社長直々にインドの首都ニューデリーを訪問、権益譲渡契約でインド側と合意した。

　実は当初、ロスネフチは中国に打診、譲渡交渉を進めていた。ところが、最終合意に至らず、ロスネフチは中国を見限り、インドに流れた。

　ロスネフチはバンコール油田の権益23.9％をオイル・インディア、インド・オイル、バラト・ペトロリソーシズから成るコンソーシアム（企業連合）に売却する段取りとなった。また、インド石油天然ガス公社（ONGC）の外国投資子会社にも15〜26％の権益が売却されるという（権益15％の売却の場合は13億ドル程度）。

さらに，3 社によるコンソーシアムにはロスネフチの子会社で東シベリアの油田・天然ガス田を操業するタース・ユリアの権益 29.9％も売却される。これは 2015 年に BP に権益 20％を 7 億 5,000 万ドルで売却される予定だった。だが，例の経済制裁の影響で白紙撤回された経緯がある[83]。

　バンコール油田の権益売却はロシアとインドによるエネルギー協力の転換点となる。

　ロスネフチはベトナムに進出，同社にとって初の外国におけるオフショア（海底）開発となる案件である。ベトナム南部の沖合にあるオフショア油田の開発には同国のペトロベトナムのほか，ONGC も参加，合弁企業が設立される[84]。ロスネフチが中国ではなく，インド企業を頼りにしていることがわかる。

　対米牽制では歩調を合わせていた中露だが，米国にトランプ政権が誕生したことを契機に，少々国際政治の景色が変わってきた。トランプ大統領は中国を敵視する一方，ロシアは交渉相手国だと認識しているようだ。中露蜜月にも影響を及ぼすとすれば，この先，米国，ロシア，中国の関係変化を注視する必要がある。

　ロシア産の原油がパイプラインで間断なく，中国に供給されていることも事実である。しかし，中露両国が蜜月関係を維持できるとは決して診断できない。見せかけとは裏腹に，中国とロシアはライバル関係にあるともいえる。ロシアは資金の拠出を渋る中国に愛想を尽かしている。

　すきま風が吹くなか，2016 年 6 月 25 日，ロスネフチとシノペックが東シベリアに天然ガス加工と石油化学のコンプレックスを共同建設する合意を交わした[85]。今後，事前調査が実施されて，最終合意が得られれば，2017 年中には合弁企業が創設される運びとなる。ただ，首尾良く最終合意に至るかどうかは予断を許さない。

　ロスネフチにとって厳しい日々がこれからも続く。

F．ロシア国営天然ガス独占体ガスプロムの命運

　原油輸出と同様に，ガスプロムの主要輸出市場は欧州諸国。ガスプロムは欧州ガス市場の34％を占有する。しかし，欧州地域は英国のEU離脱問題や難民問題，それに選挙戦に伴う政治の季節に入っていて落ち着かない。

　ガスプロムはバルト海海底に建設予定の天然ガスパイプラインである「ノルドストリーム2」，トルコに天然ガスを直送する新規パイプラインを設置する計画を掲げているけれども[86]，欧州のガス市場はほぼ飽和状態で新規開拓の余地は限られている。

　さらに，カスピ海産の天然ガスを欧州に輸出する巨大プロジェクトも始動。2020年にはこのロシア迂回ルートで年間100億立方メートルの天然ガスが欧州市場に供給される。欧州は今，エネルギーの脱ロシア依存に取り組む最中だ[87]。

　ソ連邦時代からの親方赤旗的な体質で予算制約はかなりソフト，放漫経営を謳歌してきた。それでもロシアを取り巻く外部環境がガスプロムを追い詰める。

　2016年には営業利益が減少し，フリー・キャッシュフローが枯渇する。株価は2008年以降，ドル建てで86％も低下した。国際ガス価格も2014年以降の2年間で2分の1に下落し，ガスプロムを苦しめる。ガスプロムの純債務は2015年末時点で290億ドルに達する[88]。

　ガスプロムとしては，欧州以外の新規市場を開拓して，起死回生を図らなければならない。その有望な市場が中国。ロシア産の天然ガスをパイプラインで中国市場に輸出する事業が脚光を浴びる。

　しかし，中国ガス需要の伸び率が低下していること，それに米国産をはじめとして産ガス各国の液化天然ガス（LNG）生産量が世界的に膨張していること，すなわち代替エネルギー源が多様化していることで，ガスプロムが投資を大幅に圧縮せざるを得なくなり，中国向け天然ガスパイプライン建設計画が凍結されてしまった。東シベリアの天然ガス田開発についても，先送りを余儀なくされている。

身動きが取れないガスプロム。今後，ガスプロムはクレムリン主導による企業解体に身構えることになるのかもしれない。

4．日本が産油国を救済する

A．経済協力か，救済か

　本質を見抜くことは難しいが，経済協力が先行することだけは確かである。経済的に困窮を極めるロシアとしては日本からの投資を呼び込み（外貨を獲得し），資源エネルギーをできる限り高値，かつ大量に売りさばきたい。

　確かに日本とロシアには経済的補完性が成立するけれども，それは欧州とロシアに成立する構図と同じである。だが，金融制裁が足枷となって，ロシアは欧州との経済関係を深堀できない。ロシアは消去法的に日本に飛びついた。

　日本の官邸はこれを絶好の機会ととらえ，一気に対露関係を強化しようと意気込む。外務省から対露外交の主導権を剥奪し，官邸主導に転換。ここに擦り寄る人物まで群がって，対露外交の主導権を握ろうとする。権力に擦り寄る権力欲の塊が前面に出る格好だ。

　安倍晋三首相は世耕弘成経済産業相に新設のロシア経済分野協力担当相を兼務させた。ロシアにも日本担当の大臣が新設される。世耕経産相はサウジアラビアの経済協力でも旗を振る。

　混迷を深めるロシア市場で果実が得られるかどうかは不透明であるにもかかわらず，日本企業は官邸に半強制的に押されて，仕方なく重い腰を上げようとしている。将来的にロシアが成長市場であるとの無理な理屈を並べ立てて，否応なくロシアに進出せざるを得ない企業は哀れでさえある。日本企業としては欧米市場や他の有望新興国を優先したいのに，官邸からの圧力の前に屈せざるを得ない。

　成長分野の主柱を失った東芝はロシア郵便と郵便・物流システム事業で包括的な協業に乗り出す[89]。本来ならばロシア市場を相手にできる余裕はないはずだ。また，三井物産と国際協力銀行（JBIC）はロシア電力大手ルースギドロ

の株式 4.88％を取得するという。

　JBIC はロシアの天然ガス大手ノバテックが進める LNG 生産基地（ロシア西部ヤマル半島）の建設に融資することも検討する。JBIC はロシア極東経済特区でも運営支援を実施する構えでいる[90]。

　マツダ傘下のロシアの合弁会社はウラジオストクに自動車エンジンの工場を建設する。さらに，JFE エンジニアリングは同じくウラジオストク近郊に野菜の温室栽培施設を建設する。

　三菱商事はサハリン州で産出される天然ガスからエタノールを生産するプラントを建設すべく，州政府と事業化調査（FS）を実施する覚書を交わしている。一方，三井物産はガスプロムと共同で，日本，韓国，中国に船舶用燃料としての LNG を供給する事業を検討している。三菱商事も三井物産も原油・LNG 事業である「サハリン 2」プロジェクトに出資している[91]。

　日本政府はエネルギー分野で包括的な協力策も打ち出した。具体的には，ロシア極東・東シベリア地域で油田・天然ガス田を開発する。ロシアは原油・LNG の対日輸出量を大幅に引き上げたい。双方の思惑は一致している。

　また，日本はロシアと原子力発電所の廃炉技術を共同研究する。原子力分野の技術協力，人材交流，安全協力も進めていく。

　極東サハリンから火力発電の電力を北海道に海底ケーブルを使って輸出する途方もない構想もある。プーチン大統領が日本と韓国，ロシアを結ぶ送電網構想であるエネルギーブリッジ構想を提案，政府間の作業部会を設置する考えを示しているけれども[92]，そもそも日本に，ことに北海道に大口需要家が存在するのか。北海道が電力不足に陥っているという話は聞いたことがない。とすれば，東北地方よりも南にまで送電しなければならない。費用対効果を考えると，不必要な構想に過ぎない。

　合わせて，ロシア産の水素を日本で活用する方針も日本政府が検討する。さらに，再生可能エネルギーの普及にも取り組む構えでいる。

　ロシア極東地域では人口流出に歯止めがかからない。しかもロシアでは少子高齢化が進み，経済発展の障害となっている。既述のとおり，政策金利が年率

7.75％と高止まりするなか，資源安や経済制裁が原因で通貨ルーブル安と株安が同時進行した結果，ロシアからマネーが流出する一方である。国内に資本が蓄積されない以上，設備投資が伸びないのは当然である。

　日本の政府と企業は一丸となって，ロシア経済協力に邁進するが，たとえ平和条約が締結され，北方領土の一部が日本に返還されても，それに見合うだけの経済的果実をロシアから得られるのか。

　資源エネルギー部門で上流への食い込みは必要ではある。だが，それは日本企業を潤すと同時に，国益に寄与するものでなければならない。そうでないと，日本が一方的にロシアを救済するだけに終始してしまう。この視点はサウジアラビアにも相通じる。

B. 苦悩するサウジアラビアを救済する日本

　原油輸出市場シェアで苦戦を強いられるサウジアラビア。産油量（原油）でサウジアラビアは米国，ロシアに次いで世界第3位だが，輸出市場でサウジアラビアはイラクやイラン，それにロシアの攻勢に直面している。

　確かにサウジアラビアの原油輸出量は日量750万バレル（2016年）と対2015年平均比で2％増ではあるが，輸出シェアを伸ばせていない。

　たとえば中国でのシェアは13.6％と対2015年比で1.7ポイント低下し，シェアを拡大するロシア（13.9％）が肉薄する[93]。インド市場ではイラクとイランが健闘，イラクはシェア首位に躍り出た。対2015年平均比でイラクは日量20万バレル（31％増），イランは同13万バレル（64％増）と輸出量を拡大している。

　一方，サウジアラビアは日量3万バレルしか伸ばせていない。サウジアラビアは欧州市場でも苦戦する。原油輸出量は日量74万バレルと17％も減らしている。ここではロシアやイラクが優勢となっている。サウジアラビアは値下げで対抗せざるを得なくなった。

　日本市場ではサウジアラビア産原油のシェアは首位を維持，2016年直近で35.4％と2015年の33.7％から増えている。2016年9月1日，サウジアラビア

の王位継承権第2位であるムハンマド皇太子が日本の土を踏み，2017年3月中旬にはサルマン国王が直々に訪日，いずれも安倍首相に経済協力を要請した。ムハンマド皇太子は国防相と経済開発評議会議長を兼務する。日本とサウジアラビアの両国間に閣僚会議が設置されることとなった[94]。

これを受けて日本側も協力に取り組む姿勢を示し，太陽光発電，廃棄物発電，エネルギー効率化，鋼管製造，投資促進といった分野で11の覚書をサウジアラムコやサウジアラビア電力公社などと交わした。日本からは3大メガバンク，日揮，昭和シェル石油，住友商事，三菱商事，岩谷産業，東京電力などが参加する。

サルマン国王が来日した際には，「日本・サウジアラビア・ビジョン2030」が打ち出され，サウジアラビア国内に経済特区を新設して，ここに日本企業を誘致することで合意している。そのビジョンに盛り込まれた主な協力案件は次のとおりである[95]。

競争力のある産業
 第4次産業革命の促進
 製造業のサプライチェーン構築

エネルギー
 サウジアラムコ上場へ共同研究
 省エネ・再生エネルギーの推進
 送電網整備

質の高いインフラ
 海水淡水化の実用化

中小企業
 「カイゼン手法」の普及

ビジネス促進
 経済特区設置へ協議
 ビザの利便性向上

これを踏まえて，以下に挙げる 20 件に及ぶ民間プロジェクトの覚書が交わされた[96]。政府間では 11 案件のプロジェクトで合意している。

トヨタ自動車	現地生産の事業化調査の検討
東京電力 HD	研究開発で人材交流
JX ホールディングス	製油所の建設
出光興産	原油の安定供給
日揮，TBM	新素材の開発
東洋紡	水処理膜の開発
JFE エンジニアリング	淡水化装置の共同開発
JFE エンジニアリング・東洋紡	淡水化装置の共同開発
伊藤忠丸紅鉄鋼	サプライチェーン構築
横川電機	石油・ガス制御技術の開発
JOGMEC	石油備蓄タンク提供
日本取引所グループ（JPX）	金融商品開発などの協力
サイバーダイン	医療介護ロボの導入
三菱東京 UFJ 銀行	サービス向上へ提携
三井住友銀行	情報交換やセミナー開催
みずほ銀行	投資促進
みずほ銀行	都市インフラ整備
凸版印刷	都市インフラ整備
ササクラなど	淡水化プラントの商業化
メビオール	農業技術

サウジアラビアの財政はロシアと同様に赤字転落，脱石油依存を推進したい。イエメンへの軍事介入や過激派組織・イスラム国（IS）退治で軍事費の増大が余儀なくされている構図はロシアと酷似する。

ただし，ロシアと違って，サウジアラビアの人口増加率は年率 2 ％に及び，

若年層の雇用創出が喫緊の経済課題となっている。そのためには産業構造の高度化・多様化を図らねばならない。ムハンマド皇太子が中心となって打ち出された成長戦略「ビジョン 2030」は産業構造の多角化で脱石油依存を目指す試みだ。サウジアラビア政府はここにジャパンマネーを呼び込みたい。

ロシアとサウジアラビアという世界屈指の産油国を救済する決意を表明した日本。この救済措置が吉と出るか，凶と出るか。エネルギー資源権益を日本が確保できるかどうか。判断の基準はここに潜む。

5．ロシアとサウジアラビア，そして米シェールオイル

A．ロシアは原油減産に踏み切るか

軍事クーデター未遂事件が勃発したトルコのイスタンブールで 2016 年 10 月 10 日，世界エネルギー会議が開催された。その席上，プーチン大統領は OPEC による原油減産に加わる用意があると表明，ロシアが増産凍結や減産に応じる可能性を示唆した[97]。しかし，その直後には減産は必要ないと明言，ロシアの協力範囲を増産凍結に絞り込む意向を鮮明にした[98]。

いうまでもなく，ロシアは OPEC に加盟していない。OPEC 非加盟国であることを武器に，ロシアはむしろ OPEC への対抗姿勢を強めて，原油増産に傾倒してきた。ロシアは OPEC 側に協力する意思を伝えてはいるが，本当に翻意したのか。ロシアは OPEC との原油生産調整に向けて協調するのか。

世界エネルギー会議の直前，OPEC は北アフリカのアルジェリアで臨時総会を開催，原油生産量を日量 3,250 万〜 3,300 万バレルに制限することで合意していた。OPEC は 8 年ぶりに減産する方針に転換した。OPEC のバルキンド事務局長は OPEC と OPEC 非加盟産油国とによる生産抑制をめぐる協議で，6 カ月後に条件を見直すことを前提に，原油生産調整の可能性を探っていると言明していた[99]。

国際原油市場では長年，OPEC による価格支配が続いていた。ところが，米

国の「シェール革命」の影響で米国が新たなプレーヤーとして台頭，産油国としてにわかにプレゼンスを誇示するようになった。米国の産油量が激増し，原油輸出を解禁したことで，石油貿易の世界地図が大きく塗り替えられたのである。

一大産油国としての米国の台頭で，OPECは劣勢に立たされる。窮地に追い込まれたOPECは原油価格の操縦を断念，輸出シェアを優先する姿勢を鮮明にした。当然，国際原油価格は急落，今日の原油価格低迷を招く羽目となってしまう。原油安でOPEC加盟国を筆頭に世界の産油国は石油収入の激減に直面，サウジアラビアやロシアはついに財政の赤字転落を余儀なくされた。

OPECは指摘するまでもなく，価格カルテルである。産油量を調整することで原油価格を自由自在に操ってきたという自負心がOPECにはある。ところが，世界石油貿易の激変によって，OPECは価格カルテル機能を放棄，輸出市場シェア優先主義に方針を大転換した。その副作用が原油安であることは周知のとおりである。

しかし，産油国は往々にして，原油依存体質から容易には脱却できない。米国が産油国として台頭してきたとはいえ，産業構造はすでに多様化している。急ピッチで伝統的産業からIT産業や最先端技術産業へのシフトも同時進行している。斜陽産業ばかりに依存する産油国とは根本的に違う。

原油価格が急落して打撃を被るのは米国ではなく，ロシアやOPEC。事実，ロシアやサウジアラビアの経済は崩壊寸前に追い込まれている。原油安を放置することは自らの首を絞めることと同義。輸出シェア拡大路線を放棄して，やむなく原油価格下支え戦略に切り替えざるを得なかった。

OPEC加盟14カ国の産油量は2016年9月実績で日量3,339万バレルと過去最高水準を記録。一方，ロシアの場合は同じく1,100万バレル。ここに米国の同1,200万バレルが上積みされる[100]。

世界経済が低空飛行を続ける今日，原油消費量が劇的に増えることは想定しにくい。需給バランスを回復させるには，OPECは原油減産に踏み切らざるを得なかったのである。それでも，原油の世界供給過剰は日量100万バレル以上

であることから[101]，本格的な原油価格の反発には同じ水準以上の減産が必要となる。OPEC単独の減産では原油価格の急反発は実現しない。

　OPECも一枚岩でない。減産をOPEC加盟各国が遵守する保証はない。経済制裁が解除されたイランは原油増産に意欲的だ。現状の日量360万バレルから同400万バレルへの増産を念頭に置く。しかもイラン，サウジアラビア両国は外交関係を遮断，ことごとく鋭く対立する。歩み寄る気配は毛頭ない。隣国のイラクもまた原油増産に熱心である。イラン，イラク両国が原油減産に方針転換するかどうかはきわめて疑わしい。

　減産報道を受けて，国際原油価格は確実に下値を切り上げてきている。だが，ロシアはシリアで，サウジアラビアはイエメンでそれぞれ巨額の戦費を投じている。両国の財政事情が厳しい現状に変化はない。

　国際原油価格の反転はロシアの悲願ではある。しかし，ロシア自身は原油減産には興味がない。逆に，増産体制を強化しようとしている。公式の場では減産に応じると表明しても，それは単なるリップサービス。ロスネフチのセチン社長は増産姿勢を鮮明にし，OPECとの原油生産協調を否定している。OPECが減産に舵を切るのを横目に，ロシアは原油増産に余念がない。

B．サウジアラビアのお家事情

　イラン経済制裁解除を機に，米国とサウジアラビアの関係が急速に冷え込んだ。シリアやイエメンでの軍事戦略で対立するとはいえ，敵視するイランと米国の関係改善が進むのだから，サウジアラビアが疎外感を味わうのも無理はない。ただ，トランプ米政権はイランに追加制裁を科すなど，関係改善の軌道を修正してきてはいる。それでも米国の対イラン戦略は不透明である。

　米国の原油増産に対する強硬姿勢はこの延長線上にある。トランプ政権は米石油産業を擁護する政策を打ち出している。事実，原油価格の動向は米国の産油量や原油消費量，それに原油在庫に敏感に反応するようになった。原油価格が下げ止まった時期は米国の産油量が頭打ちとなった時期と重なる。また，原油価格がレンジ相場で推移している事実も米国の産油量が増産に転じたことと

無関係ではない。

　原油価格は名実ともに市場原理で推移するようになった瞬間でもある。

　サウジアラビア当局が脱石油依存路線を打ち出したのは，米国政府との関係悪化と原油価格の低迷が背景にある。脱石油を図ることは外国資本を積極的に誘致することと同義である。と同時に，サウジアラムコのIPOが目前に控えているというサウジアラビア特有の事情も関係している。原油価格が低迷していると，サウジアラムコのIPOに傷が付く。サウジアラビア政府は脱石油と原油価格復活の二兎を追わざるを得なかった。

　米国企業からの巨額投資を見込めないとなると，米国以外の提携先を模索する必要がある。白羽の矢が立ったのが日本のソフトバンクグループ。サウジアラビアのムハンマド皇太子が2016年9月末に訪日した際，ソフトバンクグループに直談判した。

　ソフトバンクグループはPIFと共同で最大1,000億ドル規模を目指すソフトバンク・ビジョン・ファンドを設立する[102]。新投資ファンドの投資対象はIT関連企業。あらゆるモノがインターネットとつながる「IoT」事業の構築が投資の目的だ。

　今回のソフトバンクグループによる意思決定にはサウジアラビア経済を救済する意味合いが込められている。日本はロシアにも巨額投資を計画しているが，ロシア，サウジアラビアといった世界を代表する大産油国の経済停滞を日本が救済しようとしている構図が成立する。

6．トランプの米国と国際原油市場

A．トランプ政権の誕生で世界は変わるか

　世間はトランプ，トランプとかまびすしい。しかし，ドナルド・トランプとは自己顕示欲が強いだけの小心者に過ぎない。ツイートを多発して，世間の反応を面白おかしく眺めて楽しんでいる。そのような人物は相手にせず，その言動に一喜一憂せず，捨て置けば良い。それよりもトランプ政権全体の意思決定

に注視することが肝要である。

　米国は紛れもなく民主主義の国家であり，そのうえに賢明にも合衆国憲法は大統領が悪人の可能性であることを前提に工夫されている。辞任に追い込むことができるうえ，トランプ大統領の場合，任期途中で政権を投げ出す可能性すらある。

　いずれにせよ，今回の米大統領選挙の結果を見て判明したことは，米国の有権者がホワイトハウス（米大統領府）の既存政治を否定したことである。米有権者は民間出身のトランプ候補に1票を投じたのである。傍系の異端児であるとはいえ，トランプ大統領は共和党出身者である。

　議会選挙でも共和党が優勢となり，民主党が下野した今日，大統領府と議会の支配政党が食い違う，いわゆるねじれ現象は解消した。理屈上はオバマ政権期よりも政治運営は円滑に進展することになる。

　トランプ新政権下では1兆ドルに及ぶ財政出動と大規模減税といった景気刺激策が断行される。金融部門や伝統的産業などには規制緩和も推進されることから，トランプノミクスはレーガノミクスを彷彿させることになる。

　市場は先読みして，すでに米ドル高・株高・金利高局面に大転換している。これを市場ではトランプラリーと呼ぶ。インフラ整備にも力点が置かれることを背景に，素材や金属，それに国際商品の相場も反転している。少なくとも市場は冷静にトランプ政権の誕生をとらえている。

　オバマ政権期に冷や水を浴びせられた米国の伝統的産業が一斉に巻き返しを図るだろう。石油産業を筆頭に資源エネルギー産業，金融，自動車，防衛などの重厚長大型の産業が息を吹き返すだろう。反面，隆盛を極めたIT産業は米国では脇役に甘んじ，グローバル経済をより重要視するようになるだろう。

　トランプ政権が原油増産を奨励することは間違いがない。これが国際原油市場の景色を一変させる。

　トランプ政権はエネルギー自給率の向上を目標とする。「シェール革命」で米国の産油量が激増し，その反面，原油の輸入量が激減しているが，今後もこの傾向は続く。早晩，米国は中東産油国の原油を必要としなくなる。

これが中東地域から米軍が撤退する誘因として作用する。西側自由世界はこの米軍撤退を危惧するけれども，米国の納税者，有権者が納得しなければ，米軍の撤退はいたし方がない。トランプ政権の誕生で撤退の時期が少々早まるだけである。

トランプ政権は対イラン金融制裁解除を反故にするかもしれない。そもそも共和党は制裁解除に反対していた。イスラム教シーア派の最高指導者が君臨する実態に変化がない以上，金融制裁解除が時期尚早だったと判断することは決して誤りではない。

国際社会が制裁解除に舵を切っても，中東地域に横たわる対立の構図は残存している。中東地域が今もって世界の火薬庫である現実にいささかの変化もない。

西側自由世界は米軍撤退を所与として，中東戦略，世界の安全保障体制を再構築していく必要がある。中東地域の空白をいち早く埋めようとの野望を抱く代表国がロシア。南下政策はロシアの専売特許である。

ただし，ロシアが暴挙を繰り返し，勢力の伸張を画策するのは決まって原油高・資源高局面。原油価格がレンジ相場にある限り，ロシアの軍拡は限定的だ。ロシアの軍事行動は国際原油市場の動向に左右される。

ロシアの南下やイランの地域覇権を未然に防ぐには，既存の安全保障システムを前提とするならば，NATOを有効利用する以外に方策はない。トルコのNATO脱退を食い止めつつ，ペルシャ湾岸産油国のNATO加盟を推し進めていく必要性が生じる。ペルシャ湾岸産油国による軍事同盟を創設することも一案であろう。米軍主導からNATOの集団安全保障体制を基軸とする戦略に転換していかざるを得ない。

いわゆるリバランスはトランプ政権下でも進展する。マティス国防長官が政権誕生直後に日本と韓国の土を踏んだことがリバランスの推進を物語っている。ワシントンは米国がアジア太平洋地域の一員であることを再認識するようになるだろう。太平洋を挟んで，米国と中国とが睨み合う色彩が濃くなるはずである。

日本国の生存のためには，自立自強を基礎とする，防衛力強化を目指した国防政策を推し進めていくことこそが王道である。核兵器の保有も含めて，自国の軍事力で自国を防衛できる国防体制構築が必要であることは論を待たない。これは地球上の独立国家，主権国家すべてに認められた当然の権利である。

B. トランプ政権のエネルギー政策と国際原油市場

　化石燃料の増産でエネルギー自給率を高めると同時に，エネルギー産業への規制緩和を推進していく。これがトランプ政権の基本的なエネルギー政策となる。司法と州法による判断次第だが，趨勢としては米国の原油，天然ガス，石炭の増産が進み，結果として，化石燃料の輸入量は激減，中東依存度は急低下する。

　米国内で余剰となった資源エネルギーは米国市場から必然的に流出し，国際市場へと溢れ出す。無論，これは国際価格を押し下げる要因となる。

　他方，イラン封じ込め戦略が展開されれば，イラン産原油の輸出に向かい風が吹く。これは原油相場を押し上げる要因となる。トランプ政権は中東では親イスラエル外交を展開していく。これはペルシャ系のイランやサウジアラビアを代表とするアラブ諸国，パレスチナなどとの対立を招く。市場は中東リスクを意識するようになるだろう。これもまた原油相場を揺さぶり，価格高騰の要因となる。

　OPECの影響力には陰りが生じているけれども，今後とも米国を含めたOPEC非加盟産油国の原油生産動向が国際原油相場に影響を及ぼす構図が続く。

　米大統領選挙戦の渦中，モスクワはトランプ陣営と頻繁に接触を重ね，秋波を送り続けた。しかし，クレムリンの思惑どおりにトランプ政権がロシア敵視を修正するかどうかは不透明である。トランプ政権の閣僚リストを見ると，強硬派がずらりと並ぶ。ロシアの期待どおりに対露強硬姿勢を転換するかどうかも不透明である。

　ロシアでは突如として，ウリュカエフ経済発展相が連邦捜査委員会に収賄容

疑で拘束され，刑事訴追された。ウリュカエフ氏には気の毒だが，今回の事件でプーチン政権下の権力闘争の輪郭が鮮明に浮かび上がった。

　メドベージェフ首相を中核とするリベラル経済派とロスネフチのセチン社長らを主軸とする，いわゆるシロビキ（治安機関出身閥）との間で壮烈な闘いが繰り広げられている印象を受ける。プーチン大統領にとって経済畑の側近となるクドリン元経済相もまたリベラル的な経済政策の旗を振る。

　仮にメドベージェフ首相をプーチン大統領の有力な後継者候補とすると，シロビキが本丸，すなわちメドベージェフ首相を陥落させようと，周辺から攻め込む戦法であることがわかる。シロビキによるリベラル派の拘束や逮捕が相次ぐかどうか。クレムリンの権力闘争を観察する視点である。

　この拘束劇を境に，プーチン大統領の対日強硬姿勢が際立っている。プーチン大統領でさえシロビキを軽視できないのであろう。シロビキは自陣営から次期大統領候補者を擁立したい。シロビキが優勢となれば，プーチン大統領は次期大統領選挙への出馬を見送るかもしれない。

　クレムリン内の権力闘争は日露関係，米露関係にも多大な影響を及ぼす。シロビキの巻き返しで対日，対米とも強硬姿勢を強めるかもしれない。

　たとえロシアがOPECの進める原油増産凍結に同調するとしても，ロシアの各石油企業が産油量を絞り込むとは考えられない。国営のロスネフチでさえ増産姿勢を強めている。ロスネフチは2017年1月，2017年の投資額を1兆1,000億ルーブルと対前年比5割増とする計画を表明している[103]。ロシアの産油量は将来，確実に積み上がっていく。米国の産油量も増勢基調を強めていく。

　需要サイドでは，国際原油価格はOPECではなく，非OPEC産油国が主導する。1バレル50ドル台から大きく逸脱する可能性は低い。

7．主要産油国の原油減産合意で市場はいかに動くか

A．主要産油国は減産を遵守するか

　価格重視から市場占有率優先へと方針を転換していたOPECが再び，原油価格の安定重視へと回帰した。

　2016年11月30日，オーストリアの首都ウィーンで開催されていたOPEC総会で加盟国は8年ぶりの原油減産で合意。OPEC加盟国全体で日量3,250万バレルへの減産で一致した。2016年10月期のOPEC産油量が日量3,364万バレルであるから，日量114万バレルの産油量が絞り込まれることになる[104]。

　2017年1月からOPECの盟主サウジアラビアが日量50万バレルを減産するほか，加盟国は一律に4.5％の生産削減に応じる。ただ，イランが増産の余地を確保したことに加えて，産油量を増やせていないナイジェリアとリビアは減産の適用を免除されている。中東地域で政治的，軍事的に鋭く対立するサウジアラビアとイランとが一定の歩み寄りを見せたことが減産合意の実現へと導いた。

　OPECは2017年の原油需要が日量3,269万バレルと試算しているが[105]，加盟国が減産を遵守すれば，供給量がやや上回る程度にまで抑え込まれることになる。仮にOPEC加盟国が減産を遵守するならば，市場の関心はOPEC非加盟国の産油量にシフトしていく。

　OPECは原油輸出シェアを確保すべく，米国のシェールオイルに対抗する姿勢を鮮明にしてきた。ところが，世界的に原油在庫が積み上がり，国際価格は低空飛行を続けた。産業構造が多様化している米国と違って，産油国は例外なく，オイルマネーの流入に依存する。オイルマネーが経済発展の原動力となっている。原油価格の低迷は産油国の台所を直撃，財政赤字やマイナス成長を余儀なくされた。

　無謀にもイエメン内戦に軍事介入するサウジアラビアは戦費がかさむ一方で，税収が激減。2016年は対GDP比19％の財政赤字予算に苦しむ。サウジ

アラビア政府は2016年9月，閣僚給与や公務員手当てを削減して，財政支出の抑制に踏み切っている。加えて，赤字幅が縮小するとはいえ，2017年予算でも1,980億リヤル（6兆2,000億円）の歳入不足となる[106]。

さらに，サウジアラムコの政府保有株式を市場に放出するIPOが実施される予定で，このIPOを成功裏に導くためにも，原油価格の安定が必要条件となっていた。脱石油依存を標榜するサウジアラビアだが，それは一朝一夕に実現できるはずもなく，時間とコストを伴う。財政緊縮策を重ねることになれば，国民の不満が爆発し，その矛先が政府に向けられることをサウジアラビア王室は警戒する。

他方，イスラム教シーア派勢力を率いるイランは国際社会による経済制裁解除を追い風に原油増産姿勢を崩さない。メジャーの一角を占める英蘭系ロイヤル・ダッチ・シェルやフランスの石油大手トタルがイラン投資を表明するなど，日欧諸国はイランとの経済関係改善に舵を切っている。

イランに埋蔵量が51兆立方メートルで世界最大とされる南パルス天然ガス田がある。この天然ガス田を開発する契約がイランのペトロパルスとトタル，中国石油天然ガス（CNPC）との間で結ばれた。トタルが50.01％を出資して，プロジェクトを主導する。CNPCの出資比率は30％で残余をペトロパルスが出資する。フェーズⅡに48億ドルが投下されるという。産ガス量は最大で日量20億立方フィートが見込まれている[107]。

国際石油開発帝石（INPEX），三井物産，三菱商事といった日本勢も南アザデガン油田の開発に意欲を見せるなど，イラン参入の機会を狙う[108]。

イランには原油と天然ガスがバランス良く，かつ潤沢に埋蔵される。天然ガスの埋蔵量は世界第2位，原油の場合は世界第4位を誇る。今後5年間でエネルギー部門に2,000億ドルの投資が期待されている。もちろん外資系企業が参入しないと，投資や技術・ノウハウは実現しない[109]。

中東でシーア派連合を束ね，国際舞台に復帰したことがテヘランを強気にさせている。この強気を維持するには外資系企業による対イラン投資や技術移転が不可欠ではあるけれども，中東地域での影響力を弱めるサウジアラビアを横

目に，イランのプレゼンスは確実に強化されてきている。これが中東地域の勢力均衡を不安定にしていることはいうまでもない。ここにロシアが勢力を伸張する空間が生まれる。

B. 協調減産しないロシア

　シリア内戦に軍事介入し，アサド政権を全面的に支えるロシアはイランが束ねるシーア派連合に加担する。その一方で，原油価格の停滞と欧米諸国による経済制裁がロシア経済を窮地に追い込んでいる。

　産油量減産を現実に遵守できるかどうかはともかく，ロシア政府も減産を表明，OPECに同調した。ロシアは日量30万バレル，メキシコも最大で同15万バレルの減産でそれぞれOPECに生産調整で協力する。オマーンやアゼルバイジャンも減産に加わるという。

　結果として，OPEC非加盟産油国全体で日量56万2,000バレルの減産が打ち出されている。OPECの減産枠と合計すると，日量170万バレルの産油量減産になる。

　ロシアではロスネフチの政府保有株式が一部売却された。このロスネフチ株19.5％を102億ユーロで取得したのが，スイスの大手資源商社であるグレンコアと政府系ファンドのカタール投資庁（QIA）である[110]。グレンコアとカタール投資庁は合弁企業QHGシェアを通じてロスネフチ株を取得している。この段階で検討されていた日本勢によるロスネフチ株取得の余地はなくなった。ただ，この後，19.5％の大半は中国企業に転売されている。

　この売却劇には複雑な仕組みが駆使された。当初，イタリアの銀行大手インテサ・サンパウロがQHGに53億ユーロを融資した。QHGはこの融資をロスネフチ株取得に充当することになっていた。ところが，ロシアの対外貿易銀行（VTB）が6,920億ルーブル（118億ドル）のつなぎ融資を実施したのだが，これに先立って2016年12月初旬，ロスネフチは6,000億ルーブルの社債を発行している。つなぎ融資が実施されたのはこの数日後のことである。QHGはこの社債を購入した可能性が高い。厳密にいうと，この株式売却劇は民営化の範疇

には入らないかもしれない[111]。

　ロシアに経済制裁が科されるようになって以降，ロスネフチは原油や石油製品の輸出を原油トレーダーのトラフィギュラに依存してきたが，グレンコア経由でも国際市場への輸出量増加が可能となる。今後5年間で日量22万バレルをグレンコアに輸出を依頼，年間8,000万ドルの利益が約束されるという[112]。

　グレンコアはカタール投資庁との関係強化を図れる。他方，カタール投資庁は株式取得でロシア上陸を果たすことができる。ロスネフチ，グレンコア，カタールの思惑が一致した瞬間である。カタールはLNG輸出で世界最大であることで知られる。

　このロスネフチ株取得劇が意味するところは，ロスネフチ産原油の輸出窓口が格段に広がるということである。ロスネフチは今後，経済制裁とは無縁のグレンコアやカタール，それにトラフィギュラといった複数のチャネルを通じて原油・石油製品の輸出を拡大できる。

　たとえOPECが産油量を絞り込んでも，ロスネフチをはじめとするロシア勢に減産に応じる意欲は毛頭ない。それどころか，ロスネフチなどは増産計画を表明している。ロスネフチ以外のロシア系石油企業は民間企業が主流で，政府の減産要請を受け入れるかどうかは不透明である。

　OPEC内部でも協調減産の例外となっている，リビアの産油量は日量70万バレル[113]，ナイジェリアのそれは同180万バレルと軽視できるものではない[114]。また，政府歳入の99％を石油部門に依存するイラクの産油量は日量450万バレルに達し，OPEC内ではサウジアラビアに次ぐ[115]。

　米国では卓越した技術革新を背景に，シェールオイル生産の採算価格ラインが着実に低下してきている（1バレル50ドル程度[116]）。現状の油価水準でも増産できる体制が整っている。事実，米国内のリグ稼動数は着実に上向いている。シェールオイル企業による増産は確実な情勢となった。

　40年ぶりに輸出を解禁した米国の原油はすでに国際市場に流入，2017年9月の実績で日量198万バレルの原油が輸出されている[117]。カリブ海に浮かぶ

オランダ領のキュラソーを首位に，オランダ，英国，日本，イタリア，マーシャル諸島，フランス，バハマ諸島，中国，パナマなど17カ所に輸出される(118)。

付言すると，日本は2017年初頭から米国産のLNGも本格的に輸入し始めている(119)。対米貿易黒字の解消に有効な手段は日本が米国から原油やLNGを大量に買い付けることである。この分野では農産物分野と違って，日米両国に補完関係が成立している。日本にとっても調達先の多様化は価格交渉力を強化するだけでなく，何よりも新たなエネルギー安全保障体制の構築に役立つ。

全体として，グローバル規模の産油量水準は増える一方となる。テクニカル的な側面も手伝って，国際原油価格が1バレル60ドルを大きく超える可能性はやはり低いと指摘せざるを得ない。逆に，再度，1バレル40ドル台に下落する可能性が浮上している。

【註】

（1） *Financial Times*, April 16, 17, 2016.
（2）『日本経済新聞』2016年4月18日号。
（3） *Financial Times*, April 13, 2016.
（4）『日本経済新聞』2016年2月23日号。
（5）『日本経済新聞』2017年1月19日号。
（6） *Financial Times*, March 29, 2016.『日本経済新聞』2016年4月20日号。
（7）『日本経済新聞』2016年2月23日号。
（8）『日本経済新聞』2016年2月19日号。
（9）『日本経済新聞』2016年2016年4月4日号。
（10） *Financial Times*, April 13, 2016.
（11）『日本経済新聞』2017年1月24日号。
（12）『日本経済新聞』2016年2月26日号。
（13）『日本経済新聞』2016年3月4日号。
（14）『日本経済新聞』2016年4月16日号。
（15）『日本経済新聞』2016年9月30日号。
（16） *Financial Times*, January 11, 2017.
（17）『日本経済新聞』2017年2月1日号。

(18) *Financial Times*, February 1, 2017.
(19) 『日本経済新聞』2016 年 10 月 21 日号。
(20) 『日本経済新聞』2017 年 1 月 26 日号。
(21) *Financial Times*, April 6, 2016.
(22) 『日本経済新聞』2016 年 4 月 20 日号。
(23) 『日本経済新聞』2016 年 11 月 8 日号。
(24) 『日本経済新聞』2016 年 10 月 12 日号。
(25) 『日本経済新聞』2016 年 4 月 8 日号。
(26) 『日本経済新聞』2016 年 3 月 17 日号。
(27) 『日本経済新聞』2017 年 2 月 25 日号。
(28) *Oil & Gas Journal*, January 2, 2017, p.20.
(29) 『日本経済新聞』2016 年 3 月 27 日号。
(30) 『日本経済新聞』2016 年 3 月 17 日号。
(31) 『日本経済新聞』2016 年 3 月 1 日号。
(32) 『日本経済新聞』2016 年 4 月 21 日号。*Financial Times*, April 20, 2016.
(33) *Financial Times*, October 20, 2016.
(34) 『日本経済新聞』2017 年 4 月 14 日号。
(35) 『日本経済新聞』2016 年 10 月 20 日号。『日本経済新聞』2017 年 3 月 9 日号。
(36) 『日本経済新聞』2016 年 4 月 26 日号。*Financial Times*, April 26, 2016.
(37) *Financial Times*, January 31, 2017.
(38) 『日本経済新聞』2016 年 11 月 8 日号。*Financial Times*, November 17, 2016. *Financial Times*, January 9, 2017. *Financial Times*, February 18, 19, 2017.
(39) 『日本経済新聞』2017 年 1 月 23 日号。
(40) サウジアラビアの国内総生産（GDP）に占める部門別比率は以下のとおり。石油部門 44.2％，民間非石油部門 39％，政府非石油部門 16.8％（*Financial Times*, April 26, 2016）。つまり石油産業部門以外の政府歳入寄与度が極端に低いことがわかる。
(41) *Financial Times*, May 19, 2016.
(42) 『日本経済新聞』2017 年 3 月 27 日号。
(43) *Financial Times*, November 24, 2016.
(44) *Financial Times*, April 19, 2016.
(45) *Financial Times*, March 29, 2016.
(46) 『日本経済新聞』2017 年 1 月 23 日号。実際，2017 年 1 月の石油輸出国機構（OPEC）の原油生産量は対 2016 年 10 月比で日量 95 万 8,000 バレル減と減産遵守率は 82％に達している（『日本経済新聞』2017 年 2 月 2 日号）。続く，同年 2 月については，OPEC の原油減産量は目標の日量 116 万バレルであるのに対して，同 128 万バレルであった（『日本経済新聞』2017 年 3 月 15 日号）。同年 3 月の OPEC 産油量は日量 3,193 万バレルで対前月比同 15 万バレル減少している（『日本経済新聞』2017 年 4 月 13 日号）。また，国際エ

ネルギー機関（IEA）の報告書によると，2017年1月の世界原油供給量は対前月比で日量150万バレルの減少だったという。産油国による協調減産の達成率は90％に達する（『日本経済新聞』2017年2月11日号）。他方，OPEC非加盟主要産油国の減産量は目標の6割に留まっている。OPEC非加盟11カ国の合意減産量が日量55万8,000バレルであるのに対して，2017年1月実績で同30万バレル程度だという（『日本経済新聞』2017年2月23日号）。北米の原油需要が伸びていない反面，シェールオイルは増産基調にあるという事実を背景に，協調減産に対する市場の反応は鈍く，原油価格は1バレル50ドル台のレンジ相場を抜け出せない。原油の供給過剰量が2015年の日量200万バレルからその翌年には同40万バレルに縮小されているものの（『日本経済新聞』2017年3月8日号），米国の原油在庫が高水準に留まっているということに加えて（2017年3月22日時点で5億3,311万バレルと過去最高水準），市場は減産を織り込んでいると診断できる。米エネルギー情報局（EIA）は米国の産油量が2017年日量898万バレル，2018年同953万バレルと予想している（『日本経済新聞』2017年2月15日号）。米国の原油生産量は2016年7月1日には日量842万バレルであったが，2017年3月3日には同908万8,000バレルにまで回復している（『日本経済新聞』2017年3月10日号）。なお，ロシアによる減産はほぼ進捗していない。

(47) 『日本経済新聞』2017年2月2日号。
(48) 『日本経済新聞』2016年4月20日号。
(49) 『日本経済新聞』2017年3月23日号。
(50) *Financial Times*, March 29, 2016.
(51) *Financial Times*, October 7, 2016.
(52) *Financial Times*, May 19, 2016.
(53) 『日本経済新聞』2017年3月1日号。*Financial Times*, March 1, 2017. 『日本経済新聞』2017年3月17日号。
(54) 『日本経済新聞』2017年1月26日号。
(55) *Financial Times*, February 3, 2016.
(56) 『日本経済新聞』2016年6月8日号。
(57) *Financial Times*, May 10, 2016.
(58) 『日本経済新聞』2016年5月9日号，『日本経済新聞』2016年5月12日号，*Financial Times*, May 11, 2016.
(59) *Financial Times*, June 4, 5, 2016.
(60) *Financial Times*, May 9, 2016.
(61) 『日本経済新聞』2016年6月8日号。
(62) 『日本経済新聞』2016年5月24日号。
(63) 『日本経済新聞』2016年6月2日号。*Financial Times*, June 3, 2016.
(64) *Financial Times*, January 20, 2017. *Financial Times*, March 2, 2017.
(65) *Financial Times*, January 14, 15, 2017.

(66) *Financial Times,* May 14, 15, 2016.
(67) 『日本経済新聞』2017 年 2 月 9 日号。
(68) *Financial Times,* January 25, 2017.
(69) *Financial Times,* April 8, 2016.
(70) 『日本経済新聞』2016 年 4 月 21 日号。
(71) 『日本経済新聞』2017 年 4 月 1 日号。
(72) *Financial Times,* April 1, 2, 2017.
(73) *Financial Times,* March 24, 2016.
(74) *Financial Times,* April 20, 2016.
(75) *Financial Times,* April 8, 2016.
(76) *Financial Times,* January 18, 2017.
(77) *Financial Times,* January 14, 15, 2017.
(78) 米専門誌『オイル・アンド・ガス・ジャーナル』(*Oil & Gas Journal,* December 5, 2016, p.20) の予測によると，2016 年通年のロシア産油量は日量 1,083 万 4,000 バレルとしていた。
(79) 米国地質研究所の調査によると，北極圏の海底には原油 900 億バレル，天然ガス 1,669 立方フィートが埋蔵されるという (『日本経済新聞』2016 年 4 月 21 日号)。また，ロシアは北極圏の氷山を強力に打ち砕く砕氷船を開発，北極圏で生産する年間を通じて液化天然ガス (LNG，ロシア北西部にあるヤマル LNG) をアジア市場に運搬できる北回り航路の道を開いている。気温がマイナス 50 度にも耐えられる，新型 LNG 専用タンカーはロシア国営の海運大手ソフコムフロートが所有，運営する。このルートを利用すれば，ヤマル半島から日本や中国まで 2 週間程度で輸送可能になる。ヤマル LNG の最大年間生産能力は 1,650 万トンで，一連のプロジェクトが完成すれば，ロシアの LNG 世界シェアは倍増する。ただ，この LNG プロジェクトには中国が 120 億ドルを融資するなど，深く関与している。ヤマル LNG はロシアの独立系天然ガス大手ノバテックによるプロジェクトだが，LNG の開発・生産ではフランスの石油大手トタルが中心となっている (*Financial Times,* January 23, 2017)。
(80) *Financial Times,* April 1, 2016.
(81) *Financial Times,* July 27, 2016.
(82) 『日本経済新聞』2016 年 4 月 16 日号。
(83) *Financial Times,* March 17, 2016. 『日本経済新聞』2016 年 4 月 10 日号。
(84) *Financial Times,* March 7, 2016.
(85) *Oil & Gas Journal,* July 4, 2016, p.10.
(86) *Financial Times,* March 3, 2017.
(87) 『日本経済新聞』2016 年 5 月 19 日号。
(88) *Financial Times,* May 23, 2016.
(89) 『日本経済新聞』2016 年 9 月 4 日号。

(90) 『日本経済新聞』2016 年 8 月 31 日号。
(91) 『日本経済新聞』2016 年 9 月 4 日号。
(92) 『日本経済新聞』2016 年 9 月 3 日号。
(93) 『日本経済新聞』2016 年 8 月 27 日号。
(94) 『日本経済新聞』2016 年 9 月 2 日号。
(95) 『日本経済新聞』2017 年 3 月 14 日号。
(96) 『日本経済新聞』2017 年 3 月 15 日号。
(97) 『日本経済新聞』2016 年 10 月 11 日号。
(98) 『日本経済新聞』2016 年 10 月 13 日号。
(99) 『日本経済新聞』2016 年 10 月 12 日号。
(100) 『日本経済新聞』2016 年 10 月 12 日号。
(101) 『日本経済新聞』2016 年 10 月 5 日号。
(102) 『日本経済新聞』2016 年 10 月 15 日号。
(103) 『日本経済新聞』2017 年 2 月 21 日号。
(104) 『日本経済新聞』2016 年 12 月 1 日号。
(105) 『日本経済新聞』2016 年 11 月 26 日号。
(106) 『日本経済新聞』2016 年 12 月 23 日号。
(107) *Financial Times,* November 8, 2016.
(108) 『日本経済新聞』2017 年 1 月 5 日号。
(109) *Financial Times,* November 4, 2016. *Oil & Gas Journal,* January 2, 2017, pp.38-41.
(110) 『日本経済新聞』2016 年 12 月 8 日号。
(111) *Financial Times,* January 18, 2017.
(112) *Financial Times,* December 10, 11, 2016.
(113) *Financial Times,* January 25, 2017.
(114) *Financial Times,* December 16, 2016.
(115) *Financial Times,* October 4, 2016.
(116) 『日本経済新聞』2017 年 2 月 11 日号。
(117) 『日本経済新聞』2017 年 10 月 6 日号。
(118) 『日本経済新聞』2016 年 9 月 7 日号。
(119) 『日本経済新聞』2017 年 1 月 7 日号。

(中津孝司)

Chapter II
台頭する再生可能エネルギー：現状と展望

"石器時代の終焉は石の枯渇によるものではなかった，そして石油時代も石油の枯渇を待たずして終焉を迎えるであろう"

— サウジアラビア元石油相　Sheikh Zaki Yamani —

1．はじめに

　再生可能エネルギー（地球温暖化ガスや有害物質を排出しないエネルギー源でクリーンエネルギーとも呼ばれる）を核として化石燃料などの代替となるエネルギー源の開発が着実に進んでいる。「再生可能エネルギーの記録年（CNBC（USA）30 Mar 2017）」[1]，「世界の再生可能エネルギー発電容量が拡大（UPI（USA）30 Mar 2017）」[2]，「化石燃料と従来型自動車は2030年までには時代遅れに？（*The Huffington Post*（USA）23 Feb, 2017）」[3]，「太陽光エネルギーと電気自動車は2020年までに化石燃料利用に終止符を打つことができる（*Digital Journal*（Canada）6 Feb, 2017）」[4]，「石炭を超えて太陽光が地球上で最も安価なエネルギー源に（Bloomberg（USA）3 Jan, 2017）」[5]，「2018年までには風力と太陽光エネルギーが化石燃料より安価に（*International Business Times*（UK）27 Dec, 2016）」[6]，「クリーンエネルギー関連雇用は上昇，化石燃料関連雇用は減少（*Clean Technica*（USA），6 Dec, 2016）」[7]，「2045年までに洋上風力発電容量が3000%上昇（CNBC（US），3 Nov, 2016）」[8]，といった再生可能エネルギーに関する明るい現状と展望を伝えるニュースが国内外で相次ぎ発信されている。

　これらニュースソースの大部分はIRENA（International Renewable Energy

Agency：国際再生エネルギー機関）が占める。それでは，IRENAとはどのような目的で何を行っている機関なのか。外務省[9]によると，IRENAは2011年4月に太陽，風力，バイオマス，地熱，水力，海洋利用等の再生可能エネルギーの普及及び持続可能な利用の促進を目的に発足し，再生可能エネルギー利用の分析・検証・体系化，政策上の助言の提供，加盟国の能力開発支援等の活動を行っている。そして加盟国は2016年3月現在日本を含む144カ国と欧州連合（EU）で，日本は21カ国からなる理事国メンバーの一員である。現在IRENAは知識・政策及び財務局，国別支援およびパートナーシップ局，イノベーション・テクノロジー・センターの3部局体制で，それぞれの担当は順に再生可能エネルギー調査・政策およびファイナンス，エネルギー政策助言とキャパビル（Capacity Building）等，イノベーションのシナリオ策定等となっている。

　再生可能エネルギーに関する情報源としては，前述のIRENAのように日本政府が積極的に関与している国際機関をはじめ，日本を含む経済協力開発機構（OECD）加盟国が設立している国際エネルギー機関（International Energy Agency：IEA）がある。また，21世紀のための自然エネルギー政策ネットワーク（Renewable Energy Policy Network for the 21st Century：REN21）のように国連環境計画（UNEP）にベースを置き，政府，国際機関，非政府組織（NGO），企業団体，パートナーシップやイニシアチブ等を結び付け，自然エネルギーを促進するための意見を共有し行動を奨励するといった世界的な政策ネットワーク[10]などがあり，それぞれが独自の統計を発表している。本章ではIRENA，IEA，REN21といった組織および著名な金融情報機関や学術研究機関が発信している情報を中心に，その内容を検証し再生可能エネルギーの現状と今後を展望する。

2．再生可能エネルギー利用の現状

要　点
- 総1次エネルギー供給における再生可能エネルギーの割合は14％未満（2014年）に過ぎない。
- 再生可能エネルギー供給の約9割はバイオマスと水力によるものである。
- 発電エネルギー源としての再生可能エネルギーは石炭の次に多く，発電の2割強を占める。
- 発電における再生可能エネルギー源は水力がその大部分を占める。
- 再生可能エネルギーの新規発電設備増加は他のエネルギー源によるものを上回った。
- 新規発電設備容量の増加は太陽光発電が著しく，2010年から2016年の間に4ギガワットから296ギガワットへと7倍強に増加した。

A．総1次エネルギー供給

　原油，石炭，天然ガスなどの各種エネルギーは地中から生産されて供給されるが，発電所や石油精製工場などを経て電気や石油製品などに形を変えて最終的な消費者に届いている。国内に供給されたエネルギーは「1次エネルギー供給」と呼ばれるが，最終消費者に消費されるまでには，発電や輸送中のロス，および発電・転換部門での自家消費などが発生する。1次エネルギー供給からこれらの発電所や石油精製工場などで生じるロスや自家消費を差し引いたものが「最終エネルギー消費」である（図表Ⅱ-1）。ちなみに日本における2015年度の1次エネルギー国内供給を100とすれば，最終エネルギー消費は68程度であった[11]。

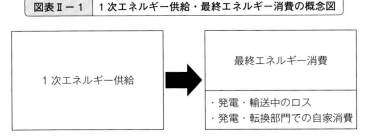

出所：平成28年度エネルギーに関する年次報告（エネルギー白書2017）資源エネルギー庁をもとに筆者作成。

　IEAによると，世界における総1次エネルギー供給は2014年に1万3,700Mtoe（Mtoe＝石油換算100万トン）であった[12]。これは2004年の供給量1万1,059Mtoe[13]と比較すると約24%の増加となっている。この間のエネルギーの内訳の変化を見ると，石油と原子力の割合が減少し，その他のエネルギー源の割合が増加している（図表Ⅱ－2）。これは主に2000年代に起こった原油価格の急激な上昇と東日本大震災の影響で日本における原子力発電がほぼ停止したこと等に伴い代替エネルギー利用が進んだこと，そして各国における脱原発の流

出所：*Renewables Information 2016 edition*, IEAおよび*Renewables in Global Energy Supply*, An IEA Fact Sheet 2007, IEAより筆者作成。

れに起因すると推測される。最も変化が大きかったのは天然ガスの割合で，米国におけるシェールガス開発の活発化などから割合が20.9%から31.2%に大きく上昇している。再生可能エネルギーに関しては，2004年の13.1%（1,449Mtoe）から2014年の13.8%（1,894Mtoe）へ割合として若干の上昇が見られる。

その再生可能エネルギーの内訳を図表Ⅱ－3に示す。これを見てもわかるとおり，再生可能エネルギー供給の大部分は従来型の暖房，調理に利用される薪などのバイオマスで2004年には再生可能エネルギー供給の約8割，2014年でも約7割を占めている。バイオマスは，全体の割合としては減少しているが，この10年間における再生可能エネルギー供給量の増加分としては依然最大である。バイオマスの次に大きな割合を占めているのが水力で，2004年から2014年の間に割合を16.8%から17.7%に伸ばしている。さらに，総1次エネルギー供給における再生可能エネルギー源を地域別に見ると，途上国はバイオマスの比率がまだまだ非常に高い（アフリカ96.1%，OECD加盟国と中国を除くアジア86.8%）[14]。

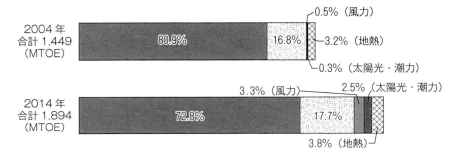

図表Ⅱ－3　再生可能エネルギー供給の内訳

出所：*Renewables Information 2016 edition*, IEA および *Renewables in Global Energy Supply*, An IEA Fact Sheet 2007, IEA より筆者作成。

B. 発　電

発電に関しては再生可能エネルギーの躍進はめざましく，世界の総発電量に占める再生可能エネルギー源の割合は 2004 年の 17.9％から 2014 年には 22.3％まで着実に上昇している（図表Ⅱ－ 4）。

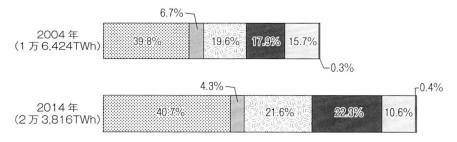

図表Ⅱ－ 4　発電におけるエネルギー源の割合（テラワット時：TWh）

石炭　石油　天然ガス　再生可能エネルギー　原子力　その他

2004 年
（1 万 6,424TWh）
39.8%　6.7%　19.6%　17.9%　15.7%　0.3%

2014 年
（2 万 3,816TWh）
40.7%　4.3%　21.6%　22.3%　10.6%　0.4%

出所：2004 年の発電量 1 万 6,424TWh は *International Energy Outlook 2007*, US EIA[15]，その他数値は *Renewables Information 2016 edition*, IEA および *Renewables in Global Energy Supply*, An IEA Fact Sheet 2007, IEA を基に筆者作成。

発電における再生エネルギーの状況を詳しく説明しよう。図表Ⅱ－ 5 は IRENA が提供する再生可能エネルギー関連のデータ検索ツール[16]を用いて入手したデータより，2000 年から 2014 年までのエネルギー源別再生可能エネルギー発電量と増加率の推移を表したものである。図表より，発電エネルギー源は水力が大部分を占めるが，風力と太陽光による発電が 2000 年代後半から大きく伸びてきているのがわかる。直近の 5～6 年に関していえば，太陽光発電等の急速な伸びを受けて，再生可能エネルギーによる発電が年率約 5～9％で増加している。

図表Ⅱ-5　再生可能エネルギー源別発電量と増加率の推移

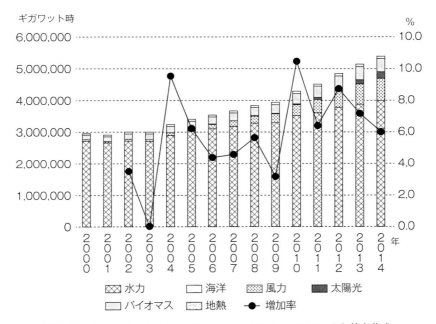

出所：RE electricity statistics - Query tool v1.2.xlsm, IRENA より筆者作成。

C. 発電設備容量

　同じデータ検索ツールを基に再生可能エネルギー発電の設備容量の推移を見てみた（図表Ⅱ-6）。設備容量も着実に増加しているが、2000年代後半より続く風力と太陽光発電設備の増加が顕著で、特に太陽光に関しては近年の増加が著しいことが見て取れる。再生可能エネルギー全体でも、ここ数年は年率8％程度で発電設備容量が増加している。

図表Ⅱ-6　再生可能エネルギー発電容量の推移

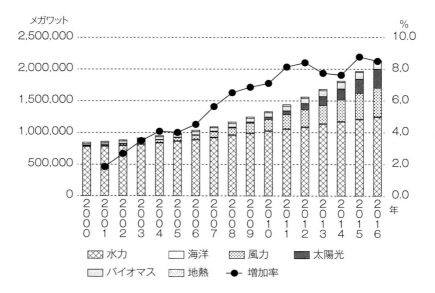

出所：RE electricity statistics - Query tool v1.2.xlsm, IRENA より筆者作成。

　データを詳しく見ると，2015 年から 2016 年の新規設備容量の増加は 167 メガワットであったが，太陽光の占める割合が全体の増加量の 43％と最大で，次に大きな割合となっているのが風力の 31％であった（図表Ⅱ-7）。

| 図表Ⅱ-7 | エネルギー源別新規導入容量の割合（2015－2016 年） |

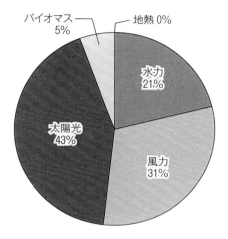

出所：RE electricity statistics - Query tool v1.2.xlsm, IRENA より筆者作成。

　さらに IRENA[17] は，再生可能エネルギーによる新規の発電設備容量の増加は非再生可能エネルギーによるものを逆転したと伝えている。新規発電設備容量の推移を再生可能エネルギーと非再生可能エネルギーに分けて比較したのが図表Ⅱ-8 である。

| 図表Ⅱ-8 | 新規導入発電容量の比較（再生可能 vs 非再生可能） |

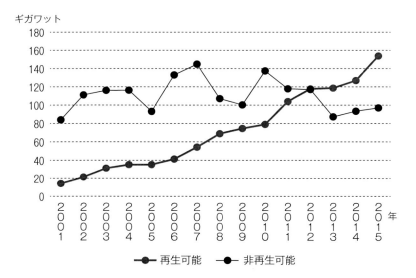

出所：REthiking Energy 2017, IRENA より筆者作成。

　発電における再生可能エネルギー導入はめざましく進んでいるが，途上国における経済発展による電力設備の普及が進めば，さらに今後の伸びが期待できる。これは，特に太陽光や風力発電は主要な送電網から離れた地域でも大規模な送電網の敷設に頼らずに発電設備の導入が容易であるという利点があり[18]，途上国による導入まで見据えると将来性が高いことが理由として挙げられる。

3．再生可能エネルギー価格の現状

要　点
- 発電設備費用は2009年水準と比較して風力が約3分の1に，太陽光が約8割減少している。
- 再生可能エネルギーによる電力を取引できるオークション制度の導入は2005年の6カ国から2016年末までには67カ国に増加した。市場整備は高い柔軟性と費用効率と透明性で再生可能エネルギーの普及に役立っている。
- すでに2010年の半分になっている太陽光発電コストは，次の10年でさらに6割削減されると考えられている。
- 産油国においても太陽光発電の大規模プロジェクトは，価格面で化石燃料による新規発電設備に対抗できるほどになっている。

　再生可能エネルギーがどれだけ普及するかは石油，石炭等と比較してどれだけ相対的に価格が低下するかに大きく依存する。再生可能エネルギーの普及を目的に，価格形成に有効なオークション制度の整備が進んでいる。再生可能エネルギーのオークションに関してIRENAは，現在，世界の国々で制度の導入が進んでおり，2016年終わりまでには67の国々に及んでいると報告している[19]。オークションは国や地域によって異なる経済事情や電力市場の成熟度に合わせて柔軟にデザインできることから，再生可能エネルギー導入目標達成に向けて政府当局者は積極的に市場整備を推進している[20]。
　オークションの長所として1）発電量と価格を明確化し，開発プロジェクトによる安定収入をもたらし，発電目標の確実な達成に寄与する，2）技術の進歩や市場の発達等による費用削減が著しい再生可能エネルギー市場では，真の

価格を探り当てる機能を持つ，3）遅延による保証なども含め当事者間の義務を明確にする契約につながり，プロジェクトが確実に推進される効果がある，といったことがあげられる[21]。このように，オークションは再生可能エネルギー普及を促進するさまざまな利点があるが短所がないわけではない。

オークションの短所として1）技術進歩による費用削減を楽観視することで入札競争の過熱が起こるとプロジェクト遅延による損害を過小評価してしまい，プロジェクト遅延やキャンセルが起こるリスクが高まる，2）小さくない決済費用の負担，複雑な行政手続きなどは，特に新規や小規模の事業者にとっての参入障壁となる，といった問題が起こりやすいとされている[22]。これら長所と短所がオークションにどう反映されるかは，当局がいかに国内の経済，エネルギー産業，エネルギー市場の成熟度，再生可能エネルギー目標を考慮した政策デザインができるかによるところが大きい[23]。

さらに，IRENAは2016年に太陽光と風力にかかわるオークション価格が大きく落ち込んだと報じている[24][25]。風力に関しては，2010年初頭には100万ワット時あたり250ドルであった平均価格は2016年半ばまでには60ドル未満に下落しているが，IRENAが報告するデータの内訳を図表Ⅱ-9にエネルギー源別に一覧できるようにした。これより，100万ワット時あたりの価格は最低が米国の26.7ドルから最高の120ドルまで各国の事情により幅が広いのがわかる。米国の価格は太陽光発電投資に30％の減税措置が執られていることから実際の価格は表示された価格より高いと考えられている。IRENAのデータより，平均値が58.7ドル，中央値でも55.9ドルであることを鑑みるに，太陽光発電のオークション価格下落はやはり大きな流れであるといえる。特筆すべきは産油国であるアラブ首長国連邦（UAE）における大規模太陽光発電プロジェクトのオークション価格の低さで，化石燃料による新規発電設備と比較できるレベルにまで低下してきていることである[26]。

| 図表Ⅱ-9 | 2016年オークション価格（太陽光） |

国　名	エネルギー源	電力量（MW）	価格（米ドル/MWh）
カナダ	太陽光	140	120
米　国**	太陽光	26	26.7
メキシコ*	太陽光	2,953	37.0
ペルー	太陽光	184.5	48
チ　リ***	太陽光	580,000	29.1
アルゼンチン*	太陽光	2,253	55.9
ドイツ*	太陽光	258	82.5
中　国	太陽光	1,000	78
インド	太陽光	6,500	73
アラブ首長国連邦（UAE）*	太陽光	1,150	28.2
ザンビア	太陽光	73	67
		平　均	58.7
* 複数のオークション結果を統合したもの		中央値	55.9
**30％の減税後価格		最小値	26.7
*** 電力量は今後10年の推定需要を基にした年間推定量		最大値	120.0

出所：*Rethinking Energy 2017*, IRENA, *Renewable Energy Auction 2016*, IRENAより筆者作成。

　IRENAのデータによると，風力に関しては2010年に100万ワット時あたり平均80ドル程度であったオークション価格は2016年までに平均50ドル程度まで低下している。この価格低下は太陽光と比べると緩いものとなっているが，それは風力発電の技術が2010年にはほぼ現状と肩を並べる程に確立していたことが一因とされている。図表Ⅱ－10は各国における2016年のオークション価格を一覧できるようにしたものである。これより，100万ワット時あたりの価格は平均および中央値ともに50ドル前後となっているのがわかる。

また、価格の最小値と最大値の幅も太陽光と比較すると狭くなっている。これは、技術の確立が早かった風力に関して、価格が安定的に形成されつつあることの表れかもしれない。

図表Ⅱ-10　2016年オークション価格（風力）

国　名	エネルギー源	電力量（MW）	価格（米ドル/MWh）
カナダ	風力	299.5	66
メキシコ*	風力	1,658	43.0
ペルー	風力	162	37
チ　リ	風力	4,400,000	45.2
アルゼンチン*	風力	1,745	55.6
デンマーク	風力（洋上）	600	53.9
オランダ	風力（洋上）	700	80.4
モロッコ	風力	850	30
*複数のオークション結果を統合したもの		平　均	51.4
		中央値	49.6
		最小値	30
		最大値	80.4

出所：*Rethinking Energy 2017*, IRENA, *Renewable Energy Auction 2016*, IRENA より筆者作成。

その他再生可能エネルギーに関しては、オークションによる取引は太陽光と風力ほど盛んではなく、2016年の取引は数カ国にとどまる。IRENAの報告するオークション価格をエネルギー源ごとにまとめた一覧が図表Ⅱ-11と図表Ⅱ-12である。

図表Ⅱ-11　2016年オークション価格（水力）

国　名	エネルギー源	電力量（MW）	価格（米ドル/MWh）
カナダ	水力	15.5	135
ペルー	水力	80	46
ブラジル	水力	500	57.5
		平　均	79.5

出所：*Rethinking Energy 2017,* IRENA, *Renewable Energy Auction 2016,* IRENA より筆者作成。

　これによると，水力，バイオマスによる電力価格は太陽光と風力によるものと比較して平均値で割高であることが伺える。水力とバイオマスによる発電の歴史は長く，技術的に成熟しているものと仮定すればさらなる価格低下は望めないと考える。しかし，太陽光と風力の価格競争力は今後も上昇すると見込まれていて，それは将来の再生可能エネルギー投資の方向性に影響を与えていくであろう。

図表Ⅱ-12　2016年オークション価格（バイオマス）

国　名	エネルギー源	電力量（MW）	価格（米ドル/MWh）
ブラジル	バイオマス	198	60.2
アルゼンチン	バイオマス	1.2	118
		平　均	89.1

出所：*Rethinking Energy 2017,* IRENA, *Renewable Energy Auction 2016,* IRENA より筆者作成。

4．再生可能エネルギー投資の現状

> 要 点
> ・再生可能エネルギー投資（含む水力発電）は 2004 年の約 500 億ドルから 2015 年までには約 3,050 億ドルへとほぼ 6 倍に増加した。
> ・風力と太陽光発電に関連する投資は再生可能エネルギーによる発電の約 90％を占める（2015 年）。
> ・再生可能エネルギー投資金額の伸びの鈍化の一因は太陽光発電の効率性が増したことによる。
> ・風力発電投資における洋上風力発電の割合が増加している。

A．投資の全体像

　IRENA[27]によると，再生可能エネルギー投資は 2004 年から 2015 年の間で 500 億ドル弱から約 3,050 億ドルへと 6 倍強に増加している。特に 2015 年は途上国での投資が初めて全体の 5 割を超え，中でも中国は投資全体の約 3 割以上を占めるに至っている。そして，2014 年の投資は太陽光発電と風力発電が全体の約 9 割を占めているという。

　REN21 も投資額を報告している[28]。それによると 2015 年の再生可能エネルギー投資は 2,859 億ドルで 2014 年の 2,730 億ドルと比較して約 130 億ドル上昇した。REN21 は投資がもたらす電力，熱，運輸における再生可能エネルギー容量の増加も報告している（図表Ⅱ－13）。図表より，電力に関しては太陽光の容量増加が 177 ギガワットから 227 ギガワット，風力の容量増加が 370 ギガワットから 433 ギガワットと，ともに著しい。

Chapter Ⅱ　台頭する再生可能エネルギー：現状と展望　67

図表Ⅱ-13　再生可能エネルギー関連投資額・新規容量

		単位	2014年	2015年
投　資	再生可能エネルギー発電・燃料に対する新規投資（年間）*	10億ドル	273	285.9
電　力	全発電容量（水力を含まない）	ギガワット	665	785
	全発電容量（水力を含む）	ギガワット	1,701	1,849
	水力発電容量	ギガワット	1,036	1,064
	バイオマス発電容量	ギガワット	101	106
	バイオマス発電容量（年間）	テラワット時	429	464
	地熱発電容量	ギガワット	12.9	13.2
	太陽光発電容量	ギガワット	177	227
	集光太陽熱発電容量	ギガワット	4.3	4.8
	風力発電容量	ギガワット	370	433
熱利用	太陽熱温水容量4	ギガワット熱	409	435
運　輸	エタノール生産（年間）	10億リットル	94.5	98.3
	バイオディーゼル生産（年間）	10億リットル	30.4	30.1

* BNEFデータ引用．対象エネルギー源プロジェクト：1MW超のバイオマス，地熱，風力；
　1MW～50MWの水力；全太陽光；全海洋発電；バイオ燃料≧100万リットル／年

出所：*Renewables 2016, Global Status Report*, REN21より筆者作成。

B．ブルームバーグ新エネルギーファイナンスによる分析

　IRENAとREN21が報告する金額はともにブルームバーグ新エネルギーファイナンス（Bloomberg New Energy Finance: BNEF）を出所としている。世界で最も有名な金融・ビジネス情報の提供機関の1つであるブルームバーグの傘下にあるブルームバーグ新エネルギーファイナンスは，世界に大きなネットワークを持ち，発信するエネルギー関連情報は各分野における専門家に信頼されている。BNEFが発信している情報とは何なのか，そしてその意味するところは何かを以下に綴る。

BNEF が発表するエネルギー源別再生可能エネルギー新規投資の詳細を図表Ⅱ－14 に示す[29]。データによると，全体的な投資は 2004 年から 2011 年までは順調な増加を見せていたが，2012 年と 2013 年，そして直近の 2016 年に前年比の減少が見られる。これは太陽光発電の新規投資額の落ち込みが主な原因であることが見て取れる。しかし，新規投資額の落ち込みが新規発電容量の落ち込みにつながっているかといえばそうではない。

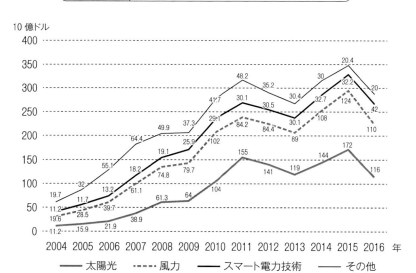

図表Ⅱ－14　エネルギー源別再生可能エネルギー新規投資

出所：ブルームバーグ新エネルギーファイナンスウェブサイトのデータより筆者作成。

　これを裏付けるのが図表Ⅱ－15 である。これは 2012 年を基準としてそれ以降の新規投資と新規発電容量の変化を表している。これによると新規投資は 2013 年と 2016 年の投資額の落ち込みをとらえているにもかかわらず，発電容量の減少は見られない。

| 図表Ⅱ－15 | 新規投資と新規容量の推移 |

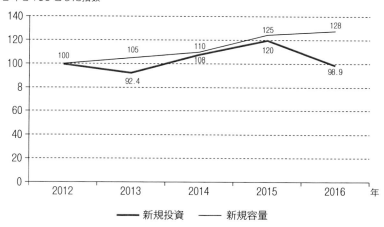

出所:ブルームバーグ新エネルギーファイナンスウェブサイトのデータより筆者作成。

　この原因として考えられるのが対費用発電効率の上昇である。図表Ⅱ－16は2012年を基準とした太陽光発電と風力発電にかかわる発電設備の費用の推移を表している。対費用発電効率の上昇は太陽光発電で著しく，2016年には2012年の実に約6割の価格で同等の発電設備を整えることができるようになったことがわかる。これは，前節のオークション価格の比較でも見られた太陽光の価格競争力につながっていると考えられる。

| 図表Ⅱ-16 | 発電設備費用の推移 |

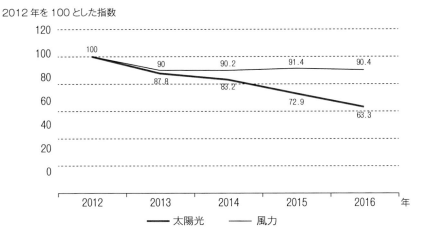

出所:ブルームバーグ新エネルギーファイナンスウェブサイトのデータより筆者作成。

　それでは，太陽光と比較して風力には伸びる余地がもう少ないのだろうか。近年，風力発電に関しては太陽光ほどの新規投資の伸びはないが，洋上風力発電設備に対する投資の増加が顕著になってきている。洋上風力発電に関連する投資は2004年の約5億ドルから2016年には約300億ドルとほぼ60倍の増加（図表Ⅱ-17）となっており，将来における技術進歩の期待が高くなってきていることを反映していると考えられる。

　投資に関しては，ブルームバーグ新エネルギーファイナンスのデータを中心に見てきたが，世界でも著名な金融・ビジネス情報提供機関が新エネルギーに関する情報を専門に扱う部門を設立していることから見ても，投資家がいかにこの分野における投資を重要視しているかがわかる。IRENAの予測では，現状の投資額は2030年までの温暖化対策目標を達成するにはまだまだ不十分であると報告している[30]。しかし，積極的な情報発信により市場の育成が加速すれば，投資は飛躍的に伸びる可能性を秘めている。

図表Ⅱ-17 洋上風力発電投資の推移

出所：ブルームバーグ新エネルギーファイナンスウェブサイトのデータより筆者作成。

5．再生可能エネルギーの導入ポテンシャル・産油国の動向・今後の展望

要　点
・太陽光，風力，地熱は賦存量と導入ポテンシャルが高い。
・湾岸協力会議（GCC）諸国では太陽光と風力のエネルギー賦存量も豊富である。
・GCC諸国も再生可能エネルギー導入計画や目標を掲げるが，石油依存の現状を大きく変化させるものではない。
・特に太陽光と風力の導入は蓄電池技術の進歩でさらに加速する可能性がある。

A. 世界の再生可能エネルギー導入ポテンシャルと賦存量

再生可能エネルギーによる発電量および発電設備容量は、全量と比較した割合としてはまだまだ小さいのはすでに見てきた。しかし、太陽光発電の費用の低下や洋上風力発電の増加等による今後の伸び代はどれだけあるのだろうか。

再生可能エネルギーの資源量には、制約要因を考慮しないで理論的に算出できるエネルギー資源賦存量（Theoretical potential）と、エネルギーの採取・利用に関する利用技術等種々の制約要因を考慮したエネルギー資源量である導入ポテンシャル（Technical potential）の2つの考え方がある[31]。

世界の再生可能エネルギーの賦存量と導入ポテンシャル推定に関してはさまざまな研究報告がある。REN21[32]は2004年に当時の利用技術を反映した再生可能エネルギーに関する導入ポテンシャル、賦存量、利用状況の推定を報告している（図表Ⅱ-18）。これによると、水力とバイオマスを除く再生可能エネルギー源に関する導入ポテンシャルと賦存量が多く、中でも太陽光と地熱が圧倒的であることがわかる。ここで注目すべきは、太陽光、風力、地熱の利用状況が導入ポテンシャルに対して小さいということである。これは、現在の技術

図表Ⅱ-18　世界再生エネルギーベース（単位：エクサジュール（EJ）年）

種類	利用状況	導入ポテンシャル	賦存量
水力	10	50	150
バイオマス	50	>250	2,900
太陽光	0.2	>1,600	3,900,000
風力	0.2	600	6,000
地熱	2	5,000	140,000,000
海洋	—	—	7,400
合計	62.4	>7,500	>143,000,000

出所：*The Potentials of Renewable Energy 2004*, REN21（原典 Goldemberg, J. (ed) 2000. *World Energy Assessment: Energy and the Challenge of Sustainability*. New York: UNDP）.

やさまざまな制約条件を考慮しても，導入の余地がまだまだ残っていることを意味する。

少し前の学術的な研究ではあるが，モリアーティーとホネリーは2008年から2010年の間に報告された再生可能エネルギー導入ポテンシャルに関する10の研究結果をまとめ，その範囲を示している（図表Ⅱ-19）[33]。前述のREN21による資源別の再生可能エネルギー導入ポテンシャルの推定はほぼモリアーティーとホネリーの報告する範囲内に収まっている。地熱に関してはREN21の報告が電力利用と熱利用を合算したものであると推測すれば同様である。

モリアーティーとホネリーの報告は，世界の再生可能エネルギー導入ポテンシャルとエネルギー需要予測を比較し，2050年までに再生可能エネルギーがすべてのエネルギー需要をまかなうことはないと結論付けている。さらに気候変動が継続することにより導入ポテンシャルが低下する恐れがあり，エネルギー需要そのものを減らす必要があるとしており，気候変動への懸念が前面に出ている。しかし，楽観的な予測部分に焦点をあてると太陽光だけでも導入ポテンシャルは1,600EJ（REN21），2,592EJ（モリアーティー，ホネリー）といった需

図表Ⅱ-19　世界の再生エネルギー導入ポテンシャルの推定

（2008－2010年における10の研究結果による，単位：エクサジュール（EJ）年）

		導入ポテンシャルの範囲	賦存量
太陽光		118-2,592	3,900,000
風　力		48-600	28,400
海　洋		1.8-33	700
水　力		50-95	130-160
バイオマス		27-1,500	3,000
地　熱	電　力	1.1-22	1,300
	熱利用	14-310,000	－

出所：Moriarty, P. and D. Honnery, "What is the global potential for renewable energy?" *Renewable and Sustainable Energy Reviews 16* (2012) 244-252 より一部抜粋。

要をまかなえる可能性を秘めている（EJ＝エクサジュール＝10^{18} ジュール＝2,390万石油換算トン）。気候変動による制約をどのように予測に盛り込むかはさらなる議論の余地があるかもしれないが，導入ポテンシャルと単純比較する限り，1,000EJと予想される2050年のエネルギー需要を再生可能エネルギーですべてまかなうことは必ずしも不可能とはいえないと考える。

B. 再生可能エネルギーに関する産油国の賦存量と動向

　再生エネルギー導入の流れに大きな影響を及ぼすのが産油国の動向である。IRENAは世界の地域別に再生可能エネルギー市場について分析している。中でも経済を原油に大きく依存している国々を含む中東・ペルシャ湾岸6カ国で構成されるGCC加盟国は，エネルギーを取り巻く今後の世界情勢を占う上で重要である。石油資源の豊富なこの地域においては，風力と太陽光のエネルギー賦存量も豊富とされていて，風力に関しては国土の約56％が発電に適しており，その1％だけで60GWの発電が可能な値に匹敵するとされる[34]。また，太陽光に関しては国土の約59％が発電に適しており，その1％だけで470GWの発電量に値するとされる[35]。

　GCC諸国にとって2014年半ばまで続いた1バレル100ドル台の石油価格が2016年1月までに35ドル程度まで落ち込んだ影響は大きく，GCC諸国国内総生産（GDP）の約20％に相当するとされている[36]。これら従来型のエネルギー源を多く保有する国々が今後をどう受け止めて行動するかは再生可能エネルギーの将来にまったく影響を与えないとはいい切れない。

　IRENAの報告[37]によると，GCC加盟国の原油埋蔵量は世界の約3分の1，天然ガスの埋蔵量は世界の約5分の1を占めている。報告では，石油の輸出で急速な経済発展を遂げてきたGCC加盟国の一部では，経済発展とともに自国エネルギー需要が増大し，収入源である石油の輸出能力に影響を与え始めており，輸出に回す石油を確保するためにも再生可能エネルギーを含めたエネルギー源の分散化が重要な課題であるとしている。特に，この地域では2000年代におけるエネルギー消費が平均5％で，インド，中国，ブラジルをも上回っ

ており，石油の消費量が世界第7位のサウジアラビアでは，2014年に自国の石油消費量が生産量の約28％を占めるまでに至っていると報告されている。

危機感を抱いた加盟国では資源確保のため，さまざまな計画や目標設定を始めており，それらを図表Ⅱ－20に一覧する[38]。これによると，問題が最も深刻なサウジアラビアでは，2014年現在0.025ギガワット[39]の再生可能エネルギー設備容量を2022年までに9.5ギガワットまでに実に数百倍の単位で引き上げる目標を掲げている。しかしながら，数値としては世界の総量に大きな影響を与えるまでの計画とはなっていない。また，この計画は政策目標ではなく，1つのシナリオとして認識されており，計画はすでに8年延期されていることが注意書きに記されている[40]。再生可能エネルギー導入に前向きな姿勢

図表Ⅱ－20　GCC加盟国における持続可能なエネルギー計画と目標

	目標年	再生可能エネルギー導入目標	エネルギー効率化目標
アラブ首長国連邦（UAE）	2021	クリーンエネルギー24％	
	2020	設備容量の7％（アブダビ）	
	2030	太陽光発電5GW（ドバイ）	対通常ビジネス30％の電力消費削減（ドバイ）
オマーン	2015		発電量キロワット時あたり平均5％のガス消費削減
カタール	2017	設備容量の20％(1800MW)	
	2030		2011水準ベースで一人あたり電力消費20％，水消費35％の削減
クウェート	2020	発電量の5％	
	2030	発電量の15％	
	－		発電効率5％上昇，建物でのエネルギー消費10％削減
サウジアラビア	2020		エネルギー効率を主要7カ国（G7）レベルに
	2021		ピーク需要の14％削減，電力消費の8％削減
	2022	9.5GW	
	2040	54GW（太陽光41GW，風力9GW，廃棄物3GW，地熱1GW）	
バーレーン	2020	設備容量の5％	

出所：*Renewable energy market analysis, the GCC region*, 2016, IRENA より筆者作成。

を示しているが，目標とその達成状況から考えるとこれらの国々が世界の再生可能エネルギー導入を加速する要因とはなるかどうかに関しては未知数である。

C. 太陽光発電と風力発電の見通し

本節の締めくくりとして，IRENA[41]による今後の太陽光および風力発電の見通しを次に紹介する。

- 太陽光発電容量は2030年までに現在（296ギガワット，2016年）の約6倍に相当する世界の全発電量の7％になると予想されている。試算によると発電所規模の太陽光発電設備にかかる費用は2015年から2025年の間に半減し，全世界の設備容量は2030年までに1,760ギガワットになると予想される。
- 変動電源（太陽光発電や風力発電のような出力が変動する再生可能エネルギー[42]）による電力供給の拡大は，電力の安定供給を可能にする蓄電技術の進歩が重要となる。IRENAは現在1ギガワット弱ほどしかない蓄電設備が2030年までには250ギガワット程度に増加すると推測している。さらに，2015年には220億ドルだった蓄電池市場規模は2020年まで1,400億ドルまで拡大するとしている。リチウムイオン電池に関しては現在キロワット時あたり350ドルで，2010年の水準と比べてすでに65％安くなっていて，さらに10年後にはキロワット時あたり100ドル以下にまで低下すると予測している。

変動電源である太陽光や風力で発電された電力は，一旦蓄電池にためることで安定供給が可能となるが，蓄電池価格に関する前述のIRENA報告は米テスラモーターズ社が2015年より発売を開始したリチウムイオン蓄電池「Tesla Powerwall」を念頭にしていると考えられる。この製品の価格は10キロワット時で3,500ドル（約42万円）であるが，インバーター等を含めたシステム価格は70万〜80万円程度であることが指摘されている[43]。利用可能なシステムとしては1キロワット時あたりに換算するとIRENAの報告する350ドルの倍近い価格ということになる。しかし，蓄電池に関しては，テスラとパナソニックは2017年より米ネバダ州で大規模電池工場「ギガファクトリー」で蓄

電池の生産を始めており，2018年までには現在の他社すべてを合算した蓄電池生産量に匹敵する35ギガワット時を目標に蓄電池生産を開始している[44]。このような動きが加速すれば，蓄電池価格は10年後にキロワット時あたり100ドル以下になることは十分に予想できる。蓄電池の技術革新が太陽光と風力発電の今後に大きな影響を与えるのは明白であろう。

IRENA[45]の報告では，各国がすでに表明しているさまざまな計画や政策を考慮しても総最終エネルギー消費における再生可能エネルギーの割合は2030年までに今の18.3％から21％にしか増加しない（これを大きな伸び代があると希望的に受け止めているが）。しかし，さらに野心的な取り組みが可能であれば約2倍にあたる36％までに割合を引き上げることが可能であるとしている。しかし，これにはさらなる投資や技術革新が前提となっている。

6．小　括

石油に取って代わるエネルギー源として，再生可能エネルギーの現状と展望をIEA，IRENA，REN21といった国際的組織と，その他金融情報機関や研究機関の発信する情報を中心に概観してきた。結論からいうと再生可能エネルギーはニュース等でよく耳にする割には導入が進んでいないのが実感である。これは，途上国を含む世界のエネルギー利用において，暖房・調理，運輸といった非電力によるものが大きな部分を占めていることによるのが一因であろう。

しかしながら，発電においては，再生可能エネルギー源による新規設備容量の伸びが近年めざましいこともまた事実である。石油時代に終わりを告げるには，エネルギー利用を再生可能エネルギー源の導入が容易な「電力」にシフトしていく必要があり，先進諸国における自動車，暖房等でのさらなる電化技術の進歩とそれらの途上国への波及が望まれる。

再生可能エネルギーの中でも太陽光，風力といったエネルギー源は，賦存量と導入ポテンシャルが高いが，盛んな投資によって今後の技術革新のペースが

高まれば，それとともに導入ポテンシャルもさらに向上すると考えられる。太陽光・風力エネルギー源は，自己完結型のシステム構築が容易で，主要な送電網から離れた地域でも容易に設置が可能なことから，途上国では発電設備導入の主役となっていくであろう。さらに，蓄電池技術の進歩で，変動電源であることの短所を克服することができれば，これら電源の世界的な導入の流れは一挙に加速する可能性が高い。最後に，再生可能エネルギーの中でもまだまだ利用が進んでいない地熱や潮力などは，賦存量も大きいことから技術の進歩で導入ポテンシャルが飛躍的に高まる可能性を秘めている。

　京都議定書を経て，2015年12月12日に気候変動抑制に関する多国間の国際的な協定（パリ協定）を主要な排出国である米国と中国も加えた世界の国々が採択した。これを受けて再生可能エネルギー導入は世界中でさらに大きな流れとなってきた。しかし，本章の執筆中にトランプ米大統領がパリ協定の脱退を表明する[46]など，世界各国の流動的な情勢が再生エネルギー導入の流れに大きな影響を与えていくのは必至であり，今後もさらなる注視が必要である。紆余曲折があるかもしれないが，人類の歴史を鑑みるにいずれ石油時代が終わりを迎えることはほぼ確実なのではないか。

【註】

（1）"Renewables break records as wind and solar come online, IRENA says," CNBC (USA) 30 Mar, 2017.（2017年4月6日アクセス）.
（2）"Report: Global renewable power capacity expanding," UPI (USA) 30 Mar, 2017.（2017年4月6日アクセス）.
（3）"Will Fossil Fuels and Conventional Cars Be Obsolete by 2030?（Opinion），" *The Huffington Post* (USA) 23 Feb, 2017.（2017年4月6日アクセス）.
（4）"Solar power and electric cars could halt fossil fuels by 2020," *Digital Journal* (Canada) 6 Feb, 2017.（2017年4月6日アクセス）.
（5）"Solar Could Beat Coal to Be the Cheapest Power on Earth," Bloomberg (USA) 3 Jan 2017.（2017年4月6日アクセス）.
（6）"Wind and solar energy to be cheaper than fossil fuels by 2018," *International Business*

Chapter Ⅱ　台頭する再生可能エネルギー：現状と展望　79

　　　Times (UK) 27 Dec, 2016.（2017 年 4 月 6 日アクセス）.
（7）"Clean Energy Jobs Increasing, Fossil Fuel Jobs Decreasing, Says IRENA," *Clean Technica* (USA), 6 Dec, 2016.（2017 年 4 月 6 日アクセス）.
（8）"Offshore wind capacity could surge 3000% by 2045: Study," CNBC (US), 3 Nov 2016.（2017 年 4 月 6 日アクセス）.
（9）外務省 http://www.mofa.go.jp/mofaj/gaiko/energy/irena/gaiyo.html：（2017 年 3 月 21 日アクセス）.
（10）Renewables Global Status Report 2006 Update（日本語版），REN21, http://www.ren21.net/Portals/0/documents/activities/gsr/RE_GSR_2006_Update_Japanese.pdf（2017 年 4 月 6 日アクセス）.
（11）平成 28 年度エネルギーに関する年次報告（エネルギー白書 2017）資源エネルギー庁．
（12）*Renewables Information 2016*, International Energy Agency.
（13）*Renewables in Global Energy Supply, An IEA Fact Sheet 2007*, International Energy Agency.
（14）*Renewables Information 2016*, International Energy Agency.
（15）*International Energy Outlook 2007*, US Energy Information Administration.
（16）RE electricity statistics - Query tool v1.2.xlsm, International Renewable Energy Agency. http://resourceirena.irena.org/gateway/dashboard/?topic=4&subTopic=54.（2017 年 4 月 14 日アクセス）.
（17）*REthinking Energy 2017*, International Renewable Energy Agency.
（18）屋根上の太陽光発電など，主要な送電網から離れた小規模で独立した発送電システムは「分散型再生可能エネルギー：Distributed Renewable Energy（DRE）」と総称されている（Renewables 2014, Global Status Report, REN21, p.94）．
（19）*REthinking Energy 2017*, International Renewable Energy Agency.
（20）
（21）*Ibid*.
（22）*Ibid*.
（23）*Ibid*.
（24）*Ibid*.
（25）*Renewable Energy Auctions: Analysing 2016*, International Renewable Energy Agency.
（26）*REthinking Energy 2017*, International Renewable Energy Agency.
（27）*Ibid*.
（28）RENEWABLES 2016, GLOBAL STATUS REPORT, REN21
（29）Clean Energy Investment by the Numbers - End of Year 2016, Bloomberg New Energy Finance, https://www.bnef.com/dataview/clean-energy-investment/index.html（2017 年 6 月 4 日アクセス）．

(30) *REthinking Energy 2017,* International Renewable Energy Agency.
(31) 平成 21 年度再生可能エネルギー導入ポテンシャル調査報告書，環境省地球環境局地球温暖化対策課。
(32) The Potentials of Renewable Energy, Thematic Background Paper, International Conference for Renewable Energies Bonn, January 2004, REN21.
(33) Moriarty, P. and D. Honnery, "What is the global potential for renewable energy?" *Renewable and Sustainable Energy Reviews* 16, (2012) 244–252.
(34) *Renewable Energy Market Analysis, The GCC Region 2016,* International Renewable Energy Agency.
(35) *Ibid.*
(36) *Ibid.*
(37) *Ibid.*
(38) *Ibid.*
(39) *Renewable Energy Statistics 2016,* International Renewable Energy Agency.
(40) *Renewable Energy Market Analysis, The GCC Region 2016,* International Renewable Energy Agency.
(41) *REthinking Energy 2017,* International Renewable Energy Agency.
(42) The Power of Transformation 電力の変革 2014，OECD/IEA 2014. 新エネルギー・産業技術総合開発機構新エネルギー部（NEDO）翻訳版。
(43) 蓄電池価格が下落　太陽光発電，売るより「使う」へ，日経テクノロジーオンライン，2016 年 3 月 11 日 http://techon.nikkeibp.co.jp/atcl/column/15/185494/030700006/?ST=print（2017 年 6 月 5 日アクセス）。
(44) 米テスラとパナソニック，大規模電池工場「ギガファクトリー」で蓄電池を生産，環境ビジネスオンライン，2017 年 1 月 10 日，https://www.kankyo-business.jp/news/014103.php（2017 年 6 月 5 日アクセス）。
(45) *REthinking Energy 2017,* International Renewable Energy Agency.
(46) トランプ大統領　パリ協定脱退の方針を発表，NHK News Web，2017 年 6 月 2 日，http://www3.nhk.or.jp/news/html/20170602/k10011003791000.html（2017 年 6 月 6 日アクセス）。

(嶋崎善章)

Chapter Ⅲ
原油安に苦しむ石油輸出国機構（OPEC）と「シェール革命」

1．はじめに

　1970年代以降現在までの間に，世界の石油産業は1次産品である原油の不安定な価格動向の変化を何度か経験してきた。その最も大きな変化は1970年代に起こった2度の石油危機であった。20世紀の前半より長い間石油市場を支配してきた国際石油資本（メジャー）の「セブン・シスターズ」より石油輸出国機構（Organization of the Petroleum Exporting Countries：OPEC）が原油価格決定権を奪回して以降，1973年，1979年の2回の石油ショックを経て，名目的な原油価格は1バレルあたり40ドル近くまで上昇した。しかしながら，その後に起こった1980年代から1990年代の逆石油危機の時期にかけては，油価は同20ドル台に低迷した。その後，21世紀になると2000年代なかばには再びそれが上昇し始め，2008年7月にはWTI（ウエスト・テキサス・インターミディエート）ベースで同147ドルを超えた。その後，同100-110ドル程度で推移したが，2014年後半になると原油価格は急激に低下を始め，新しい局面に入った。

　OPEC諸国はかつて，とりわけ1970年代から1980年代初頭にかけて，国際石油市場における原油価格に大きな影響力を持つ主要なプライス・ゲッターであったが，現在ではもはやその力は減退している。このような移り変わりは，全世界の原油生産量に占めるOPEC諸国の比率，全世界の原油輸出量に占めるOPEC諸国の比率の2つの指標を1970年代のOPECの全盛期とこんにちを比べることで理解することができる。今，第1次石油危機が起こった1973年と2015年を比較してみよう。1973年に前者，後者の比率はそれぞれ

55.9％，86.9％であった[1]。これに対して，2015年には前者，後者でそれぞれ43.0％，56.6％となって[2]，ともに減少した。この数字の比較からわかるように，現時点でのOPECの力は特に原油輸出市場において大きく減退していることがわかる。

このように，1970年代におけるOPECの隆盛期，逆石油危機の逆境時代，そして21世紀に入っての10年ほどの石油ブーム期を経て，そのカルテルはまた2度目の逆境の時代に入っている。

本章の目的は，国際石油市場での原油価格が2014年以降現在まで1バレル100ドル程度からその半分程度にまで下落するなか，その市場のプレーヤーの一つであるOPEC諸国を中心として，その原油供給者が直面している状況の背景を分析することである。その際の筆者の問題意識は，2014年以降現在まで続いている原油安のもとで，特に1970年代に強大なパワーを握ってきたOPEC諸国は原油を生産するライバルにどのように対処してきたかという点にある。以下，第2節ではまず，本章において議論の中心となるOPECのこれまでの歴史について説明する。次の第3節では2014年以降の原油価格下落期の数年間に限定して，OPECが現在どのような環境のもとに置かれているのか，について議論する。第4節では，OPECの動向に大きく影響を及ぼしている米国の「シェール革命」のうち，シェールオイルの動向をOPECと関連付けて分析を行う。第5節では，その「シェール革命」への対抗策としてOPECが最近行ってきた非OPEC諸国との間の連携について分析する。最後に第6節において，結論として本章で議論してきた内容をまとめる。

2．世界の石油動向の歴史とOPEC

本節では，第3節以降の議論のベースとなるOPECを中心とした石油動向の歴史的な概観をしておく。また，本節では本章の中心となるOPECの基本的な情報について言及することに加え，国際石油資本などについても説明する。

1859年に米国のペンシルベニア州で商業量の原油が発見されて以来，ロシア，インドネシアなど世界のいくつかの国々で原油生産が行われるようになっていく中で，米国は世界の石油産業をリードしてきた。その中心的な役割を果たしたのが1870年に創設されたスタンダード・オイルであった。その後，同社が1911年に34社に分割されたのを受けて新たに創設された企業のうち3社（スタンダード・オイル・オブ・ニューヨーク（現エクソンモービル），スタンダード・オイル・オブ・ニュージャージー（現エクソンモービル），スタンダード・オイル・オブ・カリフォルニア（現シェブロン））が，後述する他の4社と合わせて「セブン・シスターズ」と呼ばれるようになった。20世紀前半から中ごろにかけての長い間，世界の石油市場を支配してきた「セブン・シスターズ」は，前述した米国系3社にスタンダード・オイル系でないテキサコ（現シェブロン），ガルフ（現シェブロン）を合わせた米国系5社と欧州系2社（ロイヤル・ダッチ・シェル，BP）の合計7社より構成されていた。

　これらの7社にCFP（フランス石油，現トタル）を加えた欧米の企業を中心とする国際石油資本は，国際石油市場において原油価格を長らく低水準に設定してきた。これらの企業などは，20世紀になってやがて世界の石油の中心地となっていった中東地域において，ペルシャ湾岸諸国の石油企業に出資を行い，石油上流部門で活動をした。中東地域で最初に原油が発見されたのは1908年のイランにおいてであるが，その後イラクでも原油が見つかり，1930年代前半になるとバーレーン，そしてその後半にはサウジアラビア，クウェートでも原油が発見された。

　1945年に日本が米国との戦争に破れ第2次世界大戦が終わりを告げた後，戦争で荒廃した欧州地域や日本などでの戦後復興の中で，そのエネルギー源として大きな役割を果たしたのは石油であった。それらの諸国で増大した石油需要に対応して，国際石油資本は国際的に展開していた石油下流部門（精製，流通，販売）を通じて，欧州諸国や日本だけでなく世界の各地に安価な価格で石油を供給していったのであった。

　このような欧米資本による支配的な状況を打破し，その資本に対抗していく

手段として最初に国際石油資本に反旗を翻したのは，イランのモサデグ首相（当時）であった。同氏は 1951 年に，同国の石油企業の国有化を断行した。しかし同氏の行動は失敗し，その後，BP，ロイヤル・ダッチ・シェル，エクソン，モービルなどの国際石油資本はコンソーシアム（企業連合）を形成し，同国の石油企業の経営に携わった。

こうしたイランの民族主義的な動向の国有化政策のおよそ 9 年後となる 1960 年 9 月に創設されたのが，OPEC である。OPEC が創設された背景にあるのは，低水準の原油価格を生み出してきた国際石油資本への対抗意識であり，モサデグの民族主義的な動きとベースでは共通している。それを別の表現で言い換えるならば，「資源ナショナリズム」であったといえる。

OPEC を創設したのは，原加盟国となった中東・南米地域の 5 カ国，つまりイラン，イラク，クウェート，サウジアラビアおよびベネズエラである。その後加盟国は増え，OPEC のホームページによれば，現在 OPEC は 14 カ国（原加盟 5 カ国と 9 カ国（加盟順：カタール，リビア，アラブ首長国連邦（UAE），アルジェリア，ナイジェリア，エクアドル，ガボン，アンゴラ，赤道ギニア）が加盟している[3]。これらの諸国に加え，インドネシアのようにかつては加盟国であったが現在はそうでない国があり，また現加盟国のうち，エクアドルやガボンのように一時期加盟国でなかった国もある[4]。OPEC の加盟国を地域別に見れば，その半分以上は中東・北アフリカ（MENA）地域に位置しており，その中でもペルシャ湾岸（湾岸）に位置する産油国が 6 カ国（イラン，イラク，クウェート，サウジアラビア，UAE，カタール）ある。その中で，最大の原油埋蔵量やその生産量を有するのがサウジアラビアであることを考慮するならば，OPEC における同国のプレゼンスは非常に大きいということができる。

OPEC が国際社会においてその名を高めたのは，1970 年代に入ってからである。1971～1973 年の間に締結されたテヘラン協定，トリポリ協定などいくつかの協定が産油国と国際石油資本との間で結ばれ，原油価格の決定権が OPEC 諸国へシフトしたのである。また，これと平行して，サウジアラビアなどの湾岸諸国が 1972 年にリヤド協定を結び，サウジアラビアの石油企業で

Chapter Ⅲ　原油安に苦しむ石油輸出国機構（OPEC）と「シェール革命」

あるアラムコなど各国の石油企業の事業参加が行われたことで，その国有化が進行していった。このような攻勢の結果として，OPEC の時代が到来したのである。それを決定的にしたのは，第四次中東戦争を契機として 1973 年秋に起こった第 1 次石油危機であった。この出来事によって，原油価格はわずか数カ月の間に 4 倍程度に上昇した。その後，1979 年にはイラン革命を背景として第 2 次石油危機が起こり，原油価格は約 2 倍上昇した。こうして，1970 年代の OPEC の時代の到来によって原油価格は OPEC 産油国の有利な状況を作り出したが，それは「セブン・シスターズ」の国際石油市場における影響力が小さくなったことを意味していた。

ただ，このような国際石油市場における OPEC の大きな影響力は，長くは続かなかった。1980 年代のなかばになると OPEC は政策を転換した。1983 年3 月に行われた OPEC の総会で，原油の公式価格の 1 バレルあたり 5 ドルの引き下げが決められた。また，NYMEX（ニューヨーク・マーカンタイル取引所）でいまや米国市場における指標原油となっている WTI が同年に上場された。1983 年という同じ年にこれらの出来事が起こったことは，その後の国際石油市場における方向性を暗示していたのかもしれない。その後，1986 年にはサウジアラビアが原油の供給量の調整役としてのスウィング・プロデューサー（生産調整役）としての役割を放棄すると原油価格はさらに下降し，このように産油国にとって逆境の時代は 1990 年代末まで続いた。

この逆石油危機のころに，OPEC 産油国は名目国民総生産（GNP）の減少，石油輸出額の減少，経常収支の赤字を経験した。たとえば，サウジアラビアを例に見てみよう。OPEC によれば，名目 GNP は 1981 年に 1,514 億 1,000 万米ドルであったが 1986 年には 788 億 8,700 万米ドルに減少した。石油輸出額は 1981 年に 1,161 億 8,300 万米ドルであったが，1986 年には 169 億 7,500 万ドルとなり大きく減った。経常収支（推計）は 1980 年に 427 億 5,200 万米ドルの黒字であったが，1984 年には 184 億米ドルの赤字を記録した[5]。

他方において，国際石油市場における原油価格の決定は市場で行われるようになり，現在，前述の WTI に加え欧州市場における北海ブレント，アジア市

| 図表Ⅲ－1 | スポットの原油価格動向（1バレルあたり，単位：ドル） |

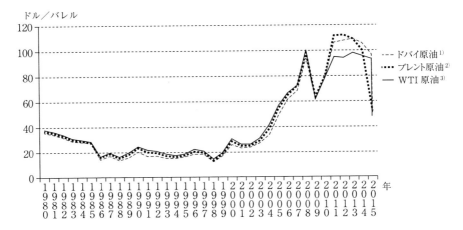

(注) 1) ドバイ原油：「1980～1985年はアラビアンライト，1986～2015年はドバイ」。
 2) ブレント原油：「1980～1983年はフォーティーズ，1984～2015年はブレント」。
 3) WTI原油：「1980～1983年は公示されたWTI価格，1984～2015年はスポットWTI（クッシング）価格」。
出所：BP, p.l.c. *BP Statistical Review of World Energy,* Jun.2016,p.14, http://www.bp.com/content/dam/bp/excel/energy-economics/statistical-review-2016/bp-statistical-review-of-world-energy-2016-workbook.xlsx, 2016年6月22日アクセスより筆者作成。
原出所：Platts

場におけるドバイ原油が世界の三大市場における指標原油として位置付けられている。その後，21世紀の2000年代なかごろに原油価格が高騰し始め，2008年の7月にはWTIベースで1バレルあたり147ドルを超えた水準にまで上昇した。その後，おおよそ同100～110ドル程度で推移したが，2014年の夏以降急激に低下し，2017年5月現在はおよそ同50ドル程度である。つまり，ここ2年ほどで原油価格が半減したことになる。図表Ⅲ－1は1980年から2015年までの35年間におけるスポットの原油価格動向を前述した3大指標原油で示したものである。

3．原油価格の下落と OPEC 産油国の現状

　これまで第2節で OPEC に関する歴史的な動向について概観を行ってきたが，本節ではそれをふまえて，2014年下半期からの最近数年間に焦点を絞って，その間に OPEC 諸国がどのような現状に置かれてきたか，という点について議論を行う。

　2014年後半以降の原油価格下落期において，OPEC 諸国は以前の逆石油危機と同様の状況に直面した。簡単に考えれば，原油価格の下落は原油生産量が所与であるならば石油収入の減少を意味しているから，これの影響によって OPEC メンバー諸国のマクロ経済が影響を受けることになる。本節では，OPEC などが公表している統計や資料を最近3,4年間に限定して，言及をしていこう[6]。

　第1に，名目 GDP（国内総生産）の金額である（図表Ⅲ-2）。この図表Ⅲ-2 について指摘すべき動向としては，OPEC のすべての諸国で2014年から2015年にかけて減少している点である。言い換えれば，この期間中に OPEC 諸国の全てはマイナス成長を記録した。

　第2に，石油輸出額である（図表Ⅲ-3）。この指標については，アラブ首長国連邦（UAE）を除いたすべての OPEC 諸国で2013年から2015年までの3年連続で減少していることが明らかとなる。

　第3に，経常収支である（図表Ⅲ-4）。一部の国（エクアドル，イラク）を除けば，この指標でも石油輸出額動向と同様にこれらの3年間で連続して減っており，そのうち8カ国は2015年に経常赤字を記録したことがわかる。

| 図表Ⅲ－2 | OPEC 諸国の名目 GDP（単位：100 万ドル） |

国＼年	2013	2014	2015
アルジェリア	209,705	213,567	181,828
アンゴラ	124,912	126,775	102,979
エクアドル	94,776	100,917	99,068
イラン	380,348	416,490	387,611
イラク	232,497	223,508	169,460
クウェート	174,130	163,675	120,682
リビア	66,042	44,417	38,300
ナイジェリア[1]	515,134	531,217	484,635
カタール	201,885	210,109	166,484
サウジアラビア	744,336	753,832	653,219
アラブ首長国連邦（UAE）	388,591	401,961	370,293
ベネズエラ[2]	234,264	250,281	239,572

（注）1）「2010 年以降のデータは国民勘定シリーズ（GDP）の改訂（rebasing/re-benchimarking）を反映する。このプロセスは新規およびさらに最新の基準年あるいは価格構造のある GDP の価値尺度を編集するために用いられる旧基準年の代替からなる」

2）「公式データが利用できないので，2013 年以降のデータは国際通貨基金（IMF）の世界経済展望のデータベースに由来する」

出所：OPEC, *Annual Statistical Bulletin 2016*, 2016, p.15, http://www.opec.org/opec_web/static_files_project/media/downloads/publications/ASB2016.pdf, 2016 年 6 月 29 日アクセス。

Chapter Ⅲ　原油安に苦しむ石油輸出国機構（OPEC）と「シェール革命」　89

図表Ⅲ－3　OPEC 諸国の石油輸出額（単位：100 万ドル）

国＼年	2013	2014	2015
アルジェリア	44,462	40,628	21,751
アンゴラ	66,299	57,017	31,696
エクアドル	14,107	13,276	6,660
イラン	61,923	53,652	27,308
イラク	89,402	83,561	54,394
クウェート	108,548	97,554	48,782
リビア	44,445	10,424	4,975
ナイジェリア	89,930	77,489	41,818
カタール	62,519	56,406	28,303
サウジアラビア	321,888	284,424	157,962
アラブ首長国連邦（UAE）	85,640	97,165	52,369
ベネズエラ	85,603	71,731	35,802

（注）「当てはまる所では，石油製品輸出が含まれる。いくつかの諸国のデータはその他のNGLのみならずコンデンセートを含むであろう。いくつかの国々は原油と製品の相当量を輸入するが，それは結果的に石油操業でのより低い純収入をもたらす」
出所：OPEC, *Annual Statistical Bulletin 2016*, 2016, p.17, http://www.opec.org/opec_web/static_files_project/media/downloads/publications/ASB2016.pdf, 2016年6月29日アクセス。

| 図表Ⅲ-4 | OPEC 諸国の経常収支 (単位：100万ドル) |

年\国	2013	2014	2015
アルジェリア	999	−9,434	−30,074
アンゴラ	8,348	3,722	−8,748
エクアドル	−968	−568	−2,201
イラン	26,523	15,891	1,394
イラク	22,055	24,428	−134
クウェート	69,476	53,981	14,140
リビア	8,895	−12,362	−16,703
ナイジェリア	19,205	1,279	−15,439
カタール	62,332	49,410	13,751
サウジアラビア	135,442	76,915	−41,307
アラブ首長国連邦（UAE）	74,118	58,734	21,593
ベネズエラ	4,604	3,598	−18,087

出所：OPEC, *Annual Statistical Bulletin 2016*, 2016, p.19, http://www.opec.org/opec_web/static_files_project/media/downloads/publications/ASB2016.pdf, 2016年6月29日アクセス。

| 図表Ⅲ-5 | 世界の原油需給バランス (日量，単位：100万バレル) |

年	2013	2014	2015	2016
世界の需要合計	91.1	92.0	93.7	95.1
世界の供給合計	90.3	92.6	95.5	95.8
非 OPEC 供給合計	54.2	56.5	58.0	57.3
OPEC の NGL，非在来油	5.6	5.8	5.9	6.1
OPEC の原油生産量（第2次ソース）	30.5	30.3	31.5	32.5

（注）「合計は個々の四捨五入のために計算が合わないかもしれない」

出所：OPEC, "Monthly Oil Market Report", May 11, 2017, p.86, 表12-1 より抜粋，http://www.opec.org/opec_web/static_files_project/media/downloads/publications/OPEC%20MOMR%20May%202017.pdf, 2017年5月15日アクセスより抜粋。

原出所：OPEC Secretariat.

Chapter Ⅲ　原油安に苦しむ石油輸出国機構（OPEC）と「シェール革命」　91

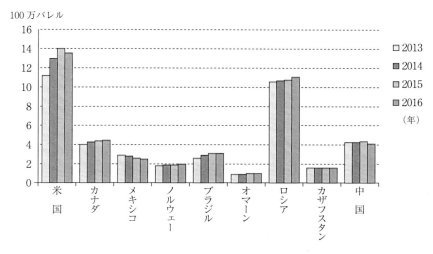

図表Ⅲ－6　非OPEC諸国の原油供給量（日量，単位：100万バレル）

出所：OPEC, "Monthly Oil Market Report", May 11, 2017, p.89, 表12－4, http://www.opec.org/opec_web/static_files_project/media/downloads/publications/OPEC%20MOMR%20May%202017.pdf, 2017年5月15日アクセスより筆者作成。
原出所：OPEC Secretariat.

　第4に，原油需給動向である。図表Ⅲ－5は2013年から2016年までの最近4年間における世界全体の原油需給バランスを示したOPECの月報のデータであるが，この表より筆者は以下のことを指摘することが可能である。つまり，2014年に需給が逆転し国際石油市場は供給過剰に転じたが，その供給過剰が生じた原因としては，OPEC諸国よりも非OPEC諸国の増産の影響の方が大きいことである。では，このような非OPEC諸国のどこが増産したのであろうか。図表Ⅲ－6より，主要な非OPEC諸国のうちで，米国の貢献度が大きいことが明らかとなる。同国の日量生産量は2013年の1,120万バレルから2016年には1,360万バレルになり，1日あたりで240万バレル（2013年比で約21.4％）増大したのである[7]。ただ，この数量のうちのどのくらいがシェールオイルかはそのOPEC統計からは明らかではない。

また，米国以外では，ブラジル，カナダ，ノルウェー，オマーン，ロシアも2013～2016年の間に増大しているが，それら諸国の増加率はそれぞれ19.2%，12.5%，11.1%，11.1%，4.7%となるので米国の伸び率が最も高いことがわかる[8]。なお，ブラジルに関して，ブルームバーグは，OPEC原油の減産による原油価格引き上げへの取り組みを弱めている要因として，同国の原油の国内市場における超過供給や輸出の増大を指摘している[9]。このように，非OPECのアメリカ，ブラジルなどで原油の生産量が増えていることが原油余りを生み出している原因の1つとなっているのである。

　第5に，財政収支である。図表Ⅲ-7は中東・北アフリカ地域にあるOPEC

図表Ⅲ-7　一般的な政府財政バランス（贈与を含む，GDP比（単位：%））

国＼年	2009～2013の平均	2014	2015
アルジェリア	－3.1	－8	－16.8
イラン [1) 2)]	－0.6	－1.2	－2.0
イラク [3)]	－2.8	－5.6	－13.7
クウェート [1)]	30.7	28.1	1.5
リビア	2.4	－40.3	－52.5
カタール	12.4	15	5.4
サウジアラビア [1)]	5.4	－3.4	－15.9
アラブ首長国連邦（UAE）[4)]	5.1	5.0	－2.1

（注）1）「中央政府」
　　　2）「国家開発基金を含むが標的補助金組織を除く」
　　　3）「贈与を除く」
　　　4）「連邦政府とアブダビ・ドバイ・シャルジャ首長国の統合された口座。政府の総債務の合計には銀行システムの債権のみを含み，国際市場における連邦および首長国政府によって増やされた負債を除く」

出所：IMF, *Regional Economic Outlook: Middle East and Central Asia,* Oct.2016, p.94, http://www.imf.org/external/pubs/ft/reo/2016/mcd/eng/pdf/mreo1016.pdf 2017年2月22日アクセスより抜粋。

原出所：National authorities; and IMF staff estimates and projections.

産油国8カ国を対象にした国際通貨基金(IMF)のデータを図示したものであるが、それによれば、以下の3点が明らかとなる。第1に、カタールを除いて、2009〜2013年の平均から原油価格レベルが低下していった2014年、2015年と年が進むにつれて、対GDP比で見た財政バランスが悪化し、さらに多くの国で赤字に転落している。特にリビアの2014年における下落は非常に大きい。第2に、アルジェリア、イラン、イラクのようにデータの対象期間において継続的に赤字を計上している国がある。第3に、2番目の点とは対照的に、この期間中において財政収支の対GDP比が悪化しているとはいえ、まだ依然として黒字の領域にある諸国(クウェート、カタール)が存在している。

こうした財政収支と石油価格との間を関連づけた指標として、「ブレークイーブン・プライス」(Break-even price)がある。OPEC諸国では、財政収入のうち石油収入の比率が比較的高い傾向にあるので、その動向を見ることによって、石油価格の変化と財政バランスとの関連を分析することができる。つま

図表Ⅲ−8 中東・北アフリカのOPEC8カ国の「フィスカル・ブレークイーブン・オイル・プライス」[1] (単位:1バレルあたり米ドル)

年 国	2009〜2013の平均	2014	2015
アルジェリア	101.0	135.3	111.2
イラン	87.2	100.0	60.1
イラク	100.7	113.2	64.7
クウェート	43.2	55.8	48.3
リビア	91.7	206.0	196.9
カタール	62.9	57.8	58.3
サウジアラビア	77.6	105.7	92.9
アラブ首長国連邦(UAE)	74.4	79.0	60.1

(注) 1)「財政的なバランスがゼロである石油価格」
出所:IMF, *Regional Economic Outlook: Middle East and Central Asia*, Oct.2016, IMF Publication Services, Washington, D.C., p.96, 表5, http://www.imf.org/external/pubs/ft/reo/2016/mcd/eng/pdf/mreo1016, pdf, 2017年2月22日アクセスより抜粋。
原出所:National authorities; and IMF staff estimates and projections.

り，この「ブレークイーブン・プライス」より低い（より高い）水準に石油価格が低下（上昇）すれば，OPEC諸国にとって財政赤字（黒字）となる。図表Ⅲ－8は中東・北アフリカ地域のOPEC8カ国における2009～2015年（2009～2013年は平均）のそのような財政動向と石油動向を関連付けた「ブレークイーブン・プライス」を示したデータである[10]。筆者はそのデータから以下の2点を指摘しておく。第1に，「ブレークイーブン・プライス」は国や年によってばらつきがあり，2015年で見ても40ドル台後半～200ドル弱となって相当の格差がある。第2に，これらの8カ国のなかでは，「ブレークイーブン・プライス」はこの期間中で，クウェートやカタールにおいて比較的低く，逆にリビア，アルジェリアでは相対的に高い水準にある。

　これらの筆者の指摘点について以下の2点の補足をしておく。第1の点に関連して，その各国ごとの「ブレークイーブン・プライス」の格差の背景にあるのは，各国ごとで政府歳出の金額が異なり，それを均衡させるために必要な政府歳入を調達するために必要な石油収入が異なることが関係していると考えられる。また，第2の点に関連して，クウェートやカタールの「ブレークイーブン・プライス」が相対的に低いのは，政府歳入に占める石油収入以外の収入があるためではないかと考えられる。残念ながら，各国の政府歳入の内訳を示したデータを筆者は入手することができなかったので，定量的に説明することはできない。ただ，特にカタールの場合でいえば，同国は世界最大の液化天然ガス（LNG）輸出国であるので，そのLNG輸出収入が政府歳入の中である程度の比率を占めていると想定される。したがって，必要な石油収入が少なくて済み，それが「ブレークイーブン・プライス」を低くしていると考えられるのである。

　また，「ブレークイーブン・プライス」と各国の石油政策との関連について1点コメントをしておく。「ブレークイーブン・プライス」がより低いOPEC加盟国は，他の加盟国よりも財政的に有利な立場にあるといえるので，原油価格の下落に対する寛容度がそうでない国よりも大きいと考えられる。逆にいえば，「ブレークイーブン・プライス」がより高い国は，財政的な不利を克服するために，石油価格を引き上げるような行動をとるインセンティブが強くなる

といえるであろう。

　われわれは，これまで原油価格が下落した2014年後半以降の時期において，OPEC諸国がマクロ的にどのような影響を受けたのかについて，名目GDP，石油輸出額，経常収支，原油需給動向，「ブレークイーブン・プライス」という観点からOPEC諸国のこの数年間における動向について概観を行ってきた。これらの指標は，OPEC諸国にとって逆石油危機のころの再来を意味している。ただし，1980年代後半〜1990年代のころとは違い，こんにちのOPEC諸国が直面している環境は内外で異なることに注意しなければならない。第1に，国内的には，人口の規模が逆石油危機とは異なる。たとえば，サウジアラビアの人口規模は原油価格の暴落を経験した1986年には1,207万人であった[11]。ところが，同国の人口規模は2015年に3,101万6,000人に増大し，この30年程度の間に人口は約2.6倍に大きく増大した[12]。このような人口増大の傾向は，とりわけペルシャ湾に位置する中東産油国で見ることができる。サウジアラビアと同様にクウェート，UAEにおいても1986年にそれぞれ179万人，140万人であったが[13]，2015年にはそれぞれ423万9,000人，958万1,000人と大きく増大した[14]。

　人口成長率が高いことは，ペルシャ湾岸産油国のような石油収入の国民への分配が行われるレンティア国家では，政府の財政支出にとって大きな圧力となっている。

　第2に，国外的には，現在，「シェール革命」を経験している米国はOPECの有力なライバルとなっている。同国は前述したように，19世紀なかごろに世界で初めての原油の商業生産を行った国として，中東産油国が歴史の表舞台に立つまで世界の石油産業の中心に位置付けられていた。その後，20世紀になり，中東地域が世界の石油産業の中心になるにしたがって，相対的に米国の石油大国として地位は下がっていった。ところが，2000年代後半ごろからシェール資源に対する技術的要因で「シェール革命」が起こり，シェールオイルの生産量は増えていった。いまや，米国はOPEC諸国がそのライバルとして意識している国となっているのである。

4.「シェール革命」と OPEC 諸国

A. 米国産シェールオイルの増産と米国の OPEC 原油の輸入

　これまでわれわれは第2節の OPEC に関する歴史的概観をふまえて，次の第3節で 2014 年後半以降に起こっている原油価格の下落が OPEC 産油国に与えている影響について議論してきた。そしてそこで明らかとなったことを要約すれば，油価低下の背景にあるのが原油の供給過剰であるということと，その主な要因の1つとなったのが米国における「シェール革命」のもとでのシェールオイルの生産量の拡大であるという点である。そこで，本節では，米国の動向がどのように OPEC 諸国に影響を及ぼしてきたのかについて検討することにする[15]。

　米国では 2000 年代後半から，水平に鉱床を掘り進める「水平坑井」，水圧に

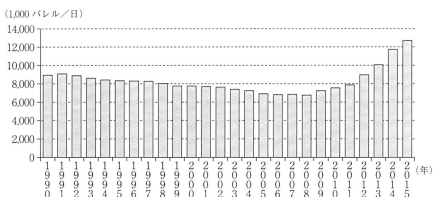

図表Ⅲ-9　米国の石油生産量[注1]（日量，単位：1,000 バレル）

(注1)「原油，シェールオイル，オイルサンド，NGL（天然ガス液：別々に回収される天然ガスの液体内容物）を含む。バイオマスと石炭・天然ガス派生物のようなその他源泉からの液体燃料を除く」

出所：BP p.l.c., *BP Statistical Review of World Energy,* June 2001, p.7；June 2010, p.8；June 2013, p.8; June 2016, p.8 より筆者作成。

Chapter Ⅲ　原油安に苦しむ石油輸出国機構（OPEC）と「シェール革命」　97

よって資源を採掘する「フラッキング」と呼ばれる「水圧破砕」などの技術が用いられて，南部のイーグル・フォード，北東部のマーシェラス，北西部のバッケンなどでシェールガスの生産量が増えていった。それらの技術はまた，シェールオイル資源でも用いられた。図表Ⅲ-9は1990年以降の米国の石油生産量の動向を図示したものである。それによれば，同国の石油生産量は1990年代初頭に日量900万バレル前後であったが，2008年にはおよそ同680

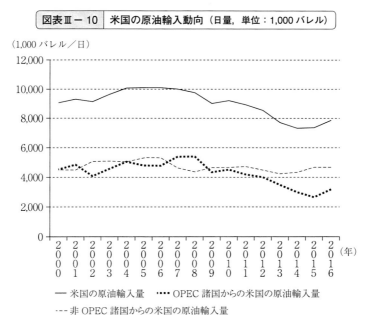

出所：U.S.Energy Information Administration, "U.S. Imports of Crude Oil", May31,. 2017, "U.S. Imports from OPEC Countries of Crude Oil", May31, 2017, "U.S. Imports from Non-OPEC Countries of Crude Oil", May31, 2017,
https://www.eia.gov/dnav/pet/hist/LeafHandler.ashx?n=PET&s=MCRIMUS2&f=A, 2017年6月5日アクセス。
https://www.eia.gov/dnav/pet/hist/LeafHandler.ashx?n=PET&s=MCRIMXX2&f=A, 2017年6月5日アクセス。
https://www.eia.gov/dnav/pet/hist/LeafHandler.ashx?n=PET&s=MCRIMUSVV2&f=A, 2017年6月5日アクセスより筆者作成。

万バレル程度に4分の1ほど減少した後，この年を境にしてそれ以降増大し，初めて 2013 年に同 1,000 万バレルを超え直近の 2015 年には同約 1,270 万バレルを超過した[16]。

このような石油生産量の米国内における増産は，結果的に石油輸入の減少をもたらした。同国の原油輸入量を図示した図表Ⅲ－10 によって，われわれは同国のそれが 2005 年以降にほぼ減少傾向にあることを理解することができる。ただし，注意しなければならないのは，米国の原油輸入国としての OPEC 諸国と非 OPEC 諸国との相違である。2008 年の日量 541 万 5,000 バレルを直近の上限として，それ以降におおよその傾向として減少し続けていることが

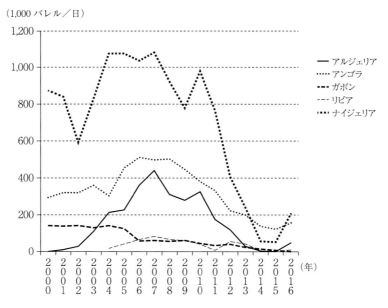

図表Ⅲ－11　米国のアフリカ OPEC 諸国からの原油輸入量（日量，単位：1,000 バレル）

出所：U.S. Energy Information Administration, "U.S. Crude Oil Imports," Apr. 28, 2017, https://www.eia.gov/dnav/pet/pet_move_impcus_a2_nus_epc0_im0_mbblpd_a.htm, 2017 年 4 月 29 日アクセスより筆者作成。

Chapter Ⅲ 原油安に苦しむ石油輸出国機構（OPEC）と「シェール革命」 99

OPEC 諸国で起こっているのに対して[17]，非 OPEC 諸国の米国への輸出動向は OPEC 諸国とのそれとは非対称的である。

このように，米国内におけるガスや石油，とりわけ後者の増産は，OPEC の加盟国による米国への原油輸出に影響を及ぼした。しかしながら，OPEC 諸国の中でも，「シェール革命」の影響に差が出ていることに注意すべきであり，OPEC 諸国へのその影響は一様ではない。

図表Ⅲ－11，図表Ⅲ－12，図表Ⅲ－13 は OPEC 加盟 13 カ国（赤道ギニアを除く）を地域（アフリカ，中東，南米）ごとに 3 つに分類し，それに属している

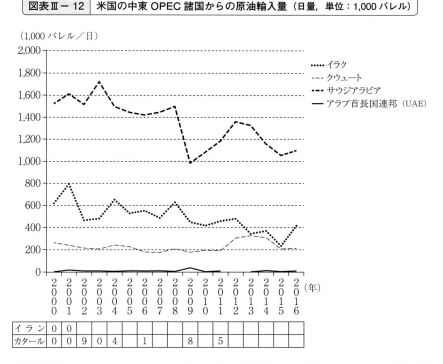

図表Ⅲ－12　米国の中東 OPEC 諸国からの原油輸入量（日量，単位：1,000 バレル）

出所：U.S. Energy Information Administration, "U.S,.Crude Oil Imports", Apr. 28, 2017, https://www.eia.gov/dnav/pet/pet_move_impcus_a2_nus_epc0_im0_mbblpd_a.htm, 2017 年 4 月 29 日アクセスより筆者作成。

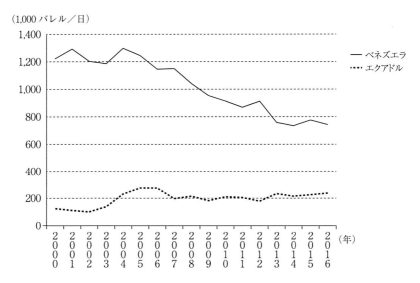

図表Ⅲ-13　米国の南米OPEC諸国からの原油輸入量（日量，単位：1,000バレル）

出所：U.S. Energy Information Administration, "U.S,.Crude Oil Imports", Apr, 28, 2017, https://www.eia.gov/dnav/pet/pet_move_impcus_a2_nus_epc0_im0_mbblpd_a.htm, 2017年4月29日アクセスより筆者作成。

OPECメンバー諸国からの2000年以降のアメリカの原油輸入量動向について示したものである。これらの図表によれば，筆者は以下の3点を指摘することが可能である。第1に，アフリカ大陸に位置するOPEC諸国の輸出動向に関してである。これらの5カ国のうち，特に3カ国（ナイジェリア，アルジェリア，アンゴラ）の輸出量の急減が著しい。これは，米国がこれらのOPEC諸国からの原油輸入量を急激に減らしたことを意味している。

第2に，ペルシャ湾岸地域に位置している石油産出国からの米国に対する原油輸入量についてである。湾岸地域のOPEC加盟国には6カ国（イラン，イラク，クウェート，サウジアラビア，カタール，アラブ首長国連邦（UAE））あるが，これら諸国の動向は国によって異なる。ただ，前述したアフリカのOPEC諸国のような急減傾向を示しているわけではないことを筆者は指摘することができ

る。クウェートのように，21世紀初頭〜2011年の間には日量20万バレル前後でほぼ横ばい傾向であったが，2012年以降に日量30万バレル台に増大した後，最近2年間は再度日量20万バレル程度に戻っている国もある[18]。米国にとってエネルギー安全保障上重要な国の1つであるサウジアラビアは，2000年以降全体的に減少傾向にあるとはいえ，2009〜2013年には日量130万バレル台に増大傾向にあった[19]。このように，クウェートとサウジアラビアの両国は，前述したアフリカのOPEC産油国とは非常に対照的である点は注目すべき点である。イラクは2000年以降数度の増減を繰り返しながら推移している。これら3カ国以外の残りの3カ国（カタール，UAE，イラン）はこの期間中に米国への原油輸出が非常に少ないかあるいはゼロであるため，何らかの傾向を指摘することはできないが，イランについては核兵器開発疑惑による制裁問題が関係して，米国への輸出が全く無かったいうことは容易に指摘することができる。

第3に，南米OPECメンバーであるエクアドルとベネズエラについてである。この地域については，OPECに所属しているこれらの両国で明暗がはっきりしている。前者がこの期間中に全般的に減少傾向にある一方で，後者については，一定の範囲内での横ばい傾向が続いている。

これまで議論を行ってきたように，米国における「シェール革命」に伴うシェールオイルの米国内での増産およびそれを背景とした原油の輸入減によって，最も大きな打撃を被ったのはアフリカ大陸にある複数のOPEC産油国であるということができる。このことは，OPEC諸国からの米国による原油輸入量の減少が，OPECのすべての加盟諸国からのそれを必ずしも意味するわけではないことを意味している。

このようなOPEC諸国間の相違はなぜ生じたのであろうか。『アラブ・ニュース』の中で，ケンプ（John, Kemp）はOPEC諸国からの米国の原油輸入動向のこのような相違点について，原油の性状の違いと関連付けており，米国のバッケンやイーグル・フォードで産出されるシェールオイルのような軽質油でかつ硫黄成分が比較的少ない原油と同様の性状の原油生産国であるナイジェ

リア，アンゴラ，アルジェリアのOPEC諸国からの輸入量が急減しているとともに，より重質で硫黄成分が比較的多い原油に対するニーズが米国の精油業者の中で高まっているという[20]。この同氏の指摘は，OPEC原油という大きな括りのもとでそれと米国の原油輸入とを関連付けて議論を行うことの危険性をわれわれに認識させてくれる。つまり，OPECに加盟する諸国のそれぞれの国内で産出される原油には多様な性状があり，同じOPECのメンバーであっても，米国によるシェールオイル増産の影響の受け方に違いがあり，そのことはOPEC諸国が一枚岩となって団結することの難しさに結びついてきたのである。

B.「シェール革命」に対する一部のOPEC諸国の対処策

　米国の「シェール革命」に伴うシェールオイルの増産に対して，OPEC諸国はこれまでどのように対処してきたのであろうか。本項では，この視点から議論を行う。この点に関連してこれまで指摘されてきた点は，サウジアラビアなどの湾岸産油国が市場シェアを重視しながら，原油の低価格によって米国でシェールオイルを生産する高コストの企業を市場から駆逐するという対処策であった[21]。この対処策は，シェールオイルを生産する米国企業のコストとOPEC諸国，特にペルシャ湾における中東諸国の原油生産コストとの間に格差が存在していることが，その背景となっているのであろう[22]。また，OPECのバドリ（Abdullah Al-Badri）事務局長（当時）は「このタイトオイルはコストに依存している。もし仮に（その価格が）60〜70ドルに低下するならば，そのときタイトオイルは完全に市場から撤退するであろう」[23]と指摘している。湾岸地域と比べた米国における原油生産コストのこのような価格差は，実際の原油価格が米国の採掘コストの最低限の水準に近づけば近づくほど米国における原油生産による利潤が縮小し，その水準を下回れば損失が発生することになる。しかし，このような米国にとって損失が生じる価格水準であっても，湾岸産油国にとっては依然として利潤が生まれる価格水準であるので，湾岸諸国にとって米国との競争に勝ち同国を市場から駆逐するための基本的な戦略は，原油価

格を米国産シェールオイルの生産コストより低い水準に引き下げることである。他方で,原油価格が適正な価格水準よりも低ければ,OPEC産油国はその財政面で苦しくなる。OPEC諸国では国ごとで設定価格が異なるとはいえ,原油価格をある一定の水準に前もって決めながら予算を組んでいるので,想定している価格レベルよりも実際の原油価格が低下すれば財政的に赤字になってしまう(第3節参照)。したがって,シェールオイルとの競争をするうえで,原油価格を引き下げることはその米国産原油を市場から追い出すために必要であるが,あまりに低すぎればOPEC産油国の財政が苦しくなるので,適度な価格水準帯を維持することが必要となる。

さて本項では,このような原油価格・コストをベースにした対処法ではなく,筆者の知る限り,これまでの先行研究でほとんど指摘されることのなかった西アフリカOPEC諸国のそれについて言及したい。まず,議論の参考になることとして,アラブ首長国連邦(UAE)のマズロエ(Suhail Mohamed Al Mazrouei)石油相による以下の指摘について言及しておきたい。同氏は「米国におけるシェールオイル・ガスの登場はいくつかの国々,特に西アフリカに主な影響を与えてきた。それらの国々は,原油を伝統的に米国に売り,突然その市場のいくつかを失い,そしてアジアを含む新しい市場への販売を増やすことで対応をしていかなければならない」[24]と指摘している。同氏のこの発言は,特に西アフリカに位置しているOPEC加盟国にとって,米国のエネルギー動向の影響をできる限り緩和していくことのために代替的政策を採用することの重要性を指摘したものである。この発言内容をベースとして,以下では西アフリカだけでなくその他のアフリカOPEC諸国が,原油の貿易面でどのような対処をしてきたのか,についてデータを用いて議論しておこう。

図表Ⅲ-14は南・西アフリカ(西アフリカ)地域にあるOPEC諸国の2010年以降における輸出相手地域を,4つの地域(アジア・太平洋,欧州,北米,南米)に分けてそれらの原油輸出量の動向を見たものである。それによれば,南・西アフリカ地域にあるOPEC諸国の原油の輸出相手地域の中心が北米からアジア・太平洋および欧州地域に変わってきていることがわかる。特に,アジア太

図表Ⅲ－14 南・西アフリカ（西アフリカ）[1)] OPEC 諸国の原油輸出相手地域別原油輸出量（日量，単位：1,000 バレル）

年 輸出相手地域	2010	2011	2012	2013	2014	2015
アジア・太平洋	462	742	1,192	1,476	1,569	1,609
欧 州	934	934	1,097	1,278	1,310	1,428
北 米	2,225	1,935	1,310	554	206	198
南 米（ラテンアメリカ）		206	253	313	310	240

（注） 1）2012 年までは「西アフリカ」，2013 年以降は「南・西アフリカ」。
出所：*OPEC Annual Statistical Bulletin*, *2010/2011*, p.48；*2012*, p.48；*2013*, p.48；*2014*, p.48；*2015*, p.60；*2016*, p.62.
http://www.opec.org/opec_web/static_files_project/media/downloads/publications/ASB20110_11.pdf, 2011 年 7 月 31 日アクセス。
http://www.opec.org/opec_web/static_files_project/media/downloads/publications/ASB2012.pdf, 2012 年 8 月 14 日アクセス。
http://www.opec.org/opec_web/static_files_project/media/downloads/publications/ASB2013.pdf, 2013 年 7 月 13 日アクセス。
http://www.opec.org/opec_web/static_files_project/media/downloads/publications/ASB2014.pdf, 2014 年 7 月 27 日アクセス。
http://www.opec.org/opec_web/static_files_project/media/downloads/publications/ASB2015.pdf, 2015 年 6 月 29 日アクセス。
http://www.opec.org/opec_web/static_files_project/media/downloads/publications/ASB2016.pdf, 2016 年 6 月 29 日アクセス。

平洋地域は 2010～2015 年に北米が急減する代わりとして，この 6 年間で約 3.5 倍に増えている[25]。また，数量的には相対的に多くないが南米地域には 2011 年から輸出が開始され，その後 2015 年まで安定的に日量 20 万～30 万バレル程度が輸出されていることからも[26]，南・西アフリカ（あるいは西アフリカ）の OPEC 産油国の原油輸出動向は北米市場を喪失した代替的な市場として，特にアジア・太平洋をそのターゲットとしてきたことが明らかとなる。

他方，北アフリカに位置する OPEC 諸国における同様のデータを示した図表Ⅲ－15 によれば，この地域において生産された原油の輸出相手地域としての欧州市場の位置付けは，2010 年以降に北米市場のプレゼンスが低下してい

Chapter Ⅲ 原油安に苦しむ石油輸出国機構（OPEC）と「シェール革命」

図表Ⅲ－15 北アフリカOPEC諸国の輸出相手地域（日量，単位：1,000バレル）

輸出相手地域 ＼ 年	2010	2011	2012	2013	2014	2015
アジア・太平洋	269	158	303	138	45	55
欧　州	943	511	1,139	1,051	555	757
北　米	459	289	298	128	45	37
南　米（ラテンアメリカ）	33	6	29	12	19	27

出所：*OPEC Annual Statistical Bulletin, 2010/2011*, p.48 ; *2012*, p.48 ; *2013*, p.48; *2014*, p.48; *2015*, p.60; *2016*, p.62.
http://www.opec.org/opec_web/static_files_project/media/downloads/publications/ASB20110_11.pdf, 2011年7月31日アクセス。
http://www.opec.org/opec_web/static_files_project/media/downloads/publications/ASB2012.pdf, 2012年8月14日アクセス。
http://www.opec.org/opec_web/static_files_project/media/downloads/publications/ASB2013.pdf, 2013年8月11日アクセス。
http://www.opec.org/opec_web/static_files_project/media/downloads/publications/ASB2014.pdf, 2014年8月5日アクセス。
http://www.opec.org/opec_web/static_files_project/media/downloads/publications/ASB2015.pdf, 2015年6月29日アクセス。
http://www.opec.org/opec_web/static_files_project/media/downloads/publications/ASB2016.pdf, 2016年6月29日アクセス。

く中で依然として大きな位置を占めている。ただ，この地域はカダフィ政権が1969年以来長期的に支配してきたリビアを含んでおり，同政権が「アラブの春」のもとで倒された後に国内が混乱して，国全体の原油輸出動向自体が影響を受けた。OPECのデータによれば，同国の欧州諸国向けの原油輸出量は2010年の日量78万8,000バレルから2015年には同21万2,900バレルに急減したことを指摘しておく[27]。

これまで，米国の「シェール革命」のもとでシェールオイルの増産が，米国へのOPEC諸国からの原油輸出に悪影響を及ぼしてきたことについてデータを用いて明らかにしてきたが，そこでわかったことは次の2点である。第1

に，米国における「シェール革命」は，OPEC 諸国，とりわけアフリカ大陸にある OPEC 産油国産原油の米国への輸出量を急減させることになった。第 2 に，これらのアフリカ諸国，とりわけ南・西アフリカ（ないし西アフリカ）の OPEC 諸国は北米市場を大きく失った代償として，アジア・太平洋地域という世界の成長地域に輸出のターゲットをシフトさせてきたのである。

5．OPEC と非 OPEC の連携

　本節では，これまで第 2 〜第 4 の各節でわれわれが議論してきた内容をふまえて，米国の「シェール革命」に対抗していく手段として OPEC が最近採用してきた石油政策について，非 OPEC 諸国との連携を中心に議論する。

　その前に，われわれは第 2 節で世界の石油動向やその中での OPEC の歴史的な経緯について説明してきた内容のポイントをここで敷衍しておく。近代石油産業は米国で開始されたが，その後 20 世紀初頭に台頭した「セブン・シスターズ」は国際石油市場における原油価格の決定に大きな影響力を持った。そして，1960 年に創設され 1970 年代〜 1980 年代初頭に最盛期を誇った OPEC に取って代わられた。ところが，その後，それらの勢力に代わって原油価格は市場で決定されるようになり，現在に至っている。このような動向は，次のように言い換えることができる。つまり，国際原油市場における原油価格の決定に大きな影響力を有していた供給サイドの主体である「セブン・シスターズ」や OPEC の時代が終わった 1980 年代なかば以降現在に至るまでの間に，国際的に取引される原油価格はマーケットによって決定されるようになってきた。そのことは，20 世紀前半から 1980 年代初頭までの原油の供給者が大きな力を保持してきたころとは違い，原油の需要や供給を構成しているさまざまな要因が原油の価格を形成するようになってきたことを意味し，以前と比べて国際石油市場における競争的環境が強まっていることを示している。

　こうした国際石油市場における市場環境の変化の中で，OPEC 諸国は 1980 年代より，その加盟国に対して上限の原油生産量を割り当てて各国ごとの生産

調整を行ってきた。その数量政策の目的は，原油価格の調整にある。ただ，こうしたOPECの石油政策は，原油供給側が原油価格決定権に大きな力を有していた時代が過ぎ去った今日において限界がある。

このようにOPECの影響力が低下し，しかも前述したように，OPEC諸国間での「シェール革命」下での米国に対抗する意識に温度差があった中，OPEC諸国は加盟国間およびOPEC諸国と非OPEC諸国との2つのレベルにおいて，共同で国際石油市場にてライバルたちに立ち向かってゆく姿勢を示した。2016年11月末のOPEC総会において原油の減産で合意したのである。ロイターによれば，OPEC産油国は2017年1月より日量約120万バレルの減産を行うことで合意したが，それは2008年以来の減産合意であった[28][29]。こうしたOPECによる合意の到達は国際的な指標原油の価格を上昇させたので，OPECの影響力がまったくないわけではないことを示した。米国市場の指標原油であるWTI期近物（2017年1月）で見れば，それは2016年11月30日に，1バレルあたり，前日の45.23ドルから49.44ドルに4ドル以上上昇したのである[30]。

また，OPECの会合での合意から10日ほど経過した12月中旬に，OPEC諸国は非OPEC諸国との間で2001年以来の共同原油減産で合意に達したことが報じられた[31]。非OPEC諸国の1つであるロシアのノバク（Alexander Novak）エネルギー相は，同国が日量30万バレルの減産を行い，6カ月後の原油生産量が同1,094万7,000バレルになる見込みであることを指摘した[32]。

このような減産に向けた協力関係の構築の中で，2017年5月下旬にOPECは，2018年の3月まで原油の減産をさらに継続することで合意した[33]。そしてまた，OPEC諸国は非OPEC諸国との間で2017年6月に切れる当初の合意内容の延長を協議し，2018年3月末まで日量約180万バレルの減産を行うことで合意に達した[34]。

2016年末から2017年5月にかけて行われたこのような数年ぶりの歴史的な合意は，サウジアラビアを中心とするOPEC諸国とロシアを中心とする非OPEC諸国が，共通のライバルでありシェールオイルの増産に沸く米国に対

抗していく意思表明であり，それらの国々がそれだけ原油価格の調整に苦慮し，強い危機意識を感じていると見ることができるであろう。また，前述したように，国際石油市場における競争の激化の中で，これまで共同で行動することがしばらくなかった OPEC 諸国内およびそれと非 OPEC 諸国とが共同歩調を採っていくことで，米国の増産によって引き起こされる原油の供給過剰に対処し，原油価格に対するある程度の影響力を保持したいという思惑があるのであろう。また，こうした協調的な行動の成果として，『ガルフ・ニュース』は，2016 年 11 月末に創設された OPEC・非 OPEC 合同閣僚監視委員会（Joint Opec-Non-Opec Ministerial Monitoring Committee（JMMC））の情報として，それらの両グループ間で合意された原油減産量の順守率が 106% になったことを報じている[35]。原油減産に関する合意に従っているかどうかをチェックする媒体を OPEC と非 OPEC のそれぞれが協力して設置すること自体，両グループが危機感を持っていることの現れであると考えられるが，その比率が 100% を超えたことは，さらにその危機感を行動で示したということができる。

　なお，このような OPEC と非 OPEC 諸国間の共同歩調の今後の継続について，サウジアラビアのファリフ石油相（Khalid Al-Falih）は，石油の在庫が 5 年平均を超えているか否かをその基準として指摘している[36]。したがって，OPEC と非 OPEC との協力関係が今後も継続していくか否かは，石油の在庫水準がキーワードになっていくと考えられる。

6．結　論

　われわれはこれまで本章において，2014 年後半以降の低原油価格の中で苦悩している OPEC 諸国の現状やそれが直面している状況の背景を議論してきた。これまでの各節で論じてきた内容をふまえて，本章で明らかになった点を要約しておく。第 1 に，2014 年なかばより下落していった原油価格動向のもとで，OPEC 諸国のすべてあるいはその一部はマイナス経済成長，石油輸出額の減少，経常赤字，財政赤字といったマクロ経済における打撃を被ったが，そ

の原因となった原油価格の下落は国際石油市場におけるオイルグラットに起因している。第2に，世界市場における石油の供給過剰は，「シェール革命」を経験した米国の増産が主な原因である。第3に，米国内におけるシェールオイルの生産量の拡大は同国の原油輸入量の減少に結びついたが，原油輸入相手国への影響は非OPEC諸国よりもOPEC諸国の方が大きい。ただし，OPEC諸国のすべてが均等に影響を受けているわけではなく，その影響の度合いには差があるとともに，それは原油の性状と関係があると見られている。第4に，米国の影響を非常に大きく受けた諸国のうち，アフリカ大陸に位置しているOPEC諸国は米国市場への輸出減の代償として，アジア・太平洋地域を中心に新たな市場の開拓を行っている。第5に，他方で，OPECはその組織内および非OPEC諸国との間でオイルグラットを減らしてゆくための危機感を共有しながら共同歩調をとり，2016年11～12月にかけて原油の減産で合意するとともに，2017年5月にはさらに減産を延長することでも合意に達した。また，OPECと非OPEC諸国が協力関係を今後も築いていくためには，石油の在庫水準がカギとなっている。

　最後に今後を展望しておこう。米国のエネルギー情報局（Energy Information Administration：EIA）が公表した『インターナショナル・エナジー・アウトルック2016』は，2020年～2040年にかけてのOPEC諸国および非OPEC諸国の1日あたりの原油生産量[37]の見通しについて，「レファレンス・ケース」，「高原油価格のケース」，「低原油価格のケース」の3つのケースに分類して分析を行っている。その中で興味深いのは，それらの3つのケースのうち，この20年間の期間中に，「低原油価格のケース」において，OPEC諸国の全体の生産量が最も多く，また米国の原油生産量が最も少ないとの見通しを出していることである[38]。このEIAのレポートの見通しをふまえれば，OPECが今後原油生産量を増やしてゆくためには，高価格よりも低価格の方が望ましいといえる。このシナリオの背景にあるのは，前述したようにOPEC諸国，とりわけペルシャ湾岸産油国における原油の生産コストが米国よりも相当低いことにあると考えられる。つまり，低価格の方が相対的に生産コストの高い米国の原油

を市場から追い出すことができるので，OPEC 原油が有利になるというのである。こうした戦略は，消費国の石油需要動向，OPEC 各国の石油収入やマクロ経済への影響などについて考慮していないと考えられるとはいえ，OPEC の生産シェアを高めてゆくことは間違いない。

もう1つ興味深いのは，さきほどの EIA のレポートの見通しで，米国の原油生産量が前述の3つのケースのすべてにおいて2020年代の前半にそのピークを迎え，それ以降減少傾向になると見通しを示している点である[39]。OPEC 諸国は財政赤字などマクロ経済へのマイナスの影響を甘受しながらも，低価格の原油時代を耐え忍ぶことで，現在 OPEC 諸国がライバルと見なしている米国との競争に勝てるのかもしれない。

【註】

（1）OPEC（1989），*Annual Statistical Bulletin 1988*, OPEC, Vienna, pp.15,27.
（2）OPEC（2016），*Annual Statistical Bulletin 2016*, OPEC, Vienna, pp.28, 52, http://www.opec.org/opec_web/static_files_project/media/downloads/publications/ASB2016.pdf, 2016年6月29日アクセス．
（3）OPEC のホームページ，"Member Countries", http://www.opec.org/opec_web/en/about_us/25.htm, 2017年6月11日アクセス．
（4）*Ibid*.
（5）OPEC（1989），*op.cit.*, pp. 4,6,10.
（6）前述したように，インドネシアは現在石油輸出国機構（OPEC）から脱退しているので，図表Ⅲ−2，Ⅲ−3，Ⅲ−4には掲載していない．また，ガボン，赤道ギニアはこれらの図表には掲載されていない．
（7）OPEC（2017），"Monthly Oil Market Report", May 11, 2017, p.89, 表12−4, http://www.opec.org/opec_web/static_files_project/media/downloads/publications/OPEC%20MOMR%20May%202017.pdf, 2017年5月15日アクセス．
（8）*Ibid*.
（9）Bloomberg（2017b），"Opec gets another supply headache from surging Brazilian exports, *Gulf News*, Jun.24, 2017, http://gulfnews.com/business/sectors/energy/opec-gets-another-supply-headache-from-surging-brazilian-exports-1.2048594, 2017年6月25日アクセス．

(10) IMF（International Monetary Fund），*Regional Economic Outlook: Middle East and Central Asia*, Oct.2016, IMF Publication Services, Washington, D.C., p.96, 表 5, http://www.imf.org/external/pubs/ft/reo/2016/mcd/eng/pdf/mreo1016.pdf，2017 年 2 月 22 日アクセス．原出所：National authorities; and IMF staff estimates and projections によって，この指標は「フィスカル・ブレークイーブン・オイル・プライス（"Fiscal Breakeven Oil Price"）」と呼ばれており，それは「財政的なバランスがゼロである石油価格」と定義されている．なお，IMF は同上資料の同頁の同表において，経常収支と石油価格を関連付けた「エクスターナル・ブレークイーブン・オイル・プライス」（External Breakeven Oil Price）のデータについても取り上げているが，本章では扱わない．
(11) OPEC（1989），*op.cit.*, p.2. なお，人口規模は年央推計である．
(12) OPEC（1989），*op.cit.*, p.2 ; OPEC（2016），*op.cit.*, p.8.
(13) OPEC（1989），*op.cit.*, p.2. なお，人口規模は年央推計である．
(14) OPEC（2016），*op.cit.*, p.8.
(15) なお，「シェール革命」にはシェールガスとシェールオイルの 2 つの側面があるが，本章では後者のみに限定する．なぜならば，OPEC 諸国にとって政策変数となるのは，原油生産量であって，天然ガスのそれではないからである．
(16) BP p.l.c.,（2001），*BP Statistical Review of World Energy*, June 2001, p.7, http://www.bp.com/2002 年 6 月 14 日アクセス ; BP p.l.c.,（2010），*BP Statistical Review of World Energy*, June 2010, p.8, http://www.bp.com/, 2010 年 6 月 11 日アクセス ; BP p.l.c.,（2013），*BP Statistical Review of World Energy*, June 2013, p.8, http://www.bp.com/, 2013 年 6 月 13 日アクセス ; BP p.l.c.,（2016），*BP Statistical Review of World Energy* June 2016, p.8, http://www.bp.com/content/dam/bp/pdf/energy-economics/statistical-review-2016/bp-statistical-review-of-world-energy-2016-full-report.pdf, 2016 年 6 月 22 日アクセス。なお，生産量は，BP p.l.c.,（2016），*op.cit.*, p.8 には，「原油，シェールオイル，オイルサンド，NGL（天然ガス液：別々に回収される天然ガスの液体内容物）を含む．バイオマスと石炭・天然ガス派生物のようなその他源泉からの液体燃料を除く」と定義されている．
(17) U.S.Energy Information Administration（EIA），"U.S. Imports from OPEC Countries of Crude Oil", May. 31, 2017, https://www.eia.gov/dnav/pet/hist/LeafHandler.ashx?n=PET&s=
MCRIMXX2&f=A, 2017 年 6 月 5 日アクセス．
(18) U.S.Energy Information Administration, "U.S. Crude oil Imports", Apr. 28, 2017, http://www.eia.gov/dnav/pet/pet_move_impcus_a2_nus_epc0_im0_mbblpd_a.htm, 2017 年 4 月 29 日アクセス．
(19) *Ibid*.
(20) John. Kemp（2012），"US refiners hunting for heavy sour crude", *Arab News*, Sep.12, 2012, http://www.arabnews.com/us-refiners-hunting-heavy-sour-crude 2012 年 9 月 14 日アクセス．

(21) Reuters (2015), "OPEC sticks to output policies as global glut grows", *Saudi Gazette*, Dec.5, 2015, http://saudigazette.com.sa/business/opec-sticks-to-output-policies-as-global-glut-grows/, 2015年12月6日アクセス。
(22) 『エミレーツ 24/7』の中で，UAEの計画省とドバイの行政府（Executive Office）の元アドバイザーであるアル・アスミ氏（Mohammed Al Asumi）は，シェールオイル，湾岸地域の1バレルあたりの採掘コストはそれぞれ，50～75ドル，20ドル未満だと指摘している（"GCC urged to respond to shale oil", *Emirates 24/7*, Apr.10, 2013: http://www.emirates247.com/business/energy/gcc-urged-to-respond-to-shale-oil-2013-04-10-1.502079, 2016年8月2日アクセス。
(23) Renters (2013), "OPEC relaxed about cost-sensitive shale oil", *Arab News*, Oct.2, 2013., http://www.arabnews.com/news/466423, 2014年8月5日アクセス。
(24) Syed Rashid Husain (2013), "Shale revolution changing global oil perspective", *Saudi Gazette*, Sep.15, 2013: http://www.saudigazette.com.sa/index.cfm?method=home.regcon&contentid=20130915180452, 2014年2月23日アクセス。
(25) OPEC (2011), *Annual Statistical Bulletin*, 2010/2011, OPEC, Vienna, 2011,p.48, http://www.opec.org/opec_web/static_files_project/media/downloads/publications/ASB20110_11.pdf, 2011年7月31日アクセス；OPEC (2012), *Annual Statistical Bulletin* 2012, OPEC, Vienna, 2012, p.48, http://www.opec.org/opec_web/static_files_project/media/downloads/publications/ASB2012.pdf, 2012年8月14日アクセス；OPEC (2013), *Annual Statistical Bulletin* 2013, OPEC, Vienna, 2013, p.48, http://www.opec.org/opec_web/static_files_project/media/downloads/publications/ASB2013.pdf, 2013年7月13日アクセス；OPEC (2014), *Annual Statistical Bulletin* 2014, OPEC, Vienna, 2014, p.48, http://www.opec.org/opec_web/static_files_project/media/downloads/publications/ASB2014.pdf, 2014年7月27日アクセス；OPEC (2015), *Annual Statistical Bulletin* 2015, OPEC, Vienna, 2015, p.60, http://www.opec.org/opec_web/static_files_project/media/downloads/publications/ASB2015.pdf, 2015年6月29日アクセス；OPEC (2016), *Annual Statistical Bulletin* 2016, OPEC, Vienna, 2016, p.62, http://www.opec.org/opec_web/static_files_project/media/downloads/publications/ASB2016.pdf, 2016年6月29日アクセス。
(26) *Ibid*.
(27) OPEC (2015), *op.cit.*, p.48；OPEC (2016), *op.cit.*, p.49.
(28) Reuters (2016), "OPEC agrees first oil output cuts since 2008", *Al Arabiya*, Nov.30, 2016, http://english.alarabiya.net/en/business/energy/2016/11/30/Oil-jumps-8-percent-on-prospects-for-big-OPEC-output-cut.html, 2016年12月1日アクセス。
(29) 内戦や混乱によって原油生産が影響を受けているリビア，ナイジェリアのアフリカのOPEC加盟国は，この減産合意から除外された（John Kemp (2016), "OPEC agreement expected to tighten oil market in 2017", *Arab News*, Dec.2, 2016, http://www.arabnews.

Chapter Ⅲ　原油安に苦しむ石油輸出国機構（OPEC）と「シェール革命」　113

com/node/1018251/business-economy, 2016 年 12 月 3 日アクセス）。
(30)『日本経済新聞』2016 年 12 月 1 日付け夕刊。
(31) Vladmir Soldatkin, Rania El Gamal and Alex Lawler (2016), "OPEC, non-OPEC agree first global oil pact since 2001", *Reuters,* Dec.10, 2016, http://www.reuters.com/article/us-opec-meeting-idUSKBN13ZOj8, 2016 年 6 月 19 日アクセス。
(32) *Ibid.*
(33) Reuters (2017a), "OPEC extends oil output cut by nine months to fight glut, *Arab News,* May 25, 2017, http://www.arabnews.com/node/1104646/business-economy, 2017 年 5 月 27 日アクセス。
(34) Reuters (2017b)," Oil slips further on disappointing OPEC meeting outcome", *Al Arabiya,* May 26, 2017, http://english.alarabiya.net/en/business/energy/2017/05/26/Oil-slips-further-on-disappointing-OPEC-meeting-outcome.html, 2017 年 5 月 30 日アクセス。
(35) Fareed Rahman (2017), "Opec and non-Opec members conform with output cut deal", *Gulf News,* Jun.22, 2017, http://gulfnews.com/business/sectors/energy/opec-and-non-opec-members-conform-with-output-cut-deal-1.2048018, 2017 年 6 月 23 日アクセス。
(36) Bloomberg (2017a), "Oil producers consider output cut extension", *Gulf News,* Mar.27, 2017, http://gulfnews.com/business/sectors/energy/oil-producers-consider-output-cut-extension-1.2000980, 2017 年 3 月 28 日アクセス。また，同資料によれば，OPEC 事務局長であるバルキンド氏（Mohammad Barkindo）は，現在の OECD 諸国の石油在庫水準は 2 億 8,200 万バレルでその基準を超えていると指摘している。
(37) 原油生産量の定義について，「原油生産量はまたタイトオイル，シェールオイル，超重質油，コンデンセートとビチューメンを含む」とされている（U.S.EIA (2016), *International Energy Outlook 2016: With Projections to 2040,* May 2016, U.S.EIA, Washington, DC, pp.224, 227, 230, http://www.eia.gov/forecasts/ieo/pdf/0484（2016）.pdf, 2016 年 6 月 18 日アクセス）。
(38) U.S.EIA (2016), *op.cit.,* pp.224, 227, 230. なお，同資料によれば，インドネシアは OPEC に含まれていない。
(39) U.S.EIA (2016), *op.cit.,* pp.224, 227, 230. なお，「高原油価格のケース」では米国の原油生産量の増大のピークは 2025 年としておりそれ以降減少するとしているが，「レファレンス・ケース」，「低原油価格のケース」では 2020 年から減少するであろうと分析をしている（U.S.EIA (2016), *op.cit.,* pp. 224, 227, 230）。

参考文献

Bloomberg (2017a), "Oil producers consider output cut extension", *Gulf News,* Mar.27, 2017, http://gulfnews.com/business/sectors/energy/oil-producers-consider-output-cut-extension-1.2000980, 2017 年 3 月 28 日アクセス。

Bloomberg (2017b), "Opec gets another supply headache from surging Brazilian exports, *Gulf News*, Jun.24, 2017, http://gulfnews.com/business/sectors/energy/opec-gets-another-supply-headache-from-surging-brazilian-exports-1.2048594, 2017 年 6 月 25 日アクセス。

BP.p.l.c. (2001), *BP Statistical Review of World Energy*, June, 2001, http://www.bp.com/, 2002 年 6 月 14 日アクセス。

BP.p.l.c. (2010), *BP Statistical Review of World Energy*, June, 2010, http://www.bp.com/, 2010 年 6 月 11 日アクセス。

BP.p.l.c. (2013), *BP Statistical Review of World Energy*, June, 2013, http://www.bp.com/, 2013 年 6 月 13 日アクセス。

BP.p.l.c. (2016), *BP Statistical Review of World Energy*, June, 2016, http://www.bp.com/content/dam/bp/pdf/energy-economics/statistical-review-2016/bp-statistical-review-of-world-energy-2016-full-report.pdf, 2016 年 6 月 22 日アクセス。

The Emirates Center for Strategic Studies and Research, *Future Arabian Gulf Energy Sources: Hydrocarbon, Nuclear or Renewable?* The Emirates Center for Strategic Studies and Research.

Emirates 24/7 (2013), "GCC urged to respond to shale oil", *Emirates 24/7*, Apr.10, 2013, http://www.emirates247.com/business/energy/gcc-urged-to-respond-to-shale-oil-2013-04-10-1.502079, 2016 年 8 月 2 日アクセス。

Husain Syed Rashid (2013), "Shale revolution changing global oil perspective", *Saudi Gazette*, Sep.15, 2013: http://www.saudigazette.com.sa/index.cfm?method=home.regcon&contentid=20130915180452, 2014 年 2 月 23 日アクセス。

IMF (International Monetary Fund) (2016), *Regional Economic Outlook Middle East and Central Asia*, Oct.2016, IMF Publication Services : Washington D.C., http://www.imf.org/external/pubs/ft/reo/2016/mcd/eng/pdf/mreo1016.pdf, 2017 年 2 月 22 日アクセス。

Kemp, John (2012), "US refiners hunting for heavy sour crude", *Arab News*, Sep.12, 2012, http://www.arabnews.com/us-refiners-hunting-heavy-sour-crude, 2014 年 8 月 4 日アクセス。

Kemp, John (2016), "OPEC agreement expected to tighten oil market in 2017", *Arab News*, Dec.2, 2016, http://www.arabnews.com/node/1018251/business-economy, 2016 年 12 月 3 日アクセス。

OECD/IEA (2016a), *Medium-Term Gas Market Report 2016*, IEA, Paris.

OECD/IEA (2016b), *Energy Balances of Non-OECD Countries*, 2016 Edition, IEA, Paris.

OECD/IEA (2016c), *Electricity Information*, 2016 with 2015 data, IEA, Paris.

OECD/IEA (2016d), *Natural Gas Information*, 2016 with 2015 data, IEA, Paris.

OECD/IEA (2016e), *Energy Statistics of Non-OECD Countries*, 2016 Edition, IEA, Paris.

OPEC (Organization of the Petroleum Exporting Countries) のホームページ, "Member Countries", http://www.opec.org/opec_web/en/about_us/25.htm, 2017 年 6 月 11 日アクセス。

OPEC (1989), *Annual Statistical Bulletin 1988*, OPEC, Vienna.
OPEC (1992), *Annual Statistical Bulletin 1991*, OPEC, Vienna.
OPEC (2011), *Annual Statistical Bulletin 2010/2011*, OPEC: Vienna, http://www.opec.org/opec_web/static_files_project/media/downloads/publications/ASB2011.pdf, 2011 年 7 月 31 日アクセス。
OPEC (2012), *Annual Statistical Bulletin 2012*, OPEC: Vienna, http://www.opec.org/opec_web/static_files_project/media/downloads/publications/ASB2012.pdf, 2012 年 8 月 14 日アクセス。
OPEC (2013), *Annual Statistical Bulletin 2013*, OPEC: Vienna, http://www.opec.org/opec_web/static_files_project/media/downloads/publications/ASB2013.pdf, 2013 年 7 月 13 日アクセス。
OPEC (2014), *Annual Statistical Bulletin 2014*, OPEC: Vienna, http://www.opec.org/opec_web/static_files_project/media/downloads/publications/ASB2014.pdf, 2014 年 7 月 27 日アクセス。
OPEC (2015), *Annual Statistical Bulletin 2015*, OPEC: Vienna, http://www.opec.org/opec_web/static_files_project/media/downloads/publications/ASB2015.pdf, 2015 年 6 月 29 日アクセス。
OPEC (2016), *Annual Statistical Bulletin 2016*, OPEC: Vienna, http://www.opec.org/opec_web/static_files_project/media/downloads/publications/ASB2016.pdf, 2016 年 6 月 29 日アクセス。
OPEC (2017), "Monthly Oil Market Report", May 11, 2017, http://www.opec.org/opec_web/static_files_project/media/downloads/publications/OPEC%20MOMR%20May%202017.pdf, 2017 年 5 月 15 日アクセス。
Rahman, Fareed (2017), "Opec and non-Opec members conform with output cut deal", *Gulf News*, Jun.22, 2017, http://gulfnews.com/business/sectors/energy/opec-and-non-opec-members-conform-with-output-cut-deal-1.2048018, 2017 年 6 月 23 日アクセス。
Reuters (2013), "OPEC relaxed about cost-sensitive shale oil", *Arab News*, Oct.2, 2013, http://www.arabnews.com/news/466423, 2014 年 8 月 5 日アクセス。
Reuters (2015), "OPEC sticks to output policies as global glut grows", *Saudi Gazette*, Dec.5, 2015, http://saudigazette.com.sa/business/opec-sticks-to-output-policies-as-global-glut-grows/, 2015 年 12 月 6 日アクセス。
Reuters (2016), "OPEC agrees first oil output cuts since 2008", *Al Arabiya*, Nov.30, 2016, http://english.alarabiya.net/en/business/energy/2016/11/30/Oil-jumps-8-percent-on-prospects-for-big-OPEC-output-cut.html, 2016 年 12 月 1 日アクセス。
Reuters (2017a), "OPEC extends oil output cut by nine months to fight glut, *Arab News*, May 25, 2017, http://www.arabnews.com/node/1104646/business-economy, 2017 年 5 月 27 日アクセス。

Reuters (2017b), "Oil slips further on disappointing OPEC meeting outcome", *Al Arabiya*, May 26, 2017, http://english.alarabiya.net/en/business/energy/2017/05/26/Oil-slips-further-on-disappointing-OPEC-meeting-outcome.html, 2017年5月30日アクセス。

Sampson, Anthony (1975), *The Seven Sisters: The Great Oil Companies and the World They Made*, Viking Press(アンソニー・サンプソン著, 大原進・青木榮一訳『セブン・シスターズー不死身の国際石油資本ー』, 日本経済新聞社, 1976年)。

Soldatkin Vladmir, Rania El Gamal and Alex Lawler (2016), "OPEC, non-OPEC agree first global oil pact since 2001", Reuters, Dec.10, 2016, http://www.reuters.com/article/us-opec-meeting-idUSKBN13ZOj8, 2016年6月19日アクセス。

U.S.Energy Information Administration (EIA) (2016), *International Energy Outlook 2016: With Projections to 2040*, May 2016, U.S.EIA, Washington, DC, http://www.eia.gov/forecasts/ieo/pdf/0484 (2016).pdf, 2016年6月18日アクセス。

U.S.EIA (2017a), "U.S..Crude Oil Imports" Apr. 28. 2017, https://www.eia.gov/dnav/pet/pet_move_impcus_a2_nus_epc0_im0_mbblpd_a.htm, 2017年4月29日アクセス。

U.S.EIA (2017b), "U.S. Imports of Crude Oil", May 31, 2017, https://www.eia.gov/dnav/pet/hist/LeafHandler.ashx?n=PET&s=MCRIMUS2&f
=A, 2017年6月5日アクセス。

U.S.EIA (2017c), "U.S. Imports from OPEC Countries of Crude Oil", May 31, 2017, https://www.eia.gov/dnav/pet/hist/LeafHandler.ashx?n=PET&s=MCRIMXX2&f=A, 2017年6月5日アクセス。

U.S.EIA (2017d), "U.S. Imports from Non-OPEC Countries of Crude Oil", May 31, 2017, https://www.eia.gov/dnav/pet/hist/LeafHandler.ashx?n=PET&s=MCRIMUSVV2&f=A, 2017年6月5日アクセス。

Yergin, Daniel (1990), *The Prize: The Epic Quest for Oil, Money and Power*, Simon & Schuster(日高義樹・持田直武共訳『石油の世紀：支配者たちの興亡（上）（下）』日本放送出版協会, 1991年)。

伊原賢（2012）『シェールガス革命とは何か―エネルギー救世主が未来を変える―』東洋経済新報社。

岩瀬昇（2016）『原油暴落の謎を解く』文藝春秋。

須藤繁（2014）「エネルギー政策を問う㊦日中の争奪時代に対応を」「経済教室」『日本経済新聞』2014年1月30日付け朝刊。

『日本経済新聞』2016年12月1日付け夕刊。

野神隆之（2014）『シェールガス革命が日本に突きつける脅威』日刊工業新聞社。

藤和彦（2013）『シェールガス革命の正体―ロシアの天然ガスが日本を救う』PHP研究所。

藤和彦（2015）『原油暴落で変わる世界』日本経済新聞出版社。

（河村　朗）

Chapter Ⅳ
原油安と日本の中東産原油・液化天然ガス（LNG）輸入[1]

1．はじめに

　石油や液化天然ガス（LNG）は，天然資源の賦存量に乏しい日本のこれまでの経済発展にとって不可欠の化石エネルギーであった。我が国はその多くを輸入に依存してきた。これらの資源のうち，原油はその多くを中東諸国，とりわけペルシャ湾岸産油国に依存してきた。他方でLNGは原油とは異なり，その輸入相手国は中東諸国以外に多様化が比較的進んでいるとはいえ，2011年3月の東日本大震災による福島での原子力発電所の停止以降は，原子力発電の代替的手段としてLNGの輸入量が増大した。

　国境を越えた天然ガスの貿易手段には，気体のまま輸送されるパイプラインと液体にして運ばれるLNGの2つのそれがあるが，日本は後者の輸送手段による輸入量で長い間世界最大の国として位置付けられている。LNGに関しては，気体のガスがマイナス162度に冷却後に液体のLNGに転換されることで，体積が大きく縮小し，輸送効率が高まる点において，LNGにはパイプライン・ガスと比べて長距離の輸送において比較優位があるということができる。

　このような超低温の液体を1969年に米国のアラスカ州から初めて輸入して以来，我が国のエネルギー供給においてLNGは重要な位置を占めている。現在では世界最大のLNG輸入国として，東南アジア，中東諸国，オーストラリアなど多くの国々・地域から輸入しており，東京，大阪，名古屋の3大都市圏など全国にLNGの輸入受け入れ基地が設置されている。

このように，わが国は石油，天然ガスといった化石燃料の多くを海外からの輸入に頼ってきた。特に原油の輸入相手国としては，中東地域，特に原油確認量が世界有数の国々が多いペルシャ湾岸諸国（イラン，イラク，クウェート，サウジアラビア，バーレーン，カタール，アラブ首長国連邦（UAE），オマーン）に非常に高い比率で依存してきた。他方，LNGについては，石油ほど高くはないが，中東諸国の中では，カタール，UAE，オマーンがその輸入相手国として挙げられ，中でも特に福島での2011年の原発事故以降，輸出余力のあったカタールが他の国以上に重要な役割を果たしてきた[2]。このような動向を鑑みれば，カタールのような中東諸国から安定的にその燃料輸入を確保するというエネルギー安全保障問題は，日本経済にとって死活問題であるといえる。そして，それは湾岸地域とわが国との間を結ぶ海上輸送路（シーレーン）における安全確保の問題でもある。特にそのルートの途中にあるホルムズ海峡やマラッカ海峡，とりわけペルシャ湾の出口に位置する前者の船舶通航の安全を確保しエネルギー安全保障を維持することは，他国以上に湾岸諸国の原油に依存してきたわが国にとって大きな意味を持ってきた。

　一方で，中東諸国では1970年代における原油価格高騰による石油収入の増大を背景にして，その国内経済が発展してきた。その後，1980年代～1990年代には逆石油危機で経済は概して停滞したが，2000年代後半の原油価格高騰期には70年代以来の活気を取り戻してきた。このような原油価格に左右されやすい経済構造のもとで，湾岸諸国では人口が増大し，経済が成長し，都市化が進行した。人口構造の観点からは，今やこれらの諸国の人口の多くは若者たちである。こうした経済動向の変化をベースとして，湾岸諸国では国内のエネルギー消費が増大し，各国政府はその需要動向に対応するためにエネルギー供給対策に力を入れている。特に天然ガスについては，これらの諸国では輸出するだけでなく国内のエネルギー源としても位置付けられており，増大しているガス需要への対応のためにガスの供給能力を引き上げる必要があり，各国はガス上流部門における投資活動を強化している。しかしながら，それでもUAE，クウェート，オマーンのようなペルシャ湾の一部の諸国においては，

ガス不足を解消させることができず，パイプライン・ガスかLNGかの輸送方法に関する違いはあるにせよ，ガス輸入を開始した。こうした天然ガス不足は天然ガス産業だけに影響を与えているだけでなく，ペルシャ湾岸諸国の各国国内経済にも影響を及ぼしている。なぜならば，電力，海水淡水化，石油化学工業部門など国内の産業で，天然ガスがその原料，燃料として消費されているからである。電力や水は国民の市民生活を根本的に支えるライフラインであり，石油化学工業製品は輸出を行うことによって，GCC諸国にとって化石燃料と並ぶ貴重な外貨獲得源の1つとなっている。

　本章の目的は，次の2点である。第1に，中東諸国から石油やLNGを輸入しているわが国との間の国際経済関係，特に石油，天然ガスに焦点を絞って，2014年後半以降現在まで続いている原油安の環境のもとで，その化石エネルギーの貿易動向について分析を行うことである。第2に，原油安が日本経済にいかなる影響を与えてきたか，そして与えようとしているかについて，次の2つの視点から考察を行うことである。まず最初に，中東産原油の価格が下落するなか，それが日本の貿易のバランスにどう影響を与えたのかという点である。次に，中東諸国，特にペルシャ湾岸諸国におけるエネルギーの国内需要増大と日本経済について議論を行い，限られた資料を用いて，それがわが国にいかなる影響を及ぼす可能性があるかという点である。

　最後に，本章の構成について言及しておく。まず次の第2節ではわが国と石油・LNG貿易を概観した後，続く第3節においてペルシャ湾岸諸国との貿易関係に絞って議論する。第4節では原油安やペルシャ湾岸諸国におけるエネルギー需要の動向が日本経済に及ぼす影響について考察を行う。最後に第5節では，第4節までの議論を踏まえて結論をまとめ，本章を終える。

2．福島事故後・原油安の中での日本のエネルギー経済概観と世界における日本の位置付け

　本節では，第3節，第4節で日本と中東諸国のエネルギー貿易関係，原油安

やGCC諸国のエネルギー経済と日本との経済関係について議論を行う前に，そのベースとなる情報について概観をしておこう。

わが国は一部の県で産出されている原油や，まだ実用化はされていないとはいえ調査が始まったメタンハイドレート，秋田県の鉱床で生産が開始されたシェール資源，国内に比較的豊富であった石炭などを除いて化石燃料資源に乏しい国である。第2次世界大戦で敗戦国となったわが国は，高度経済成長を実現し急速に経済を発展させて米国に次ぐ世界第2位の経済大国となったが，その原動力となったのは海外から輸入した石油やLNGであった。米国で商業的に始まった原油生産は，その後，第2次世界大戦後に中東地域を中心に原油生産が増えた。日本は戦後に高度成長を実現し，やがて米国に次ぐ経済大国になった。その原動力となったのが原油である。わが国の高度経済成長を実現するのに，石油資源は必需財であった。これは別の見方をすれば，石油の供給が途絶えればその大きな影響を受けやすい環境にあったということができる。この点は現在においても，原油輸入の中東依存度が非常に高いため，ある程度同様のことがいえるであろう。つまり，資源の輸入に大きく依存するわが国のエネルギー安全保障上において，こうした状況はきわめてリスクが高いといえる。この点の詳細については，後節において言及する。

A. 1次エネルギー動向と化石エネルギー動向

1次エネルギーとは，加工される前の天然の資源のことをいい，大きく分類すれば，石油，天然ガス，石炭の化石エネルギーや原子力，再生可能エネルギーの非化石エネルギーの2つから構成される。我が国の1次エネルギーの消費パターンの歴史や現状はどのようになっているのであろうか。図表Ⅳ-1は2000年と2010～2012年，および2015年の各年における日本の1次エネルギー消費量の燃料別比率を見たものである。それによれば，以下の4点が明らかとなる。第1に，わが国のその需要は，2015年に石油が5分の2程度を占め，その後に石炭，天然ガスが20％台で続いている[3]。第2に，原子力の比率は2011年の福島における原子力発電所の事故の影響でそれ以前に10％台な

Chapter Ⅳ　原油安と日本の中東産原油・液化天然ガス（LNG）輸入　121

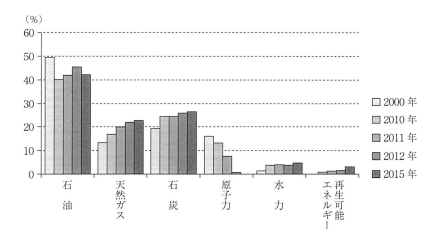

図表Ⅳ－1　日本の一次エネルギー消費量のエネルギー別比率（単位：％）

（注）1）四捨五入しているので，それぞれのシェアの合計は100％にならないかもしれない。
　　　2）「この報告のなかでは，一次エネルギーは商業的に取引されている燃料から成り，発電のために使用される近代的な再生可能なものを含む」
出所：BP p.l.c., *BP Statistical Review of World Energy,* June 2001, p.38, June 2011, p.41; June 2012, p.41; June 2013, p.41; June 2016, p.41 より筆者作成。

かばであったが，それ以降大幅に減少した。第3に，第一および第二の点に関連して，福島の原発事故前と後を比較して，その事故後の方が化石エネルギー（石油，天然ガス，石炭）の依存度が高まった。第4に，水力を含めた再生可能エネルギーの比率はここ数年間で徐々にはあるが，少しずつ増えてきている[4]。

　なお，2010～2012年の3カ年のデータを提示したのは，原子力の1次エネルギー消費量に占める比率の減少を定量的に明らかにしたいためである。原子力については本章の主要なテーマではないが，2011年3月11日に起こった福島における東京電力福島第一原子力発電所の事故は，日本の1次エネルギー構成や電源ミックスを大きく変えたので，ここで補足をしておく。米国のエネルギー情報局（EIA）によれば，福島の事故までは原子力発電に関して，わが国

は米国，フランスに次ぐ世界第3位に位置付けられていた[5]。しかしながら，その事故の影響で原発に対する日本の国民の不安感が増幅するとともに，日本全国においてその事故以前に54基稼働していた原子力発電所がストップしてしまった。図表Ⅳ-2は1次エネルギーにおける原子力のシェアと2次エネルギーの1つである電力の生産，つまり発電における原子力のシェアをそれぞれ最近数年間において図示したものであるが，それによれば，2011年以降にそれらの両方の指標が急減していったことがわかる[6]。

このように，わが国の1次エネルギーにおける石油，天然ガス，石炭の比率が高いことがわかったが，次に，我が国と世界の比較をして日本の1次エネルギー動向の世界における位置付けをしておく。図表Ⅳ-3は日本を含む世界の主な先進国と途上国における石油，天然ガス，石炭の3種類の合計である化石燃料が各国の1次エネルギー消費量の中でどの程度を占めているかを示したデータであるが，それによれば，ほとんどあるいはすべてが石油・天然ガスで

図表Ⅳ-2　1次エネルギーにおける原子力のシェア，発電における原子力のシェア（単位：％）

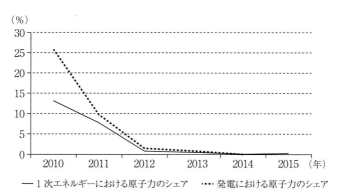

── 1次エネルギーにおける原子力のシェア　　…… 発電における原子力のシェア

（注）発電における原子力のシェアの2015年における数字は入手できなかった。
出所：BP.p.l.c., *BP Statistical Review of World Energy,* Jun.2012, p.41; Jun.2014, p.41; Jun.2016, p.41; OECD/IEA, *Electricity Information,* 2012 edition, p.Ⅲ.8; 2013 edition, p.Ⅲ.8; 2014 edition, p.Ⅲ.8; 2015 edition, p.Ⅲ.8; 2016 edition, pⅡ.9 から筆者作成。

図表Ⅳ-3 　世界の主要国における1次エネルギー消費量のうち化石エネルギーの比率（2015年，単位：％）[1]

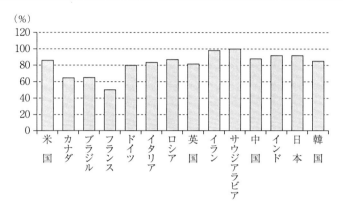

（注）1）「この資料では，一次エネルギーは，商業的に取引される燃料から成り，発電のために用いられる近代的な再生可能エネルギーを含む」
出所：BP p.l.c., *BP Statistical Review of World Energy* June 2016, p.41 より筆者作成。

あるサウジアラビア・イランの産油国を除けば，2015年時点での日本のその指標は，世界の主要欧米・途上国の中で90％を超えて最大規模であることが明らかとなった[7]。

この資料は福島の事故後の2015年時点のものあるので，前述したように，原子力の1次エネルギー比率の急減による影響があると考えられるものの，1次エネルギーのほとんどが化石エネルギーであるところに，2015年における日本のエネルギー動向の大きな特徴があるといえる。

B. 石油動向

以下では，日本のエネルギー動向の世界における位置付けをしておく。

第1に，石油動向についてである。第2に，天然ガス動向である。これらの2つの化石燃料の動向について議論を行う，まず，最初に石油について言及しよう。日本は石油の生産国というよりはむしろ消費国としての立場であるので，ここでは石油需要に関連して世界の石油消費量とその資源の輸入量のそれ

ぞれの動向についてデータを用いて説明しておく。

図表Ⅳ-4,図表Ⅳ-5,図表Ⅳ-6は,それぞれ2015年における世界の石油消費量,原油輸入量,石油製品輸入量の世界の上位10カ国を示したデータである。それによれば,日本の世界の石油需要動向の中での位置付けに関して以下の3点を筆者は指摘することができる。

第1に,日本は石油消費量では米国,中国,インドに次いで世界で4番目に多い(図表Ⅳ-4)[8]。ただ,第3位のインドとの格差はわずかであり,2014年にはインドよりも多い世界3位であった[9]。日本の石油消費動向で重要な点は,10年前の2005年の日量535万4,000バレルと比べて,2015年に同415万バレルに減ったので,ここ10年間に同100万バレル以上減少したことである[10]。これには,人口が減少したこと,低経済成長が要因として考えられるであろう。

図表Ⅳ-4 世界の石油消費量[注]の上位10カ国(2015年,日量,単位:1,000バレル)

米　国	19,396
中　国	11,968
インド	4,159
日　本	4,150
サウジアラビア	3,895
ブラジル	3,157
ロシア	3,113
韓　国	2,575
ドイツ	2,338
カナダ	2,322

(注)「内陸需要と国際的な航空・船舶燃料庫・精油所の燃料と損失。」「(エタノールのような)バイオガソリン,バイオディーゼル,石炭・天然ガスの派生物の消費もまた含まれる」
出所:BP p.l.c., *BP Statistical Review of World Energy,* June, 2016, p. 9. http://www.bp.com/content/dam/bp/pdf/energy-economics/statistical-review-2016/bp-statistical-review-of-world-energy-2016-full-report.pdf, 2016年6月22日アクセス。

Chapter Ⅳ　原油安と日本の中東産原油・液化天然ガス（LNG）輸入　125

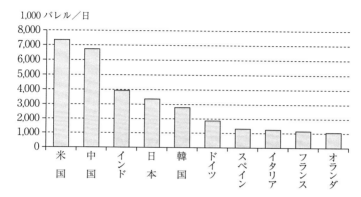

図表Ⅳ-5　世界の原油輸入量の上位10カ国（2015年，日量，単位：1,000バレル）

（注）「データはリースコンデンセートと通過中の原油の数量を含む」
出所：OPEC, *OPEC Annual Statistical Bulletin*, 2016, p.61, http://www.opec.org/opec_web/static_files_project/media/downloads/publications/ASB2016.pdf, 2016年6月29日アクセスより筆者作成。

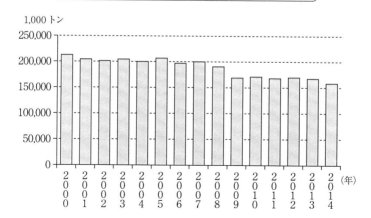

図表Ⅳ-6　日本の原油輸入動向（単位：1,000トン）

出所：OECD/IEA, *Oil Information*, 2003 edition, p. Ⅲ.308; 2005 edition, P. Ⅲ.308; 2007 edition, p. Ⅲ.295; 2009 edition, p. Ⅲ.295; 2011 edition, p. Ⅲ.338; 2013 edition, p. Ⅲ.339; 2015 edition, p. Ⅲ.339; 2016 edition, p. Ⅲ.316より筆者作成。
原出所：Annual Oil Statistics.

第 2 に, 日本は 2015 年の原油輸入量では米国, 中国, インドに次いで多い世界第 4 位であり (図表Ⅳ-5)[11], 石油消費量と同様の位置付けである。この原油輸入量動向で注目すべき点は, 日本の原油の総輸入量のここ 10 年以上の減少傾向 (図表Ⅳ-6) と中東諸国からの原油輸入の依存度の極端な高さとである。前者については, 第 1 の指摘点と関連しており, 国内消費量の減少が影響している。

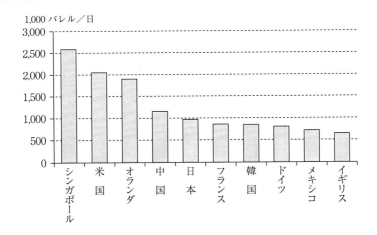

図表Ⅳ-7　世界の石油製品輸入量の上位 10 カ国 (2015 年, 日量, 単位：1,000 バレル)

(注)「データは再輸出と通過中の石油の数量を含む」
出所：OPEC, *OPEC Annual Statistical Bulletin*, 2016, p.63, http://www.opec.org/opec_web/static_files_project/media/downloads/publications/ASB2016.pdf, 2016 年 6 月 29 日アクセスより筆者作成。

後者については, 第 4 節で議論を行うので, ここでは動向を指摘しておくにとどめておく。

第 3 に, 日本は, ガソリンなどの石油製品輸入量でも 2015 年に世界第 5 位にランクされ, それはシンガポール, 米国, オランダ, 中国に次ぐ位置付けである (図表Ⅳ-7)[12]。

C. 天然ガス動向

図表Ⅳ-8 世界の天然ガス消費量の上位10カ国（2015年，単位：10億立方メートル）

米　国	778.0
ロシア	391.5
中　国	197.3
イラン	191.2
日　本	113.4
サウジアラビア	106.4
カナダ	102.5
メキシコ	83.2
ドイツ	74.6
アラブ首長国連邦（UAE）	69.1

（注）「液体燃料に転換される天然ガスを除くが，GTL転換において消費される天然ガスだけでなく石炭の派生物を含む」
出所：BP p.l.c., *BP Statistical Review of World Energy,* June, 2016, p.23.

図表Ⅳ-9 世界の主要国の天然ガス（パイプライン，LNG）輸入事情（2015年，単位：10億立方メートル）

天然ガス輸入国	パイプライン経由	液化天然ガス（LNG）
日　本	0.0	118.0
ドイツ	104.0	0.0
米　国	74.4	2.6
イタリア	50.2	6.0
韓　国	0.0	43.7
世界全体	704.1	338.3

出所：BP p.l.c., *BP Statistical Review of World Energy,* June, 2016, p.28.
原出所：FGE MENA gas service, IHS, GIIGNL, IHS Waterborne, PIRA Energy Group, Wood Mackenzie.

次に天然ガスである。まず，2015年時点での世界の主要国におけるガスの消費動向およびその輸入動向についてデータを用いて確認しておく。図表IV－8，図表IV－9はそれぞれ前者，後者の動向を表にまとめたBP統計のデータである。これらの2つの図表によれば，日本が米国，ロシア，中国，イランに次ぐ世界第5位の天然ガス消費国であることと，その消費のすべてをLNGの輸入という形で調達していることがわかる[13]。また，図表IV－9によれば，わが国と同様に韓国も同様のパターンであることが明らかとなる一方で，米国，ドイツ等の欧米諸国は，それらの天然ガス輸入の多くがパイプラインかあるいは全量がパイプラインの輸入であることがわかる[14]。

天然ガス輸入手段にはパイプラインとLNGの2つがあるが，日本経済にとって関係しているのはLNGである。わが国は米国のアラスカから1969年に輸入を開始して以来，東南アジアのインドネシア，オーストラリア，中東のUAEやカタールなどからLNG輸入を行い，現在世界最大のLNG輸入国として東アジア市場におけるLNG輸入のプレゼンスの向上に韓国や台湾とともに大きく貢献している。

このように，日本，韓国などアジア地域ではLNGによる天然ガスが多いが，その中心的存在に位置するのがわが国である。日本はその周囲を完全に海に囲まれており，外国と陸続きになっている場所がまったくない。したがって，仮に気体の状態でパイプラインを利用して天然ガスを輸入するとしても，海底パイプラインを用いることになるので，その場合は陸上パイプラインよりもコストが割高になるであろう。また，気体でのガス輸入を実現するためには，ガスが国内で余剰状態にあり，その輸出余力を有する国が地理的に近い位置にあることが必要である。しかしながら，それを有する輸出国が地理的に近い地域にほとんど存在していないのが，日本のすべてのガス輸入がLNGになった背景にあると考えられる。日本のこのようなLNGだけによるガス輸入が今後も続いていくであろうことを考慮すれば，その調達のための輸入相手国の多様化がエネルギー安全保障の観点から重要である。この多様化の現状については，中東諸国との関連で後述する。

これまで議論を行ってきた天然ガスの貿易形態を通じて，明らかになったことがある。それは世界における石油市場と天然ガス市場とは異なるという点である。世界市場である前者とは違い，後者は地域市場が主である[15]。また，このような貿易形態に関連して，天然ガスの価格の決定の仕方が，東アジア，米国，欧州のそれぞれの地域的な天然ガス市場において異なっている。東アジア市場においては，LNG 価格が輸入する原油の価格とリンクしていることが米国，欧州の各ガス市場とは異なる点である。そして，東アジアにおけるこのような価格システムが，LNG 価格における他の地域市場のガス価格よりも高い「アジア・プレミアム」を生み出してきたのである。図表Ⅳ－10 はこの状

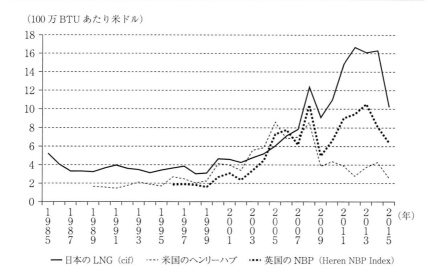

図表Ⅳ－10　日本，米国，英国市場における天然ガス価格（単位：100万 BTU あたり米ドル）

（注）「cif ＝ 費用＋保険＋貨物の運賃（平均価格）」
出所：BP p.l.c., *BP Statistical Review of World Energy,* June 2016, p.27, http://www.bp.com/content/dam/bp/pdf/energy-economics/statistical-review-2016/bp-statistical-review-of-world-energy-2016-full-report.pdf，2016 年 8 月 9 日アクセスより筆者作成。
原出所：ICIS Heren Energy Ltd.（英国の NBP），Energy Intelligence Group, *Natural Gas Week*（米国のヘンリーハブ）．

況を示したものである。比較のために，米国の「ヘンリー・ハブ」と「イギリスのナショナル・バランシング・ポイント（NBP）」も示してある。

ただし，日本経済にとって石油とLNGの重要性は，本章で分析の対象としている中東諸国，とりわけGCC諸国との関連においては異なることに注意すべきである。言い換えれば，それはわが国にとってGCC諸国間の原油での依存度とそれのLNGでの依存度が大きく違うことを意味している。この点については，節を改めて次節で議論しよう。

3．日本と中東諸国間のエネルギー貿易動向

前節では，日本のエネルギー（石油・天然ガス）動向の現状に関する概観を

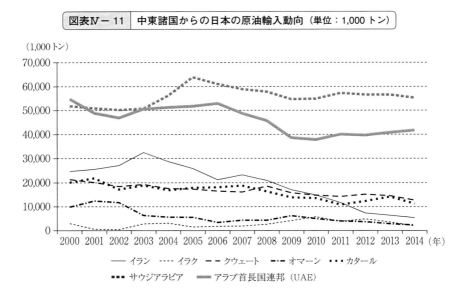

図表Ⅳ-11　中東諸国からの日本の原油輸入動向（単位：1,000トン）

出所：OECD/IEA, *Oil Information*, 2003 edition, p.Ⅲ.308; 2005 edition, P.Ⅲ.308; 2007 edition, p.Ⅲ.295; 2009 edition, p.Ⅲ.295; 2011 edition, p.Ⅲ.338; 2013 edition, p.Ⅲ.339; 2015 edition, p.Ⅲ.339; 2016 edition, p.Ⅲ.316 より筆者作成。
原出所：Annual Oil Statistics.

行った。それをふまえて，本節では，わが国と外国とのそのようなエネルギー資源の貿易関係について，中東諸国，特にペルシャ湾岸諸国に焦点を当てて議論を行う。本節では，いくつかのデータを用いて説明しよう。

A．中東産原油と日本

まず石油動向についてである。図表Ⅳ－11は2000年以降現在までの間に日本が中東諸国から輸入した石油動向を原油に限定して見たものである。この図表より筆者は以下の3点を指摘することができる。第1に，日本が中東地域から最近15年間程度に最も原油を輸入したのはサウジアラビアである。第2に，サウジアラビアに次いでUAEが多く，サウジアラビアとUAE両国は，

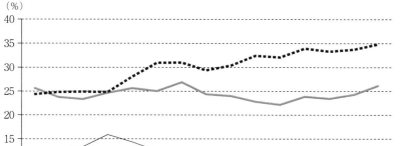

図表Ⅳ－12　中東諸国からの日本の原油輸入比率（単位：％）

出所：OECD/IEA, *Oil Information*, 2003 edition, p. Ⅲ.308; 2005 edition, P. Ⅲ.308; 2007 edition, p. Ⅲ.295; 2009 edition, p. Ⅲ.295; 2011 edition, p. Ⅲ.338; 2013 edition, p. Ⅲ.339; 2015 edition, p. Ⅲ.339; 2016 edition, p. Ⅲ.316 より筆者作成。
原出所：Annual Oil Statistics.

図表Ⅳ-13　原油の総輸入量に占める中東地域からの原油輸入量の比率（単位：%）

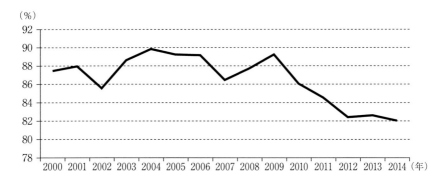

出所：OECD/IEA, *Oil Information,* 2003 edition, p, Ⅲ.308; 2005 edition, p. Ⅲ.308; 2007 edition, p. Ⅲ.295; 2009 edition, p. Ⅲ.295; 2011 edition, p. Ⅲ.338; 2013 edition, p. Ⅲ.339; 2015 edition, p. Ⅲ.339; 2016 edition, p. Ⅲ.316 より筆者作成。
原出所：Annual Oil Statistics.

日本にとって2大輸入相手国である。第3に，イランは2000年代にはサウジアラビア，UAEに次ぐ日本の輸入量が多い国であったが，最近は核兵器開発問題の影響で急減している。その代わりにクウェートの地位が相対的に増大している。

　こうした傾向は，中東諸国からの日本の原油輸入量の日本の原油総輸入量に占める比率を図示した図表Ⅳ-12からは，さらにそれらの指摘事項を再度確認することができる。つまり，サウジアラビア，UAE，特に前者の日本の輸入相手国としての重要性の高まりとイランのその低下である。こうした動向に加えて，わが国の場合，原油の総輸入量に占める中東地域からの輸入量の比率が極端に高いことが図表Ⅳ-13から明らかとなる。図表Ⅳ-13によれば，その比率は2000～2014年の間に80%台となっており，近年はやや減少傾向を示しているものの，それでも原油輸入量の5分の4が中東地域から輸入されているのである[16]。

　このようなわが国の中東原油への依存度は，他の諸国のその比率と比較すれ

| 図表Ⅳ-14 | 世界の主要国・地域の原油輸入量（2015年，単位：100万トン，%） |

原油輸入国・地域	原油輸入量	主要輸入相手国・地域別輸入量（100万トン）		中東原油の輸入依存度（%）
欧　州	488.1	ロシア	158.5	22.2
		中　東	108.3	
		西アフリカ	85.3	
		その他独立国家共同体（CIS）	56.0	
米　国	366.0	カナダ	157.8	20.2
		中南米	79.7	
		中　東	74.1	
		メキシコ	34.3	
		西アフリカ	13.6	
中　国	335.8	中　東	170.4	50.7
		西アフリカ	52.3	
		ロシア	42.4	
		中南米	41.7	
インド	195.1	中　東	114.5	58.7
		西アフリカ	33.5	
		中南米	29.2	
日　本	167.8	中　東	139.7	83.3
		ロシア	14.2	
		その他アジア太平洋	4.9	
世界全体	1,977.2			

出所：BP p.l.c., *BP Statistical Review of World Energy,* June 2016, p.18 より筆者作成。

ば異常に高いことが理解できるであろう。図表Ⅳ-14は世界から原油輸入をしている主要国・地域の原油輸入動向を2015年時点で見たものである。この図からわかることは，次の2点である。第1に，欧米諸国（欧州は地域全体のトータル）では，中東地域からの原油輸入の依存度が20%強に過ぎない。その輸入相手国（地域）は，欧州の場合はロシア，米国ではカナダ，中南米，メキシコなど比較的，地理的に近い産油国からの輸入が多い[17]。第2に，日本と同じアジア諸国では，中国，インドの原油輸入量がわが国よりも多いが，両国

の中東依存度は50%台である[18]。

B. 中東産LNGと日本

次に、中東諸国からのわが国のLNG輸入動向について考察しよう。まず最初に、世界、特にLNGでの輸入が一般的であるアジア地域による中東地域からのその輸入動向を考察することによって、アジアの一員である日本の世界における位置付けをしておく。図表Ⅳ-15は、2015年に日本を含む主要なアジア諸国・地域が輸入したLNG輸入動向について、その輸入相手国とその輸入量の観点からまとめたものである。この図表によれば、以下のことがわかる。第1に、既述のように、日本のガス輸入のすべてはLNGである。その資源の輸入相手国では、オーストラリア、マレーシア、カタールの上位3カ国が日本のLNG総輸入量（2015年で1,180億立方メートル）の約57%と半分以上を占めている[19]。第2に、日本の輸入相手地域は、オセアニア（オーストラリア）、東南アジア、中東、アフリカ、旧ソ連（ロシア）など多岐にわたっている。第3に、韓国は輸入相手国の上位3カ国（カタール、オマーン、インドネシア）の同国のLNG総輸入量の約60%を占めており、日本以上に上位3カ国の占める比率が高い[20]。第4にインド、台湾での上位3カ国の総輸入量における同様の比率を計算すれば、それぞれ約82%、80%弱となり、日本、韓国のそれを相当上まわっている[21]。第5に、中国とタイは、アジア地域の他のLNG輸入国とは異なり、パイプラインでの気体のガスの輸入とLNGでの輸入の双方を行っている。

以上で指摘してきた5つの点から、われわれは主要アジア諸国を以下の3つのパターンに分類することが可能である。第1に、「LNG型」である。これには日本、韓国、インド、台湾が含まれる。なお、日本がなぜ「LNG型」なのかについては、本章における主要なテーマではないとはいえ、東アジア市場は世界の天然ガス貿易で重要なそれであるので、ここで補足しておく。東アジアを中心としたアジアの天然ガス市場においては伝統的にLNGの貿易がその主な供給手段であり、パイプラインでのガス輸入は中国—トルクメニスタン・

図表Ⅳ-15　アジア主要国・地域における天然ガス輸入事情（2015年，単位：10億立方メートル）

	パイプライン	液化天然ガス（LNG）	主要輸入相手国別輸入量		輸入方法
日本	0.0	118.0	オーストラリア	25.7	LNG
			マレーシア	21.5	LNG
			カタール	20.2	LNG
			ロシア	10.5	LNG
			インドネシア	8.9	LNG
			アラブ首長国連邦（UAE）	7.4	LNG
			ナイジェリア	6.4	LNG
			ブルネイ	5.8	LNG
			パプアニューギニア	5.3	LNG
韓国	0.0	43.7	カタール	16.3	LNG
			オマーン	5.2	LNG
			インドネシア	4.9	LNG
			マレーシア	4.8	LNG
			ロシア	3.5	LNG
			オーストラリア	2.5	LNG
中国	33.6	26.2	トルクメニスタン	27.7	パイプライン
			オーストラリア	7.2	LNG
			カタール	6.5	LNG
			マレーシア	4.4	LNG
			インドネシア	3.9	LNG
			ミャンマー	3.9	パイプライン
インド	0.0	21.7	カタール	13.5	LNG
			ナイジェリア	3.1	LNG
			オーストラリア	1.2	LNG
			赤道ギニア	1.0	LNG
台湾	0.0	18.7	カタール	8.7	LNG
			インドネシア	3.1	LNG
			マレーシア	3.0	LNG
タイ	9.4	3.6	ミャンマー	9.4	パイプライン
			カタール	2.9	LNG

出所：BP p.l.c., *BP Statistical Review of World Energy*, June 2016, p.28, http://www.bp.com/content/dam/bp/pdf/energy-economics/statistical-review-2016/bp-statistical-review-of-world-energy-2016-full-report.pdf, 2016年6月22日アクセス。

原出所：FGE MENA gas service, IHS, GIIGNL, IHS Waterborne, PIRA Energy Group, Wood Mackenzie.

ミャンマー，タイーミャンマーの一部の区間でしか実施されていない[22]。これらのパイプラインでのガス貿易の輸出国のうち，トルクメニスタンは世界第4位の17兆5,000億立方メートルのガス確認埋蔵量の保有国であり[23]，アジア地域におけるパイプライン・ガスによる貿易は非常に限定的であることがわかる。この点は，パイプライン・ガスが天然ガス貿易の主流である米国，欧州地域の各市場とは大きく異なる。これらの動向の背景にあるのは，米国市場におけるカナダ，欧州市場におけるロシアなどのように，ガスの生産・輸出量が世界有数規模の供給国がアジア市場において比較的少なく，さらにそれと日本が陸続きの位置関係にないことを筆者は指摘できる[24]。

第2に，「パイプライン型」である。これにはタイが含まれる。第3に，「中間型」である。これには中国が妥当する。

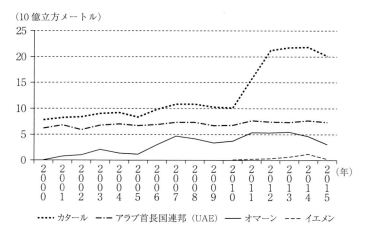

図表Ⅳ－16　中東諸国からの日本のLNG輸入量動向（単位：10億立方メートル）

……… カタール　－・－ アラブ首長国連邦（UAE）　――― オマーン　――― イエメン

出所：BP p.l.c., *BP Statistical Review of World Energy,* June 2001,p.28; June 2002, p.28; June 2003, p.28; June 2004, p.28; June 2005,p.28; June 2006, p.30; June 2007, p.30; June 2008, p.30; June 2009, p.30; June 2010, p.30; June 2011, p.28; June 2012, p.28; June 2013, p.28; June 2014, p.28; June 2015, p.28; June 2016, p.28 より筆者作成。

原出所：Cedigaz, GIIGNL CISStat, IHS Waterborne, PIRA Energy Group, Poten, Wood Mackenzie, CDU TEK.

Chapter Ⅳ　原油安と日本の中東産原油・液化天然ガス（LNG）輸入　137

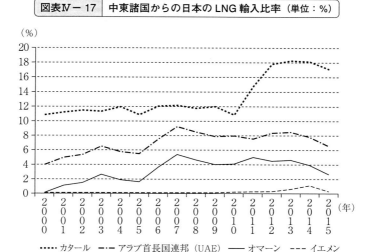

図表Ⅳ-17　中東諸国からの日本の LNG 輸入比率（単位：％）

出所：BP p.l.c., *BP Statistical Review of World Energy,* June 2001, p.28; June 2002, p.28; June 2003, p.28; June 2004, p.28; June 2005, p.28; June 2006, p.30; June 2007, p.30; June 2008, p.30; June 2009, p.30; June 2010, p.30; June 2011, p.28; June 2012, p.28; June 2013, p.28; June 2014, p.28; June 2015, p.28; June 2016, p.28 より筆者作成。
原出所：Cedigaz, GIIGNL CISStat, IHS Waterborne, PIRA Energy Group, Poten, Wood Mackenzie, CDU TEK.

　このようなアジア主要国のガス輸入動向の中で，完全な「LNG 型」と位置づけられる日本と中東諸国との関連を，次に考察する。まず，2000 年から 2015 年の間に日本が中東地域の諸国から購入した LNG 輸入量を示した図表Ⅳ－16 を見て欲しい。この図表より，筆者は以下の 4 点を指摘しておかなければばらない。第 1 に，日本の LNG 輸入相手国はカタール，UAE，オマーン，イエメンであることがわかる。この輸入相手国のうち，カタールからのわが国の輸入量は 2010 年（101 億 5,000 万立方メートル），2011 年（158 億立方メートル），2012 年（213 億立方メートル）とこの 3 年間で急増したことは特筆すべき点である[25]。この急増は福島の原発事故の影響であることはいうまでもない。第 2 に，UAE はこの期間中にほぼ安定的な数量をわが国に輸出してきた。第 3

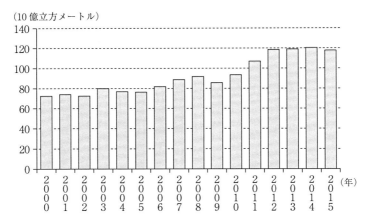

出所：BP p.l.c., *BP Statistical Review of World Energy*, June 2001, p.28; June 2002, p.28; June 2003, p.28; June 2004, p.28; June 2005, p.28; June 2006, p.30; June 2007, p.30; June 2008, p.30; June 2009, p.30; June 2010, p.30; June 2011, p.28; June 2012, p.28; June 2013, p.28; June 2014, p.28; June 2015, p.28; June 2016, p.28 より筆者作成。

原出所：Cedigaz, GIIGNL CISStat, IHS Waterborne, PIRA Energy Group, Poten, Wood Mackenzie, CDU TEK.

に，オマーンは2013年に55億立方メートルまで増えて，日本への輸出量が2000年以降おおむね増大傾向であったが，その年以降は急速に減少しつつある[26]。第4に，イエメンは中東諸国の中では後発国として，日本へのLNG輸出を2010年に開始したが，その輸出量は10億立方メートルにも満たない[27]。

次に，日本のLNG輸入量に占める中東諸国の比率を図示した図表Ⅳ－17によれば，前述した動向に関連して，カタールの比率は2010～2012年の3年間に急増して10％台前半から後半に急増したこと，UAEの比率が2007年以降にほぼ減少傾向であること，そしてオマーンの比率も2013年以降に減少ぎみであることがわかる[28]。

これらの2つの図表の動向でこれまで指摘してきたことと，日本のLNGの総輸入量の動向を示した図表Ⅳ－18および日本のLNG総輸入量に占める中東諸国の比率を示した図表Ⅳ－19が示していることから，筆者が指摘してお

| 図表Ⅳ-19 | 日本のLNG総輸入量に占める中東諸国の比率（単位：％）

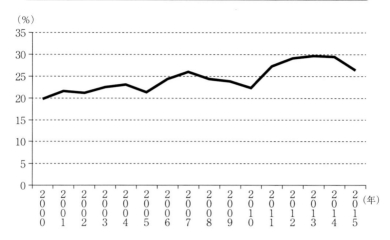

出所：BP p.l.c., *BP Statistical Review of World Energy,* June 2001, p.28; June 2002, p.28; June 2003, p.28; June 2004, p.28; June 2005, p.28; June 2006, p.30; June 2007, p.30; June 2008, p.30; June 2009, p.30; June 2010, p.30; June 2011, p.28; June 2012, p.28; June 2013, p.28; June 2014, p.28; June 2015, p.28; June 2016, p.28 より筆者作成。

原出所：Cedigaz, GIIGNL, CISStat, IHS Waterborne, PIRA Energy Group, Poten, Wood Mackenzie, CDU TEK.

きたいことがある。それは，わが国の増大傾向にあるLNG輸入における中東依存度の上昇傾向とその中でのカタールの重要度の増大である。この点は，前述したように，日本の原油輸入量の中でサウジアラビアやUAE，とりわけ前者の比率が増大していることと類似的である。言い換えるならば，わが国の原油輸入におけるサウジアラビアのプレゼンス，そのLNG輸入におけるカタールのそれの高まりである。それは，見方を変えれば，原油やLNGにおける中東地域でのエネルギー供給源の多様化とは逆行する動きだということができる

4．原油安と中東諸国のエネルギー消費増大が
　　日本に与える影響

　これまでわれわれはわが国のエネルギー動向，特に石油やLNGの輸入動向との関連で，その中でそれらの化石エネルギーが豊富に賦存されているペルシャ湾岸に位置している諸国との貿易関係を取り上げて議論を行ってきた。

　次に，本節においては前節で説明した基礎的な動向をふまえながら，中東諸国，とくに後半では湾岸協力会議（GCC：クウェート，サウジアラビア，バーレーン，カタール，アラブ首長国連邦（UAE），オマーン）諸国におけるエネルギー動向と日本経済の関連性について議論を行う。このテーマに関する先行研究は比較的多いが，本章では以下の2つの視点より議論を行う。第1に，2014年後半以降，現在まで続く原油安の日本経済への影響である。第2に，中東諸国，特にGCC諸国におけるエネルギー消費の増大の日本経済への影響である。

A．原油価格下落と日本

図表Ⅳ-20　サウジアラビア，イランのDD原油の価格水準（1バレルあたり，単位：ドル）

		2010年12月積み	2011年12月積み	2012年12月積み	2013年12月積み	2014年12月積み	2015年12月積み	2016年12月積み
サウジアラビア	エキストラライト	90.884	110.806	111.990	113.180	61.700	35.400	54.260
	ライト	89.434	109.356	109.290	111.330	60.600	33.300	52.860
	ミディアム	87.484	107.956	106.890	109.380	59.100	31.700	52.010
	ヘビー	85.984	106.606	104.790	106.830	56.650	30.150	49.710
イラン	ライト	89.650	109.600	109.390	111.540	60.830	33.450	53.060
	ヘビー	87.550	107.950	106.740	109.260	59.040	31.630	51.760

出所：『日本経済新聞』2011年1月5日付；2012年1月5日付；2013年1月5日付；2014年1月7日付；2015年1月6日付；2016年1月5日付；2017年1月5日付。

Chapter Ⅳ　原油安と日本の中東産原油・液化天然ガス（LNG）輸入　141

　2014年から現在まで続いている原油価格の下落は，日本経済にどのような影響を与えてきたのであろうか。そのことを考察する前に，現状を確認しておく。原油価格はどの程度下落したのか，ということである。日本がサウジアラビアやイランなどの中東産油国から原油を輸入する場合には，「DD（ダイレクト・ディール）原油」と呼ばれる直接取引が主となる。図表Ⅳ-20は2010年から2016年までの間に，サウジアラビアとイランがアジア諸国に輸出してきた原油価格の動向をまとめたものであるが，その種の原油は1カ月に1回改訂される。図表は各年の12月積み時点の原油価格をまとめたもので，サウジアラビア産とイラン産原油がそれぞれ比重ごとに4種類，2種類に分類して示されている。この図表によれば，以下の2点が指摘される。第1に，2010年12月積み原油価格は1バレルあたり80ドル台後半〜90ドル強であったが，2013年12月積みでは同100ドル台後半から110ドル台前半まで上昇した。その後，2014年以降低下の一途をたどり2015年12月積みで同30ドル台まで下がった後，2016年12月積みでは同50ドル台弱〜50ドル台前半にまで回復している(29)。第2に，サウジアラビアとイランにおける比重の違いから価格を

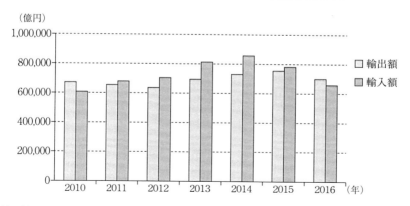

図表Ⅳ-21　日本の輸出入額（暦年，確定値，単位：億円）

出所：税関ホームページ，「財務省貿易統計」，「輸出入総額の推移」，http://www.customs.go.jp/toukei/suii/html/nenbet.htm，2017年6月26日アクセスより筆者作成。

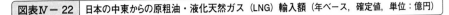

図表Ⅳ-22　日本の中東からの原粗油・液化天然ガス（LNG）輸入額（年ベース，確定値，単位：億円）

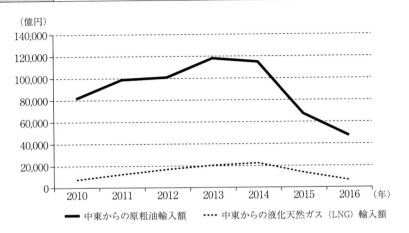

出所：税関ホームページ，「財務省貿易統計」，「対中東主要輸入品の推移（年ベース）」，http://www.customs.go.jp/toukei/suii/html/data/y7_8.pdf，2017年6月26日アクセスより一部抜粋し，筆者作成。

見てみると，両国ともに比重の軽い（重い）原油の方がより高い（安い）価格水準となっている。これらのうち2番目の指摘点は，比重の違いによってガソリンなどの生産量が影響を受けることが関係しているのであろう。

さて，このような中東産原油価格の変化の中で2014年夏以降に生じた原油価格の下落は日本にどのような影響を与えてきたのか，について考えよう。基本的な視点としては，日本は原油の輸入国の立場であるので，輸入された原油価格の下落は，購入側である日本の家計，企業，政府の3種類の経済主体の輸入価格を引き下げるために好影響をもたらすことになる。そのため，本項では，原油価格の低下が日本の貿易額動向に与えた影響に限定して議論を行う。なお，為替レートの動向はここでは考えていない。

図表Ⅳ-21はわが国の2010～2016年までの最近7年間の輸出入額を示している。それによれば，日本の輸出額と輸入額のバランスは2010年に6兆6,347億円程度の黒字であったが，2011年から赤字に転じて2014年には約12

兆 8,161 億円まで赤字が増えたが，直近の 2016 年に黒字となった[30]。他方，図表Ⅳ-22 は同じ 7 年間における日本の中東諸国からの原粗油輸入額および LNG 輸入額を示したものである。

　これらの図表Ⅳ-21，Ⅳ-22 から筆者は以下の点を指摘しておこう。それは 2014 年以降におけるわが国の輸入額の減少における中東産原粗油輸入や LNG 輸入の貢献である。いま，2015 年に注目する。この年の日本の輸入額は図表Ⅳ-21 より約 78 兆 4,055 億円となり，2014 年比で約 7 兆 5,036 億円の減少となった[31]。これに対して，図表Ⅳ-22 より 2014 年比で 2015 年の原粗油輸入額の減少分，LNG 輸入額の減少分を計算すれば，それぞれ約 4 兆 8,309 億円，約 8,642 億円となり，合計すれば，約 5 兆 6,951 億円となる[32]。ここで，2015 年の原粗油・LNG 輸入額の減少分の合計額が，2014 年比での 2015 年の輸入額の減少額に占める比率を計算すれば，約 75.9% となる[33]。このことは，2015 年における日本の輸入額の 2014 年からの減少額の 4 分の 3 程度が中東産の原粗油と LNG の輸入額の減少によってもたらされたことを意味している。つまり，2015 年における輸入額の減少において，中東産エネルギー資源の役割がいかに大きかったかを示しているといえる。同様の議論は，2016 年でも行うことができ，前述した中東産の原粗油と LNG の輸入額の貢献した比率を計算すれば，約 21.4% となる[34]。2015 年の場合ほど高くはないとはいえ，わが国の輸入額の減少分の 2 割強は，中東産の原粗油と LNG の輸入額の減少が貢献していることになる。

　また，「財務省貿易統計」をふまえて，2015 年時点，2016 年時点の中東産の原粗油と LNG の前年比での輸入額の減少が輸出入額のバランス全体の改善にどの程度貢献しているかを計算すれば，それぞれ約 56.8%，約 39.0% となるので[35]，日本の輸出入額の動向において，中東産エネルギー資源の輸入額減少は 5 分の 2〜5 分の 3 程度のプラスの貢献をしたことになる。したがって，原油価格下落は，為替レートの影響を考えない状況下のもとで，最近 2 年間において日本の輸出額と輸入額のバランスの改善にある程度の貢献をしたことになると判断をすることができるのである。なお，この期間中において大きく変動

していない為替レートの動向を含めた影響については，時間の関係で本章で分析をすることができなかったので今後の課題としたい。

B．GCC 諸国におけるエネルギー消費の増大と日本経済

　GCC 諸国は，原油・天然ガスという化石エネルギーで世界的に豊富な諸国として有名なのは周知のとおりである。それは，言い換えるならば，エネルギー資源の主要な供給国が多いことと同義である。それら諸国はそれらの化石エネルギーを国民経済に供給し，国内需要との差である余剰を外国に輸出してきた。これらの諸国はこれまで人口規模が比較的小さく国内消費が少なかった時に，それらのエネルギーの産出量のうち多くの比率を外国への輸出販売に回してきたのである。しかしながら，そうしたころから人口規模が拡大し，また経済成長に伴って国内におけるエネルギー需要が増大してきたことが，GCC 諸国の中心であったエネルギー経済に影響を及ぼしてきた[36]。

　こうした国内エネルギーの需要増の影響は，次の3つの側面がある。第1に，天然ガスの消費増である。ガスの国内需要をその国内供給でまかなえなくなったためにガス輸入を行っている GCC 諸国は，UAE，クウェート，オマーンである。第2に，石油消費量の増大である。石油は GCC 諸国では輸出財という基本的な位置付けがあるが，国内の天然ガス供給が不足しているために，ガスの代替財として発電所などで石油が燃焼されている国として，サウジアラビア，クウェートが挙げられる。第3に，電力消費量の増大である。GCC 諸国は電力需要増への対応から発電能力の増強の必要性に迫られている。その各国における発電は従来石油，天然ガスの両方あるいは天然ガスのみを燃焼した火力発電が用いられてきたが，ガス不足によって発電能力の増強を行うことが難しくなっている。このような状況への対処として，GCC 諸国のすべてあるいは一部の国々は，再生可能エネルギーの開発，原子力発電所の建設・計画，石炭火力発電の計画，国内の油田・ガス田開発，電力グリッドの構築，発電所での石油の燃焼といったことを行っている。

　このような GCC 各国内におけるエネルギー需要の高まりは，将来的にそれ

らの諸国における貴重な輸出財である石油や一部の国（カタール，UAE，オマーン）で輸出されている LNG の輸出に悪影響を及ぼす可能性がある。この点については，筆者の知る限り資料が非常に少なく，本章のテーマである日本経済にいかなる影響を与えるかは筆者にとって今後の課題である。ただ，現時点でサウジアラビアとオマーンの動向に関する以下の 2 点について指摘をしておきたい。

第 1 に，サウジアラビアの石油動向についてである。同国の 1 日あたり石油消費量は 2005 年に 220 万 3,000 バレルであったが，2015 年に 389 万 5,000 バレルになり，この 10 年程度で約 1.8 倍に増大した[37]。このような需要増の一部は火力発電所での発電燃料としての利用であり，それは国内の天然ガス不足を反映したものである。シティグループは，今後変化がなければ，2030 年までにこの王国の石油輸出量が減少しゼロになるとし[38]，また Lahn and Stevens も，「いつもの通りの」シナリオにおいて 2038 年に同王国が石油の純輸入国になるという見通しを示している[39]。

他方で，2017 年 1 月の報道によれば，同国の石油会社であるサウジアラムコは非随伴ガスの開発を行うことによって今後 10 年間で天然ガスの生産量を倍増させ，それを発電・石油化学工業部門で利用する計画だという[40]。このようなプロジェクトが推進されれば，OPEC の原油調整制約に左右されない非随伴ガスの増産によって，同国の発電所での石油消費量が減る可能性もある。

いうまでもなく，このような可能性は，この王国における石油消費量や天然ガス生産量の動向次第である。ただ，もしそれらが長期的に見て石油輸出量の減少という形で波及していくならば，最も影響を受けるのはわが国であろうことは想像に難くない。なぜならば，既に言及したように，わが国にとっての原油輸入相手国としてのサウジアラビアのプレゼンスが近年高まっているからである。仮にこうしたサウジ依存の動向が今後も数十年間続くならば，わが国のエネルギー安全保障は重大な危機を迎えることになるかもしれない。

第 2 に，オマーンの LNG 動向についてである。既に言及したように，同国は，わが国が中東地域から LNG を輸入している 3 カ国（カタール，UAE，オマー

ン）の1つである。筆者はオマーンの天然ガス動向について原油回収動向との関連で分析をしたことがある[41]。その中で，同国の天然ガス不足をもたらしている要因の1つとしてLNG輸出を取り上げ，この部門がその輸出による外貨獲得源だけでなく，同国の国内ガス消費の40％程度を占める最大の需要者であることや，LNGの主要輸出相手国の1つである日本との間で結ばれた長期契約が，オマーン国内におけるガス供給にマイナスになっていることを筆者は指摘した[42]。LNG事業は膨大な初期投資を回収するため，通常20年程度の長期契約を輸出企業と輸入企業が締結し，最低のLNG数量を輸入企業に購入するように課する「テイク・オア・ペイ条項」のもとで事業が行われることが多い。『天然ガスリファレンス・ブック2015』によれば，オマーンと日本企業の場合は，複数の日本企業が2020年〜2025年までに，15〜25年の長期契約を締結している[43]。

このような同国の日本向けのLNG輸出に関して，既に言及したようにオマーンの日本向けLNG輸出量が最近減少傾向にあること（図表Ⅳ-16・17参照）を想起しておこう。また，オマーン国内のガスを利用した発電動向が，2016年に同国のLNG輸出の5％程度の繰り延べに結びついていることをロイターは指摘している[44]。こうしたことを考慮すれば，前述したように，日本企業が締結している現在のLNG契約が失効する際にその再更新が行われないことがあるかもしれない。

5．結　論

われわれはこれまで第2節で日本のエネルギー動向の概観をした後，第3，4節において，中東地域のペルシャ湾岸諸国とわが国との石油・LNG貿易動向について議論を行ってきた。そこで明らかとなったこととして，以下の7点を挙げて要約しておこう。

天然資源に乏しいわが国は，1次エネルギーの消費量の中で化石エネルギーの比率が高く，特に2011年3月の東京電力福島第一原子力発電所における事

故の後は，原子力への依存が急減したため，化石エネルギーの比率が高まった。第2に，世界有数の石油消費国である日本では，ここ10年程度の間に石油消費量や原油輸入量が減少している一方で，原油輸入の中東依存度が欧米諸国や，他のアジア諸国よりも高い状態が続いている。第3に，わが国の中東産原油の輸入相手国では，サウジアラビアとUAEの2カ国だけで過半を占めており，とりわけ前者の比率が近年高まっている。第4に，中東地域からのわが国の原油輸入依存度の高さとは異なり，世界最大のLNG輸入国であるわが国のLNG輸入の中東依存度は比較的低く，輸入相手地域の多様化が進んでいる。第5に，中東地域からのLNG輸入のうちでカタールのプレゼンスが，特に福島の事故以降高まっている。第6に，中東産油国からこれまで輸入してきたDD原油の価格が2014年後半以降下落していく中で，原油輸入額や原油価格にリンクしているLNG輸入額の減少が日本の輸入額全体の減少にある程度の貢献をしている。第7に，GCC諸国における（その一部の国での）天然ガス輸入，石油消費増，電力需要増という形でのエネルギー需要構造の変化は，それらの諸国産の石油やLNGの輸入を行っているわが国にとって，将来的にエネルギー安全保障問題に影響を与える可能性がある。

　さて，こうした要約をふまえたうえで，最後に，日本の今後について考察をしておこう。それを行う際の材料として取り上げておくべき次の数字がある。国際エネルギー機関（IEA）による見通しである。同機関の『ワールド・エナジー・アウトルック2016』によれば，わが国の1次エネルギー需要は「新政策シナリオ」のもとで2014年の4億4,200万トン（石油換算）から2030年に3億9,900万トン（同）と約9.7％減少すると見込まれている[45]。また，石油需要については同シナリオのもとで，2015年の日量390万バレルから2030年には日量260万バレルに約33.3％減ると見通しされている[46]。前者と後者の数字は単位と年が異なるので両者を比較することは難しいが，それらの変化率に注目すれば，1次エネルギー需要全体が現在から2030年に向けて減っていくペースの3倍以上の早いペースで石油需要が減少していくということであろう。

　わが国の原油輸入量は，最近10年程度の間に減少傾向にあることは既に言

及したが（図表Ⅳ-7参照），しかしながら，このような傾向が必ずしも，日本の原油輸入の非常に高い中東依存度を引き下げるとは限らないことに注意すべきである。原油輸入量が絶対的に減ることと中東原油の輸入依存度の引き下げとは別問題だからである。今後，わが国の中東産の原油輸入の比率がこれまで通り非常に高い水準を維持したまま，わが国全体の原油輸入量が減るかもしれない。この場合は，中東産油国以外の諸国からの原油輸入量が減少することを意味している。石油に限らず，輸入国におけるエネルギー安全保障では，エネルギーの輸入相手国を分散化し，多様化するのが重要である。このような原則をベースとすれば，1次エネルギーの中での化石燃料の比率がわが国の場合，世界中で非常に高いこと，中東産油国に対するわが国の原油輸入への依存度が極度に高いこと，とりわけサウジアラビアへの近年における依存度の上昇は，是正されていくべきである。それはエネルギー安全保障の観点からだけでなく，本章で既に指摘したように，サウジアラビアなど中東産油国における国内エネルギー需要構造の変化に伴う今後の石油輸出に与える影響という観点からも重要である。

　同様のことは，石油ほど程度が高くないとはいえ，LNG輸入においてもいえる。LNGの場合の中東諸国への輸入依存度は石油と比べて非常に高いわけではないが，カタールへの近年の依存度の上昇は危険信号である。2017年6月初旬に起こったカタールとサウジアラビア，UAEなど中東産油国との国交断行は，本章の脱稿時点（2017年6月）ではわが国へのLNG輸出に影響を及ぼしていないようであるが，世界最大のLNG輸入国としてわが国は，エネルギー安全保障の点で，その輸入相手国の多様化や特定の国に対する輸入依存度を引き下げるように努力すべきであろう。このような観点からは，2017年1月に開始された米国産シェールガスのLNGでの輸入は望ましい方向といえる[47]。

　わが国は，メタンハイドレートなどといった一部を除き，石油や天然ガス資源に乏しく，その国内消費量のほとんどを輸入に依存しているだけでなく，特に原油輸入に関しては，中東産油国からの原油輸入が原油輸入全体の中でより

多くを占めている。ただ，今後，わが国の石油消費量が減ってゆくであろうことと中東地域からの原油輸入量が減ることは同義ではない。原油埋蔵量の多い国が中東地域に多い現実を考えれば，この地域からの原油輸入を今後減らすことは容易ではない。しかしながら，比較的安価な原油が入手できる買い手市場の今こそ，原油輸入相手国・地域の多様化を進めていく必要がある。

【註】

(1) 本章は，筆者が2015年9月から2016年9月に米国のマーサー大学において在外研究を行った研究成果の一部である。また，それをベースに筆者の勤務先である西南学院大学において，2016年度後期には経済学部の「資源経済論」および2017年1～5月には留学生別科の「Japanese Economy B」の両科目の一部の講義を行った。本章はそれらのために準備した講義ノートを加筆修正したものであることをお断りしておきたい。
(2) OECD/IEA (2016), *Global Gas Security Review: How Flexible are LNG Markets in Practice?*, OECD/IEA, Paris, p.69, の本文および図4－5, https://www.iea.org/publications/freepublications/publication/GlobalGasSecurityReview2016.pdf, 2016年12月10日アクセスは，2011年の原発事故後にカタールを中心とした中東諸国が日本向けのLNG輸出で最大の貢献者であることを指摘している。
(3) BP p.l.c. (2001), *BP Statistical Review of World Energy*, June 2001, p.38, http://www.bp.com/, 2002年6月14日アクセス；BP p.l.c. (2011), *BP Statistical Review of World Energy*, June 2011, p.41, http://www.bp.com/, 2011年6月8日アクセス；BP p.l.c. (2012), *BP Statistical Review of World Energy*, p.41, http://www.bp.com/, 2012年6月17日アクセス；BP p.l.c. (2013), BP *Statistical Review of World Energy*, June 2013, p.41; http://www.bp.com/, 2013年6月13日アクセス；BP p.l.c. (2016), *BP Statistical Review of World Energy*, June 2016, p.41, http://www.bp.com/content/dam/bp/pdf/energy-economics/statistical-review-2016/bp-statistical-review-of-world-energy-2016-full-report.pdf, 2016年6月22日アクセス。
(4) *Ibid*.
(5) U.S. Energy Information Administration (EIA) (2017), "Country Analysis Brief: Japan", Feb.2, 2017, p.17, https://www.eia.gov/beta/international/analysis-includes/countries-long/japan/japan.pdf, 2017年4月19日アクセス。
(6) このようなエネルギーミックスにおける原子力の比率の急減は，原子力以外のエネルギー資源，特に液化天然ガス（LNG）輸入の増大で行われ，とりわけカタールの貢献が大きいことは前述した。

(7) BP p.l.c. (2016), *op.cit.*, p.41.
(8) *Ibid.*, p.9.
(9) *Ibid.*
(10) *Ibid.*
(11) OPEC (2016), *OPEC Annual Statistical Bulletin*, p.61, http://www.opec.org/opec_web/static_files_project/media/downloads/publications/ASB2016.pdf, 2016 年 6 月 29 日アクセス。
(12) *Ibid.*, p.63.
(13) BP p.l.c. (2016), *op.cit.* pp. 23, 28.
(14) *Ibid.*, p. 28.
(15) 天然ガス市場で地域市場が主流である背景には，天然ガス貿易の3分の2程度が短・中距離向けに適したパイプライン経由で行われていることがあると考えられる。2015 年の天然ガス貿易のうち，パイプライン，LNG による貿易量はそれぞれ 7,041 億立方メートル，3,383 億立方メートルである（BP p.l.c. (2016), *op.cit.*, p.28)。
(16) OECD/IEA, *Oil Information*, 2003 with 2002 data, p, Ⅲ.308, IEA, Paris; 2005 with 2004 data, P. Ⅲ.308, IEA, Paris; 2007 with 2006 data, p. Ⅲ.295, IEA, Paris; 2009 with 2008 data, p. Ⅲ.295, IEA, Paris; 2011 with 2010 data, p. Ⅲ.338, IEA, Paris; 2013 with 2012 data, p. Ⅲ.339, IEA, Paris; 2015 with 2014 data, p. Ⅲ.339, IEA, Paris; 2016 with 2015 data, p. Ⅲ.316, IEA, Paris, 原出所：Annual Oil Statistics.
(17) BP p.l.c. (2016), *op.cit.*, p.18.
(18) *Ibid.*
(19) *Ibid.*, p. 28.
(20) *Ibid.*
(21) *Ibid.*
(22) *Ibid.*
(23) *Ibid*, p.20.
(24) BP p.l.c. (2016), *op.cit.* p.22 によれば，2015 年における世界の天然ガス生産量に関して，カナダは世界第5位（生産量は 1,635 億立方メートル），ロシア（同 5,733 億立方メートル）は同第2位である。また，BP p.l.c. (2016), *op.cit.* p.23 によれば，カナダ，ロシアの同年の消費量はそれぞれ 1,025 億立方メートル，3,915 億立方メートルであるので，両国とも輸出余力が相当大きい。これに対してアジア市場におけるカナダ，ロシアに相当する国は，ガス生産量で同年に世界第6位の中国である。しかしながら，同国の同年のガス生産量，消費量はそれぞれ 1,380 億立方メートル，1,973 億立方メートルであり輸出余力がまったくなく，むしろそれどころかガスを輸入している現状がある（BP p.l.c. (2016), *op.cit.* pp.22, 23))。したがって，アジア地域では世界の主要ガス生産国である中国に，同地域における日本，韓国などへのガス輸出国としての期待をすることはできない。このことは，アジアでのガス需要国が，中国以外の諸国からガスを輸入しなければ

Chapter Ⅳ　原油安と日本の中東産原油・液化天然ガス（LNG）輸入　151

ならないことを意味しているが，中国以外でガスの輸出余力を持っている諸国との間で地理的な距離がある。このような状況はパイプラインでの天然ガス輸入よりは，むしろ液化天然ガス（LNG）でのそれを有利にする状況を生み出しているといえる。なぜならば，LNGによる液体での輸入は，短・中距離輸送に適しているパイプラインでのそれと比較して，長距離輸送に有利だからである。

(25) BP p.l.c. (2011), op.cit., p.28, ; BP p.l.c. (2012), *op.cit.*, p.28；BP p.l.c. (2013), op.cit., p.28.
(26) BP p.l.c. (2001), *op.cit.*, p.28,; BP p.l.c. (2002), *BP Statistical Review of World Energy*, p.28, http://www.bp.com/; BP p.l.c. (2002), *BP Statistical Review of World Energy*, June 2002, p.28, http://www.bp.com/; BP p.l.c. (2003), *BP Statistical Review of World Energy*, June 2003, p.28, http://www.bp.com/June 2003; BP p.l.c. (2004), *BP Statistical Review of World Energy*, June 2004, p.28, http://www.bp.com/; BP p.l.c. (2005), *BP Statistical Review of World Energy*, June 2005, p.28, http://www.bp.com/; BP p.l.c. (2006), *BP Statistical Review of World Energy*, June 2006, p.30, http://www.bp.com/June ; BP p.l.c. (2007), *BP Statistical Review of World Energy*, June 2007, p.30, http://www.bp.com/; BP p.l.c. (2008), *BP Statistical Review of World Energy*, June 2008, p.30, http://www.bp.com/,; BP p.l.c. (2009), *BP Statistical Review of World Energy*, June 2008, p.30, http://www.bp.com; BP p.l.c. (2010), *BP Statistical Review of World Energy*, June 2010, p.30, http://www.bp.com/, ; BP.p.l.c. (2011), *op.cit.* p.28,; BP.p.l.c. (2012), *op.cit.* p.28,; BP.p.l.c. (2013), *op.cit.* p.28; *BP Statistical Review of World Energy*, June 2014, p.28, http://www.bp.com/; *BP Statistical Review of World Energy*, June 2015, p.28, http://www.bp.com/; BP.p.l.c. (2016), *op.cit.* p.28.
(27) *Ibid*.
(28) *Ibid*.
(29) 『日本経済新聞』2011 年 1 月 5 日付；2012 年 1 月 5 日付；2013 年 1 月 5 日付；2014 年 1 月 7 日付；2015 年 1 月 6 日付；2016 年 1 月 5 日付；2017 年 1 月 5 日付。
(30) 税関ホームページ，「財務省貿易統計」，「輸出入総額の推移」，http://www.customs.go.jp/toukei/suii/html/nenbet.htm, 2017 年 6 月 26 日アクセス。
(31) 同上。
(32) 税関ホームページ「財務省貿易統計」，「対中東主要輸入品の推移（年ベース）」，http://www.customs.go.jp/toukei/suii/html/data/y7_8.pdf, 2017 年 6 月 26 日アクセス。
(33) 税関ホームページ，「財務省貿易統計」，「輸出入総額の推移」，http://www.customs.go.jp/toukei/suii/html/nenbet.htm, 2017 年 6 月 26 日アクセス；「財務省貿易統計」，「対中東主要輸入品の推移（年ベース）」，http://www.customs.go.jp/toukei/suii/html/data/y7_8.pdf, 2017 年 6 月 26 日アクセス。
(34) 同上。
(35) 同上。
(36) 筆者はこれまで，以下の 8 本の拙稿において，湾岸協力会議（GCC）諸国の国内エネ

ルギー消費増の問題を，天然ガス貿易の動向を中心として論じてきた。(1) 河村朗 (2009)「なぜペルシャ湾岸諸国は天然ガスを輸入するのか―ドルフィン・プロジェクトを中心として―」『関西国際大学研究紀要』，第10号，151-162ページ。(2) 河村朗 (2010a)「天然ガスを輸入するUAE―サウジアラビアとの比較―」『ペトロテック』，Vol.33，No.2，74-80ページ。(3) 河村朗 (2010b)「クウェートの天然ガス輸入とその背景」『西南学院大学経済学論集』第44巻第4号，159-176ページ。(4) 河村朗 (2014a)「中東産油国における石油・天然ガス動向の新地平」中津孝司編『中東社会のダイナミズム』創成社，第Ⅷ章，2014年5月，123-148ページ。(5) 河村朗 (2014b)「オマーンにおける天然ガス動向の分析―原油の回収事情との関連において―」『西南学院大学経済学論集』第49巻第2・3合併号，73-101ページ。(6) 河村朗 (2015)「UAEにおける天然ガス不足とサワーガス開発」『西南学院大学経済学論集』第50巻第1号，25-54ページ。(7) 河村朗 (2016)「クウェートにおける非随伴ガス田・LNG輸入動向と発電」『西南学院大学経済学論集』第51巻第3号，23-58ページ。(8) 河村朗 (2017)「カタールにおける天然ガス需給動向と発電」『西南学院大学経済学論集』第52巻第1号，35-76ページ。

(37) BP.p.l.c. (2016), *op.cit.*, p.9. なお，同資料同ページでは石油消費量は「内陸需要と国際的な航空・船舶燃料庫・精油所の燃料と損失」「（エタノールのような）バイオガソリン，バイオディーゼル，石炭・天然ガスの派生物の消費もまた含まれる」と定義されている。

(38) Emily Gosden (2012), "Saudis 'may run out of oil to export by 2030'", *The Telegraph* http://www.telegraph.co.uk/finance/newsbysector/energy/oilandgas/9523903/Saudis-may-run-out-of-oil-to-export-by-2030.html, 2015年7月1日アクセス。

(39) Glada Lahn and Paul Stevens (2011), *Burning Oil to Keep Cool: The Hidden Energy Crisis in Saudi Arabia*, Chatham House, p.2, http://www.chathamhouse.org/publications/papers/view/180825, 2013年2月2日アクセス；河村朗 (2014a) 前掲論文，139ページ。

(40) Reuters (2017), "Saudi Aramco to boost gas production at Hawiyah, Haradh-sources", *Gulf News*, Jan.21, 2017, http://gulfnews.com/business/sectors/energy/saudi-aramco-to-boost-gas-production-at-hawiyah-haradh-sources-1.1965392, 2017年1月22日アクセス。

(41) 河村朗 (2014b)，前掲論文，73-101ページ。

(42) 同上，85-86ページ，89-90ページ。

(43) JOGMEC (独立行政法人石油天然ガス・金属鉱物資源機構) (2016)『天然ガスリファレンス・ブック JOGMEC 2015』，独立行政法人石油天然ガス・金属鉱物資源機構調査部，96-97ページ。

(44) Reuters (2016), Oman says reschedules 5% of its 2016 LNG exports due to shortage, *ArabianBusiness.com*, Mar.20, 2016, http://www.arabianbusiness.com/oman-says-reschedules-5-of-its-2016-lng-exports-due-shortage-625464.html, 2016年3月21日アクセス。

(45) OECD/IEA (2016), *World Energy Outlook 2016*, IEA, Paris, p.61, 表2.1.

(46) *Ibid*. p. 115, 表 3. 2.
(47) 米国・ルイジアナ州のサビンパス（Sabine Pass）LNG ターミナルで同国のシェールガスを使って生産された LNG が，日本初として，中部電力の上越 LNG ターミナルに輸入されたことが，2017 年 1 月初旬に公表された（Osamu Tsukimori（2017），"JERA imports Japan's first liquefied shale gas cargo from U.S.", *Reuters*, Jan.6, 2017, edited by Christian Schmollinger, http://www.reuters.com/article/lng-japan-usa-idUSL4N1EW2RE, 2017 年 6 月 28 日アクセス）。

参考文献
（英語）

BP.p.l.c.（2001），*BP Statistical Review of World Energy*, June, 2001 http://www.bp.com/, 2002 年 6 月 14 日アクセス。

BP.p.l.c.（2002），*BP Statistical Review of World Energy*, June, 2002 http://www.bp.com/, 2003 年 9 月 29 日アクセス。

BP.p.l.c.（2003），*BP Statistical Review of World Energy*, June, 2003 http://www.bp.com/, 2003 年 6 月 9 日アクセス。

BP.p.l.c.（2004），*BP Statistical Review of World Energy*, June, 2004 http://www.bp.com/, 2004 年 6 月 11 日アクセス。

BP.p.l.c.（2005），*BP Statistical Review of World Energy*, June, 2005 http://www.bp.com/, 2006 年 4 月 23 日アクセス。

BP.p.l.c.（2006），*BP Statistical Review of World Energy*, June, 2006 http://www.bp.com/, 2006 年 6 月 8 日アクセス。

BP.p.l.c.（2007），*BP Statistical Review of World Energy*, June, 2008 http://www.bp.com/, 2007 年 6 月 27 日アクセス。

BP.p.l.c.（2008），*BP Statistical Review of World Energy*, June, 2008 http://www.bp.com/, 2008 年 6 月 20 日アクセス。

BP.p.l.c.（2009），*BP Statistical Review of World Energy*, June, 2009 http://www.bp.com/, 2009 年 6 月 11 日アクセス。

BP.p.l.c.（2010），*BP Statistical Review of World Energy*, June, 2010, http://www.bp.com/, 2010 年 6 月 11 日アクセス。

BP.p.l.c.（2011），*BP Statistical Review of World Energy*, June, 2011, http://www.bp.com/, 2011 年 6 月 8 日アクセス。

BP.p.l.c.（2012），*BP Statistical Review of World Energy*, June, 2012, http://www.bp.com/, 2012 年 6 月 17 日アクセス。

BP.p.l.c.（2013），*BP Statistical Review of World Energy*, June, 2013, http://www.bp.com/, 2013 年 6 月 13 日アクセス。

BP.p.l.c.（2014），*BP Statistical Review of World Energy*, June, 2014, http://www.bp.com/, 2014 年 6 月 18 日アクセス。

BP.p.l.c.（2015），*BP Statistical Review of World Energy*, June, 2015, http://www.bp.com/, 2015 年 6 月 11 日アクセス。

BP.p.l.c.（2016），*BP Statistical Review of World Energy*, June, 2016, http://www.bp.com/content/dam/bp/pdf/energy-economics/statistical-review-2016/bp-statistical-review-of-world-energy-2016-full-report.pdf, 2016 年 6 月 22 日アクセス。

Gosden, Emily（2012），"Saudis 'may run out of oil to export by 2030'", *The Telegraph*, http://www.telegraph.co.uk/finance/newsbysector/energy/oilandgas/9523903/Saudis-may-run-out-of-oil-to-export-by-2030.html, 2015 年 7 月 1 日アクセス。

Lahn Glada and Paul Stevens,（2011），*Burning Oil to Keep Cool: The Hidden Energy Crisis in Saudi Arabia*, http://www.chathamhouse.org/publications/papers/view/180825, 2013 年 2 月 2 日アクセス。

Lam, Pun-Lee（2000），"The growth of Japan's LNG industry: lessons for China and Hong Kong", *Energy Policy*, Vol. 28, pp. 327-333.

Namikawa,Ryoichi（2003），"Take-or-Pay under Japanese energy policy", *Energy Policy*, Vol. 31, pp. 1327-1337.

OECD/IEA（2003），*Oil Information*, 2003 with 2002 data, IEA, Paris.

OECD/IEA（2005），*Oil Information*, 2005 with 2004 data, IEA, Paris.

OECD/IEA（2007），*Oil Information*, 2007 with 2006 data, IEA, Paris.

OECD/IEA（2009），*Oil Information*, 2009 with 2008 data, IEA, Paris.

OECD/IEA（2010），*Electricity Information*, 2010 with 2009 data, IEA, Paris.

OECD/IEA（2011），*Electricity Information*, 2011 with 2010 data, IEA, Paris.

OECD/IEA（2011），*Oil Information*, 2011 with 2010 data, IEA, Paris.

OECD/IEA（2012），*Electricity Information*, 2012 with 2011 data, IEA, Paris.

OECD/IEA（2013），*Electricity Information*, 2013 with 2012 data, IEA, Paris.

OECD/IEA（2013），*Oil Information*, 2013 with 2012 data, IEA, Paris.

OECD/IEA（2014），*Electricity Information*, 2014 with 2013 data, IEA, Paris.

OECD/IEA（2015），*Electricity Information*, 2015 with 2014 data, IEA, Paris.

OECD/IEA（2015），*Oil Information*, 2015 with 2014 data, IEA, Paris.

OECD/IEA（2016），*Electricity Information*, 2016 with 2015 data, IEA, Paris.

OECD/IAE（2016），*Energy Policies of IEA Countries: Japan*, 2016 Review, IEA, Paris, https//www.iea.org/publications/freepublications/publication/EnergyPoliciesofIEACountriesjapan2016.pdf, 2016 年 10 月 1 日アクセス。

OECD/IEA（2016），*Global Gas Security Review: How Flexible are LNG Markets in Practice?*, IEA,Paris, https://www.iea.org/publications/freepublications/publication/GlobalGasSecurityReview2016.pdf, 2016 年 12 月 10 日アクセス。

OECD/IEA (2016), *Oil Information*, 2016 with 2015 data, IEA, Paris.

OECD/IEA (2016), *World Energy Outlook 2016*, IEA, Paris.

Oil & Gas Journal (2005), "Japanese energy policy focuses on supply security", *Oil & Gas Journal*, Feb.28, Vol. 103, No.8, pp. 32-34.

OPEC (2016), *OPEC Annual Statistical Bulletin 2016*, OPEC: Vienna, http://www.opec.org/opec_web/static_files_project/media/downloads/publications/ASB2016.pdf, 2016年6月29日アクセス。

Reuters (2016), Oman says reschedules 5% of its 2016 LNG exports due to shortage, *ArabianBusiness.com*, Mar.20, 2016, http://www.arabianbusiness.com/oman-says-reschedules-5-of-its-2016-lng-exports-due-shortage-625464.html, 2016年3月21日アクセス。

Reuters (2017), "Saudi Aramco to boost gas production at Hawiyah, Haradh-sources", *Gulf News*, Jan.21, 2017, http://gulfnews.com/business/sectors/energy/saudi-aramco-to-boost-gas-production-at-hawiyah-haradh-sources-1.1965392, 2017年1月22日アクセス。

Sugihara, Kaoru and J.A. Allan ed. (1993), *Japan in the contemporary Middle East*, Routledge.

Toichi ,Tsutomu (1994), "LNG development at the turning point and policy issues for Japan", *Energy Policy*, Vol. 22, Issue 5, pp. 371-377.

Tsukimori ,Osamu (2017), "JERA imports Japan's first liquefied shale gas cargo from U.S.", Reuters, Jan.6, 2017 (edited by Christian Schmollinger), http://www.reuters.com/article/lng-japan-usa-idUSL4N1EW2RE, 2017年6月28日アクセス。

U.S. Energy Information Administration (2017), "Country Analysis Brief: Japan", Feb.2, 2017, https://www.eia.gov/beta/international/analysis-includes/countries-long/japan/japan.pdf, 2017年4月19日アクセス。

（日本語）

石田聖（2009）「中東地域の天然ガス（上）―今後の生産，消費，輸出の展望―」『石油・天然ガスレビュー』JOGMEC, Vol.43, No.6, http://oilgas-info.jogmec.go.jp/pdf/3/3459/200911_021a.pdf（2010年1月19日アクセス）。

石田聖（2010）「中東地域の天然ガス（下）―今後の生産，消費，輸出の展望―」『石油・天然ガスレビュー』JOGMEC, Vol.44, No.1, http://oilgas-info.jogmec.go.jp/pdf/3/3493/201001_001a.pdf（2010年1月22日アクセス）。

河村朗（2009）「なぜペルシャ湾岸諸国は天然ガスを輸入するのか―ドルフィン・プロジェクトを中心として―」『関西国際大学研究紀要』，第10号，151-162ページ。

河村朗（2010a）「天然ガスを輸入するUAE―サウジアラビアとの比較―」『ペトロテック』，Vol.33, No.2, 74-80ページ。

河村朗（2010b）「クウェートの天然ガス輸入とその背景」『西南学院大学経済学論集』第44

巻第 4 号，159-176 ページ。
河村朗（2014a）「中東産油国における石油・天然ガス動向の新地平」中津孝司編『中東社会のダイナミズム』創成社，第Ⅷ章，2014 年 5 月，123-148 ページ。
河村朗（2014b）「オマーンにおける天然ガス動向の分析―原油の回収事情との関連において―」『西南学院大学経済学論集』第 49 巻第 2・3 合併号，73-101 ページ。
河村朗（2015）「UAE における天然ガス不足とサワーガス開発」『西南学院大学経済学論集』第 50 巻第 1 号，25-54 ページ。(7) 河村朗（2016）「クウェートにおける非随伴ガス田・LNG 輸入動向と発電」『西南学院大学経済学論集』第 51 巻第 3 号，23-58 ページ。
河村朗（2016）「クウェートにおける非随伴ガス田・LNG 輸入動向と発電」『西南学院大学経済学論集』第 51 巻第 3 号，23-58 ページ。
河村朗（2017）「カタールにおける天然ガス需給動向と発電」『西南学院大学経済学論集』第 52 巻第 1 号，35-76 ページ。
経済産業省編（2016）『エネルギー白書 2016』，一般財団法人経済産業調査会。
JOGMEC（独立行政法人石油天然ガス・金属鉱物資源機構）（2016）『天然ガスリファレンス・ブック JOGMEC 2015』，独立行政法人石油天然ガス・金属鉱物資源機構調査部。
税関ホームページ，「財務省貿易統計」，「輸出入総額の推移」，http://www.customs.go.jp/toukei/suii/html/nenbet.htm，2017 年 6 月 26 日アクセス。
税関ホームページ，「財務省貿易統計」，「対中東主要輸入品の推移（年ベース）」，http://www.customs.go.jp/toukei/suii/html/data/y7_8.pdf，2017 年 6 月 26 日アクセス。
中津孝司編（2012）『日本のエネルギー政策を考える』創成社。
『日本経済新聞』2011 年 1 月 5 日付；2012 年 1 月 5 日付；2013 年 1 月 5 日付；2014 年 1 月 7 日付；2015 年 1 月 6 日付；2016 年 1 月 5 日付；2017 年 1 月 5 日付。

（河村　朗）

Chapter V
窮地に追い込まれるロシアのエネルギー外交

1．乱気流に巻き込まれる国際エネルギー業界

　中東産油国を代表するイランとサウジアラビアが断絶するという衝撃的なニュースで国際エネルギー業界の 2016 年は幕を開けた。本来なら国際原油価格が急騰する材料であるにもかかわらず，市場は反応しなかった。外交途絶が油田の炎上を誘発しなかったからだろう。供給サイドに異常が生じても，産油量に変化がなければ市場の反応は限定的となる。

　供給サイドではむしろ，産油国としての米国の復活や核疑惑の渦中にあったイランの経済制裁が解除されるなど原油増産の要因は事欠かない。早速，イランは原油の増産を表明，問題はあるものの，産油量は回復してきている。

　アフリカ屈指の産油国であるナイジェリアの原油生産量も回復。サウジアラビアの産油量が日量 1,000 万バレルを大きく上回り過去最高に達する。政局は今もって不安定だが，イラクの産油量は日量 440 万バレルに達した。イラクの産油量はサウジアラビアに次ぎ，石油輸出国機構（OPEC）で第 2 位を誇示する[1]。

　インドネシアやガボンが OPEC に再加盟を果たすといったことなども加わって，OPEC 加盟 14 カ国の産油量は 2016 年 7 月に日量 3,311 万バレルと過去最高水準を記録している[2]。

　OPEC の議長国を務めるカタールのサダ・エネルギー産業相は 2016 年 8 月 8 日に，2016 年後半に原油需要の高まりを期待できるとの声明を出したが，供給過剰感を払拭できていないことは明らかだ。

OPECは原油減産に踏み込めないどころか，増産の凍結でも合意できなかった。サウジアラビアは原油増産の投資を継続していく方針で，OPEC全体の産油量は減少に転じにくい。OPECに加盟しないロシアも含めて，産油国が協調姿勢を打ち出せないでいた。

　米国の原油生産量も増加に転じた。2016年8月12日時点の産油量は859万7,000バレルに回復した。米エネルギー情報局（EIA）は2016年の米産油量を日量873万バレルと予想，生産量の見通しを上方修正していた[3]。

　米国では産油量のおよそ半分をシェールオイルが占有する。シェールオイル関連企業の掘削活動が復調し，石油掘削設備（リグ）の稼動数が増加，2016年8月中旬現在で406基と8週間連続の増加となっている（米南部パーミアン鉱区189基，イーグル・フォード鉱区29基など）[4]。

　これと比例して，シェールオイルの生産量も回復基調にある。また，米メキシコ湾の深海油田が稼動することも増産に関係する。

　米シェール大手は生産性の向上でコストが低下，生産計画を上方修正している。コストの削減が進み，1バレル50ドルを下回る価格水準でも操業可能となった[5]。リグ1基当たりの産油量は2016年7月に564バレルに増え，2014年1月の産油量水準と比べると倍増している[6]。

　シェール主要10社の一角を占めるEOGリソーシズは1バレル40ドルで30％以上の利益率がある掘削地点は2015年の3,200地点から4,300地点に増えたという。コストの削減に加えて，探査や掘削技術の進歩がこれに寄与している。

　このEOGリソーシズは2016年の天然ガスを含む生産計画を従来計画より日量1,000バレル強引き上げて，日量55万1,500バレルとした。EOGリソーシズの損益採算ラインは平均で1バレル30ドルと大幅削減を実現している。

　同じくシェール大手のコンチネンタル・リソーシズも2016年の年間計画を日量22万バレルと，2％増やしている。合わせて，パイオニア・ナチュラル・リソーシズ，ノーブル・エナジー，オアシス・ペトロリアム，チェサピーク・エナジーも生産計画を数％引き上げている。全体として，シェール主要10社

の最終損益は赤字幅が縮小してきている⁽⁷⁾。

つまりシェールオイルの復活で投資家は強気一辺倒になれず，この警戒心が原油価格の上昇を圧迫する。また，外国為替市場で米ドル高が進めば，原油相場には割高感が強まってしまう。原油相場は材料次第で常に波乱を呼ぶリスクを内包しているのである。

米系国際石油資本（メジャー）のエクソンモービルの純債務は2015年に106億ドルも増加，上流部門だけでも損失額は11億ドルに及ぶ。2016年3月末時点の純債務総額は383億ドルを記録している。同じく米系メジャーのシェブロンの損失額は41億ドルに達する。英系メジャーBPの純債務は2016年3月末で306億ドルと過去1年間で60億ドルも増えている。

債務が重圧となって，エクソンモービルは資本・開発支出を25%削減，2016年は232億ドルに抑制した。これはシェブロンよりも少ない水準だ。稼動リグ数が減少した結果，2015年の石油・天然ガス生産量実績は日量410万バレルとなった。製油部門は好調のようだが，利益基盤の強化が喫緊の経営課題となっている⁽⁸⁾。

原油安に追い詰められた欧州系の石油大手，すなわち英蘭系メジャーのロイヤル・ダッチ・シェル，フランス石油大手のトタル，イタリア炭化水素公社（ENI）などはこぞって資産売却を表明している。バランスシートの改善を図るためにほかならない⁽⁹⁾。

英BGグループを2015年11月に367億ポンドで買収すると発表したロイヤル・ダッチ・シェルであるが，2,800人の人員削減に踏み込む一方，北極圏の開発など新規プロジェクトを停止，凍結することを決定している⁽¹⁰⁾。

北米と欧州の石油グループが抱える純債務総額は2016年3月末で3,830億ドルに達し，2015年3月末の970億ドルから大きく膨らませている。高コスト事業は凍結せざるを得ない惨状である⁽¹¹⁾。

原油安の状況下では高コストの油田開発は進まない。一時注目された深海・超深海油田の開発は絶望的な状況にある。このような油田の場合，産油量は潤沢なので1バレル当たりの生産コストは米国のシェールオイルとあまり変わら

ないかもしれない。だが，深海油田開発は柔軟性に乏しく，生産調整が困難となる。市場環境の変化に対する適応力が低いのである。たとえ原油価格が上昇に転じても，オンショア（陸上）油田での生産が優先され，オフショア（海底）油田は出遅れるのが通例だ[12]。

需要サイドに眼を転じると，グローバル経済の不透明感が増していることを受けて，原油需要が鈍化する，あるいは伸びても限定的だとの観測が浮上する。中国を筆頭に新興国の経済は成長の減速を余儀なくされ，インドはともかくも，かつてもてはやされたBRICs（ブラジル，ロシア，インド，中国）なる総称はもはや有効性に疑念が生じている。経済成長の低速は必至の情勢だ。

インド経済が好調であることを裏付ける材料として，主要株価指数SENSEXが高値圏を舞う事実を上げることができる[13]。賢明にもモディ政権は物品・サービス税（GST）の導入を決断した。州ごとに異なる間接税を全国GSTに統一，企業の経営効率向上を期待できる。この税制改革で外資の本格進出を見込めることから経済成長の加速化を実現できよう。物価上昇を抑制でき，国内総生産（GDP）を底上げする。インドの原油需要は堅調に推移しそうである。

ロシア経済の苦境については後に詳述するが，中国経済の低速はもはや周知の事実。ブラジルはオリンピック景気を享受することもなく，2016年もマイナス成長と2年連続のマイナス成長に沈む[14]。物価上昇には歯止めがかかっている模様だが，予断は許さない。

原油増産に動くナイジェリアだが，過去20数年間で初めて景気後退に追い込まれている。ナイジェリアの人口規模は1億8,220万人でアフリカの大国である。人口増加が続き，2040年代後半を迎えると，4億人に達する見通しだ。米国を追い抜いて世界第3位となる。国民の6割以上が25歳未満で，当分の間は生産年齢人口も増加を続ける[15]。

にもかかわらず，ナイジェリアの経済不況はあらゆる部門に浸透し，消費も投資も極度に冷え切っている模様だ。国際通貨基金（IMF）はナイジェリア経済の2016年見通しを従来の2.3％成長からマイナス1.8％に大幅下方修正していた（2015年実績2.7％，2014年実績6.3％）。1987年以来のマイナス成長に甘んじる。

物価上昇率は 2016 年 6 月に 16.5% と過去 10 年で最悪となった[16]。通貨ナイラ（1 ドル 320 ナイラ）は米ドルにペッグ（固定）されているけれども，米ドル不足で早晩，完全変動為替相場への移行を余儀なくされることだろう。

ナイジェリアは政府歳入の 70%，輸出収入の 90% をオイルマネーに依存する。原油安で財政収入が半減したことで公共投資は停滞せざるを得ない。財政赤字は 110 億ドルに達する。公務員給与の支払いが遅延する始末だと聞く。政府や中央銀行の管理・運営能力に疑問を呈する声もある。テロのリスクも高く，汚職や賄賂の強要の横行は今や社会経済問題となっている。国民の不満が鬱積し，それがブハリ大統領に向けられるであろうことは容易に予想できる。

米国や英国では所得・資産格差や貧富の差が注目され，政界を揺るがす事態に発展する。米大統領選挙は嫌われる女性と軽蔑される不動産王の一騎打ちという前代未聞の混戦に陥った一方，英国は欧州連合（EU）離脱問題に苦悶する。日本の国内市場も例外ではなく，人口，ひいては労働人口の減少や少子高齢化で縮小が続く。

全体として，世界経済の成長率は高くなく，2016 年見通しで 2.5% 程度[17]。かろうじてリセッション（景気後退）を回避できる水準にとどまっていた。原油安局面では富は消費国から産油国に移転されず，消費国に停留する。低金利下でも資源価格の低迷が長期化すると消費者が診断すれば，消費者は消費せず，貯蓄を増やそうとするかもしれない。そうなると，世界経済はダイナミックさを欠く成長とならざるを得ないのである。

原油供給に不安がなく，需要の伸びが限定的な状況下で，原油価格が上昇するはずはない。2018 年初頭には需給が均衡するとの見通しはあるものの，国際原油価格は 1 バレル 50 ドル台で推移している。1 バレル 40 ドルを大きく下回る可能性が低いと同時に，同 60 ドルを突破していく市場エネルギーにも乏しい。結局，1 バレル 40〜60 ドルのレンジ相場に終始しそうである。EIA は原油先物の指標となる WTI（ウエスト・テキサス・インターミディエート）の 2016 年平均価格を 1 バレル 41.16 ドルと見通していた。

原油市場での供給過剰が意識される中，原油価格は中長期にわたって低迷し

そうである。原油価格が低迷すれば，石油産業界の収益は圧迫される。この収益不振は周辺産業にも波及する。石油・天然ガス関連企業に融資している金融機関は融資の焦げ付きに脅え，業績に悪影響を及ぼす。

北米地域で倒産した石油企業を負債総額順に列挙すると次のようになる[18]。

パシフィック・エクスプロレーション・アンド・プロダクションが首位でその負債総額は53億ドルにのぼる。以下，ウルトラ・ペトロリアム（負債総額39億ドル），エナジーⅩⅩⅠ（同29億ドル），ミッドステイツ・ペトロリアム（同20億ドル），ペノコ（同13億ドル）。

実際，原油安で不良債権が膨らむ金融機関も散見される。油田地帯・地域では失業者が溢れ，所得全体が収縮する。そうなると，消費も投資も低迷し，地域経済は冷え込んでしまう。

原油安は国際エネルギー業界の再編を促す一大要因となる。原油安局面を迎えると，国際エネルギー関連企業はM&A（合併・買収）を繰り返してきた。現在，世界で事業展開する石油大手は再編成の結果，誕生した企業が大半を占める。この業界再編は国境をまたいで繰り広げられる。世界有数の石油企業が巨大化したのはM&Aが繰り返された結果である。

ただ，従来の業界再編は国境をまたいだとはいえ，欧米を中心とする動きだった。産油国や新興国では当該政府が石油産業やエネルギー関連産業を国有していることが多いからである。

しかし，今回の原油安局面は産油国や新興国を巻き込む業界再編へと発展していく公算が大きい。サウジアラビアの国営石油会社であるサウジアラムコは株式を市場に放出，新規株式公開（IPO）に踏み切る。イランは石油産業の再建に外資を活用する方針を表明。メキシコ政府も石油産業を外資に開放することを言明している。ここに欧米先進国の石油企業が資本投下することで新たな業界再編が展開する。

ロシアはOPECに加盟していないが，世界有数の産油国である。原油埋蔵量では世界首位ではないものの，足元ではロシアが世界トップ級の産油量を誇る。統計資料によって異なるが，天然ガスの埋蔵量や生産量，それに輸出量で

もロシアはトップクラスにランクインする。中東産油国と同様に，ロシアもまた原油や天然ガスの純輸出国であり，これがロシア経済の強みとされてきた。

しかしながら，この経済的長所は原油安局面に入ると，一転してお荷物と化す。原油や天然ガスの輸出量を積み増したとしても，ドル建ての収入は目減りせざるを得ない。折しも，ロシア経済は金融制裁下にあり，青息吐息。原油安による打撃も加わって，ロシアはマイナス成長を余儀なくされている。財政・金融政策は手詰まりし，外交政策にも悪影響が及んでいる。

万事休す。万策尽きたクレムリン（ロシア大統領府）には突破口を開く手段は限られている。非常事態をどのようにして乗り越えるのか。その選択肢は多くない。

2．危ういクレムリン外交

昨今のクレムリン外交を俯瞰すると，近視眼的なアプローチに陥っている印象を受ける。しかもそれは周辺国に集中する。そもそもロシアにとっての友好国は地球上に存在しない。中国と同様に国際社会から孤立する。孤立を貫徹するロシア外交には国益を最優先する打算しかない。

対ウクライナ

大胆にもプーチン大統領はウクライナからクリミア半島を奪い取ってしまった。その後もウクライナ東部地域に軍事圧力をかけ続けている。ウクライナが東西に分裂しているのではなく，ロシアが仕掛けた侵略戦争にウクライナが対峙しているに過ぎない。

ロシアの軍事的脅威に脅えるウクライナは当然のことながら，国家生存のために北大西洋条約機構（NATO）加盟を目指す。モスクワはこれを阻止すべく，ウクライナを軍事的に揺さぶり続ける。クリミア半島もウクライナ東部地域も正真正銘，ウクライナの領土である。ロシアがこれを認めないだけだ。冷戦終結後，NATOの存在理由が問われてきたが，ここにきてロシアがNATO

の存在に価値を付与してしまった。この意味でプーチン大統領が画策するロシア外交は愚かである。

　ロシアはウクライナ軍の特殊機関員がクリミア半島でロシアへのテロ工作を企てたと主張，犯罪行為だとウクライナのポロシェンコ政権を糾弾した。報復措置を講じるとキエフへの政治的圧力を行使している。ロシア側はすでにクリミア半島に最新鋭の地対空ミサイルS400を配備，軍事力の増強を誇示している。南シナ海での中国と酷似する軍事戦略だ。これに対抗するウクライナは軍事演習に乗り出している。

　クリミア半島略奪で欧米諸国はロシアに金融制裁を科してきたが，制裁措置の緩和や解除は絶望的となっている。ウクライナに圧力をかけ続ける以上，欧米諸国は金融制裁を解除しない。ロシアがウクライナをテロ国家だと決めつけたことで金融制裁の長期化は決定的となった。

　ウクライナをテロ国家だと内外に吹聴することで少なくともロシア国民の愛国心は鼓舞されるだろう。しかし，その愛国心鼓舞は深刻化する経済不況の裏返しでもある。求心力から経済的繁栄が欠落した今日，求心力は愛国心しか残っていない。クレムリンの戦略はいわば消去法による危険な賭けなのである。

対トルコ

　欧米諸国と対立姿勢を鮮明にするクレムリン外交はトルコとの関係修復にも投影されている。

　2015年11月，トルコ軍が領空侵犯を理由にロシア軍戦闘機を撃墜した。NATO誕生以来，NATO加盟国がロシアの軍戦闘機を撃墜したことは一度もなかった。事態を重く見たモスクワはアンカラに関係断絶を突きつけた。トルコ・ロシア両国の関係修復は絶望視されていた。

　ところが，欧州では難民問題が深刻化，さらに英国のEU離脱問題が急浮上し，トルコのEU加盟が実現する可能性は極度に低下した。難民問題をめぐるEUとの合意は事実上破綻している。

加えて，エルドアン大統領の自作自演を否定できないものの，トルコでは軍事クーデター未遂事件が勃発したが，鎮圧直後，敵対勢力の弾圧，粛清が本格化していく。非常事態宣言を背景として，エルドアン大統領の宿敵で米国在住のイスラム教指導者ギュレン師一派やクルド系反政府勢力の一掃は時間の問題となった。捏造される罪状で多数の反対勢力が追い込まれていくことになるだろう。死刑制度の復活も視野に入っている。

エルドアン大統領は軍事クーデター未遂を口実に，軍人や裁判官ら3万5,000人を拘束，このうち1万8,000人を逮捕した。その後も警察官や軍人ら2,700人を追加的に解雇処分とした[19]。官僚や教員ら8万人を停職，解任に追い込んでいる。軍の勢力を削ぐべく，軍の保安隊などを内務省に，陸海空軍を国防省の傘下に移管している。通信監視機関も閉鎖した。明らかに魔女狩りの様相を呈している。

また，メディアや学校，それに財団などを閉鎖し，財産を没収した[20]。政府から独立したメディアは消滅した。ネットにも監視の目がおよぶ。トルコ最大の家具メーカーを傘下に置くボイダック財閥が接収の憂き目に遭っている。ボイダック財閥の前最高経営責任者（CEO）であったメムドゥフ・ボイダック氏はギュレン師と関係が深いとして2016年3月に身柄を拘束されていた[21]。

通例ならば短期間に多数の拘束や逮捕などできるはずはなく，周到な捜査の結果でないことは誰の眼から見ても一目瞭然である。不満分子の一斉排除であることは明らかだ。軍の権限を削ぎ落とし，大統領の権限強化を狙っている。エルドアン大統領は国民の愛国心を政権基盤の強化に悪用している。

クルド系はトルコ国内のみならず，イラク北部，シリア北部にも広がる。クルド系はイラクやイランにも居住し，国を持たない世界最大の民族とされている。その数2,500万〜3,000万人。イスラム教徒が大半を占める[22]。

シリア北部のトルコ国境沿い（トルコ・シリアの国境は900キロメートル）ではクルド系勢力，クルド民主連合党（PYD）の民兵組織が中心となって支配地域を広げている[23]。反アサド勢力のシリア民主軍（SDF）はシリアのクルド系が主体となっている。いうまでもなく，トルコ国内のクルド勢力とPYDとは深い

関係にある。事実上のクルド自治区が出現している格好だ。

　SDFはトルコ国境沿いに進軍したい。トルコはこの動きを食い止めたい。トルコ国内のクルド系が分離・独立姿勢を強める，あるいはクルド系の居住地域全体で独立機運が高まることをエルドアン政権は警戒する。トルコ軍がシリア北部のクルド系勢力を砲撃するゆえんだ。

　無論，エルドアン政権にも死角はある。それは経済問題。トルコ国内の貯蓄は乏しく，経常収支は慢性的に赤字を垂れ流している。この赤字を埋めるのが外貨建ての借入金。通貨トルコリラが価値を失えば失うほど外貨建て借金は膨張する。リスク回避で投資家はトルコに資金投入できない。たとえ実体経済が堅調に推移しているとしても，経済体質そのものはきわめて脆弱なのである。トルコ中央銀行は政策金利を連続的に引き下げ，不安定な景気を下支えする[24]。

　強権的なエルドアン政権に追い詰められたクルド系はテロ活動を活発化させている。反政府武装組織のクルド労働者党（PKK）が2016年8月に連続爆弾テロを仕掛け，エルドアン大統領に報復している。

　テロが頻発することでトルコの治安は極度に悪化。その結果，外国人観光客が激減している。トルコは2015年に3,600万人の外国人が足を踏み入れた世界第6位の観光大国であった。観光産業はトルコGDPの1割強を創出する[25]。トルコ文化観光省によると，2016年上半期の入国者数は1,074万人と対前年比で28%も落ち込んでいる。同年6月の単月では対前年同月比で41%の激減だ。同年4〜6月期の観光収入は35.6%減だったという[26]。

　トルコは歴としたNATO加盟国であり，シリア・アサド政権潰しの最前線ではあるけれども，トルコのEU加盟が絶望的となったことで，エルドアン政権は欧米諸国との距離を大きく広げる。孤立したトルコはロシア軍戦闘機撃墜についてロシア側に謝罪を表明。クーデター未遂直後にはエルドアン大統領とプーチン大統領とが電話で協議するに至る。

　この延長線上にエルドアン大統領のロシア訪問がある。2016年8月9日，エルドアン大統領はフィンランド湾に面するロシア西部サンクトペテルブルク

でプーチン大統領と会談，関係正常化で合意した。プーチン大統領はトルコ産農産物の禁輸措置やトルコ企業の活動制限といった対トルコ制裁措置の段階的解除を明言している[27]。

その外交的見返りは多種多様だが，当面，シリア情勢に焦点が照射される。エルドアン政権はシリアのアサド政権との対決を内外に印象付け，対イスラエル関係も円滑ではなかった。

一方，ロシアは一貫してアサド政権を擁護，モスクワの存在は少なくともアサド政権の延命には役立っている[28]。ロシア国内にユダヤ系が居住することからイスラエルとも良好な関係を保つ。トルコもイスラエルとの関係改善を視野に入れている。付言すれば，サウジアラビアもイスラエルとの和解に踏み込もうと動いている。

シリアでは北東部にクルド系の居住地域がある。このクルド系武装勢力の拠点をアサド政権軍が空爆，地上でもアサド政権側の民兵とクルド系武装勢力との間で武力衝突が頻発する。クルド系住民に対する扱いはアサド政権とエルドアン政権とで一致する構図に変化してきた。

この事態を重く見たワシントンは米軍機を緊急出動，シリア政府軍を牽制した[29]。米国は過激派組織イスラム国（IS）掃討作戦を遂行するために，軍事顧問団を派遣，クルド系部隊を支援する。IS壊滅では米国とロシア・シリア連合の思惑は一致するものの，米国はアサド大統領の退陣を主目的に据える。そのために反アサド勢力を支援している。戦局が悪化すると，米露両国の代理戦争に変質する可能性は十分にある。

エルドアン政権はトルコ国内のクルド系の分離・独立を警戒する一方，ロシアはシリア国内のクルド系をアサド政権の反乱分子と位置付ける。クルド系をめぐる姿勢ではトルコとロシアは一致する。

反面，米国はクルド系勢力を支援する。エルドアン政権にとってNATOもEUも米国も取引する交渉相手である[30]。欧米諸国を揺さぶる局面ではトルコ・ロシア両国の思惑が一致するかもしれない。しかし，そうだとはいえ，トルコとロシアとの関係が磐石になったわけではない。表面的な関係改善を確認

したに過ぎない。

　資源安を背景として，ロシアは値崩れのない原子力発電所や武器・兵器の輸出に熱心だ。トルコでも原発建設を受注している。首脳会議を通じて原発建設工事は再開されることになった。

　ただ，もう1つのインフラ建設であるロシア産の天然ガスを輸出する，パイプラインの新規建設構想「トルコストリーム」については今後も紆余曲折がありそうだ。需要の乏しい資源安局面で建設しても，採算性を確保できるかどうかは怪しい。ロシア国営天然ガス独占体のガスプロムがプロジェクトの具体的な担い手になるが，業績の悪化でガスプロムには資金的余裕がない。たとえ完成に漕ぎ着けても安値での販売・輸出を強いられる可能性がある。価格交渉が建設実現を左右する。

　プーチン外交はEUやNATOを分断することに注力しているけれども，現実に分断作戦を成功させることはきわめて困難だ。プーチン大統領の徒労に終わるだろう。ロシアの脅威を目の当たりにする欧州諸国の結束は意外と強固である。

　ISを眺める視点も異なる。ロシアの北カフカス（コーカサス）地方にはイスラム教徒が多数いるが，プーチン政権は自国の安全保障を優先，イスラム系過激派を国外に追放してきた。この姿勢が国外に追放されたイスラム系過激派のロシアに対する憎悪を生む。この逆流を防ごうと，クレムリンはISに徹底抗戦を仕掛ける。ロシアがアサド政権を擁護するゆえんだ。

　他方，エルドアン政権にとってISは取るに足らない存在。ISよりもむしろクルド系の動向に眼を光らせる。

　イランもアサド大統領を支援，IS壊滅でロシアと共闘する。プーチン大統領はイランのロウハニ大統領と会談，テロとの闘いで協力することを確認している。エルドアン大統領がサンクトペテルブルクを訪問したのはその翌日のことである。

　その直後の2016年8月16日，ロシアのツポレフ22長距離爆撃機をイラン西部にあるハマダン基地から出撃，ISなどのシリアのテロ組織を標的に空爆

した[31]。翌日もイランを拠点として空爆している。ロシアにとってイランは武器・兵器のお得意先である。高性能地対空ミサイルS300の引き渡しでもイラン側と合意している。イランに建設予定の原発についてもロシアが協力する。

　ロシアによる制裁緩和・解除でトルコの経済的苦境は和らぐだろう。だが，トルコにとってはるかに重要なのはEUであり，NATO。NATOは武器供給ルートの役割を担うトルコを重要視する。NATOが仮想敵国ロシアに傾斜するトルコに危惧するのは当然だろう[32]。米国との関係が最悪期にあるとはいえ[33]，トルコの安全保障強化に役立つのはロシアではなくNATOである。ここには相互補完関係が成立している。

　確かにエルドアン大統領は強権体制に傾斜している。あたかもプーチン大統領の統治手法を模倣しているかのようでもある。しかしながら，エルドアン大統領もプーチン大統領も冷徹な現実主義者である。双方とも国益を最優先する。

　エルドアン政権はトルコ国内の経済問題を解決する目的で外交戦略を練り上げている。国益が衝突するときにはトルコとロシアは再び角を突き合わせることだろう。トルコ，ロシア両国が信頼を醸成できているわけでは決してない。互いに互いを利用しているに過ぎない。

対中国

　一般に中露関係は蜜月期にあると評価されている。しかし，それは中露両国による協調演出。国際社会から孤立する両国が傷口を舐め合っているに過ぎない。

　プーチン大統領と中国の習近平国家主席はウズベキスタンで開催された上海協力機構（SCO）首脳会議で顔を合わせた直後であるにもかかわらず，多忙なプーチン大統領が2016年6月25日，中国を旋風式に公式訪問。北京の人民大会堂で再び習国家主席との首脳会談に臨んだ。

　北京は南シナ海を核心的利益だと主張してはばからない。これが国際社会と

正面衝突していることは周知の事実となっている。一方，モスクワにとっての新たな核心的利益はクリミア半島。中露両国は南シナ海とクリミア半島の強奪戦略で思惑が一致する。対米牽制でも一致する。合同軍事演習を繰り返す証左でもある。

　中露貿易の総額は2015年実績で680億ドルと対前年比で28％減少した。資源安が原因だが，経済協力の進展が鈍い結果でもある[34]。価格交渉で折り合わず，天然ガスパイプラインの建設計画は棚上げ状態が続く。

　中国はロシア産の天然ガスよりも中央アジア，ことにトルクメニスタン産天然ガスに熱い眼差しを注ぐ。と同時に，カザフスタンからは原油も輸入している。中国産の財・サービスを積極的に輸入する中央アジア市場は劣悪な品質の中国製品にとっては魅力的だ。それだけモスクワにとっては勢力圏を侵食されていることになる。

　ただ，中露関係の真骨頂は軍事部門や原発部門にある。

　2008年8月に勃発したロシア・ジョージア（旧グルジア）戦争を契機に，ロシアは軍の改革に着手する。もちろん，ジョージアが軍事力でロシアに対抗できるはずはなく，ロシアはジョージアから南オセチア共和国とアブハジア（自治）共和国を奪い取り，支配下に収めた。

　だが，この戦争でロシア軍の欠陥が露呈，徴収兵を削減し，プロの職業兵を重視する方針に転換した。また，指令系統を見直すと同時に，武器・兵器の近代化にも乗り出した。

　改革着手の動機は異なるが，中国も軍改革で先行したロシアをモデルとして軍部の改革を意識するようになる。習主席はトップ就任後3年で軍の再編を強引に進めた。派閥争いや権力基盤の強化が軍再編劇の動機付けとなっている。

　中国はロシアの兵器システムを模倣することで軍隊の近代化を図った。無論，金融制裁で打撃を被るロシアも中国から部品や技術を調達している。欧州諸国から調達できなくなった結果，ロシアは中国に鞍替えせざるを得なくなった。最近では中国製の電子部品とロシア製の液体燃料ロケットエンジン技術とを交換する事案で協議している。中露両国ともサイバー攻撃にも熱心だ[35]。

アジア地域にとっての海洋問題では南シナ海にスポットが照射されるが，欧州地域にとってのそれは黒海。かの海域ではそれぞれ中国とロシアが暗躍する。クリミア半島に位置し，黒海を臨むセバストポリ港はロシア黒海艦隊の拠点。黒海ではロシアの脅威が日ごとに増している。黒海は欧州地域の新冷戦の象徴的な海洋となった。ジョージアやウクライナがNATO加盟を標榜するのはやむを得ない[36]。場所は違うが，対立の構造が酷似する。

開発途上国の電力需要増を背景に，次世代（第4世代）原発の実用化で中露両国が主役を演じる[37]。中国は高温ガス炉の実用化に力を入れる。高温ガス炉の優位性は冷却が停止しても核分裂が収束し，炉心溶融（メルトダウン）に至らない。それだけに安全性の面で優越する。また，水の使用量が極端に少ないことから水資源に乏しい地域にとっては魅力的だ。

ロシアは高濃度プルトニウムを消費できる高速炉の実用化を実現している。高速増殖炉では中国がロシアの技術を導入，すでに稼動させている。日本は高速増殖炉で先行したが，トラブルが続出，稼動の目処は立っていない。一方，インドは高速増殖炉の運転を始動させる計画でいる。

それでも，中露の実態は依然として開発途上国。グローバル社会の手本にはなれない。ロシアも中国も膨張主義に走る。それぞれが世界支配を夢見る。所詮は同床異夢の関係にあると同時に，互いに警戒し，衝突する要素を抱え込む。

3．長期化するロシア経済の変調

金融制裁と資源安でロシア経済は青息吐息。マイナス成長を続けている。ロシア国民は物価高と実質所得の目減りに苦しむ。資源マネーの枯渇で政府歳入は激減，財政は赤字に転落して久しい。構造改革が必要不可欠だが，ロシア経済の体質改善は一向に進展していない。ロシアの経済課題は今もって一昔前と同じである。

原油価格の急落を受けて，ロシアでは航空最大手のアエロフロート，ダイア

モンド生産最大手のアルローサ，石油最大手のロスネフチ，石油大手のバシュネフチ，対外貿易銀行（VTB），造船最大手のソフコムフロートといった7社が民営化の対象とされている[38]。民営化の目的は当然，経済構造の調整や経済効率の向上にある。

だが，ロシアにはかつて石油産業の民営化過程でオリガルキ（寡占資本家）が誕生し，富が集中した経緯がある。今もこれが民営化のトラウマとなっている。民営化は進展しないか，あるいはその規模が大幅に圧縮される公算が大きい。

ロシアの産油量は2016年1月に日量1,091万バレルに増大，ソ連邦崩壊後で最大を記録した[39]。もちろんこの産油量水準は世界首位である。しかし，この水準を維持するためには追加投資が不可欠となる。日量100万バレルの産油量増大計画はあるものの，また，ルーブル安で原油安のデメリットは軽減されている（米ドル建ての生産コストが低下）ものの，これを実現するのは難しい。外資系石油企業が相次いでロシア撤退に踏み切ったことも足枷だ。

ロシアは政府歳入の43％を石油・天然ガス産業に依存する（2015年実績，2016年には資源安で35％に比率が低下）。ロシアの国庫に石油・天然ガス産業から納入される資源マネーは2012年の2,000億ドルから2016年にはわずか500億ドルに激減。財政赤字は対GDP比で4.4％となる。

2015年の経済成長率はマイナス3.7％に沈んだ。ロシア企業の債務は2015年末までに660億ドルに膨張している[40]。財政出動で経済を刺激したい場面だが，ロシア政府はもはや大盤振る舞いはできない。外貨準備金を取り崩して，急場を凌ぐよりほかに方策はない。年金を4％引き上げても物価上昇率を補うに過ぎない。企業は新規の投資を見送り，消費者は財布の紐を引き締める。

資源エネルギーの需給バランスが均衡化を達成すれば，国際価格は上向き始めるが，当面は価格の低迷が続くだろう。確かに国際エネルギー機関（IEA）やOPEC，それに米EIAはこぞって原油の供給過剰感が解消されると見通すが[41]，原油消費国の在庫は依然として積み上がっている。米国ではガソリン

の在庫が消化されず，日本でもガソリン価格の引き下げ競争が相次いだ。需給バランスの均衡は容易でない。

　ロシアの貿易構造は依然として開発途上国型。事あるごとに米国をライバル視するロシアだが，それはロシア自身が開発途上国であることを認めたくないだけのことである。経済力や軍事力では米国の足元にも及ばない。

　金融制裁の解除についても近未来には実現しないだろう。ロシアがウクライナからクリミア半島を略奪し，ウクライナ東部地域に兵力を投入している事実に鑑みれば，金融制裁の長期化はやむを得ない。ロシアの金融危機を翻訳すれば，米ドルとユーロの枯渇となる。ロシア市場から主要な外貨が消滅し，金欠に陥り，危機的状況が続く。ロシアは今や欧米市場で資金調達すらできない。外貨の流入が完全にシャットアウトされている。

　原油安と金融制裁が継続する限り，開発途上国としてのロシアが経済課題を克服することは不可能である。ロシア市民は額に汗して働くことが苦手，ものづくりを得意としない。ホワイトカラー志向が強いようである。ここが日本やドイツと決定的に違う。ロシアが日本，ドイツ，米国に追いつくことは永遠に不可能なのである。永久に資源エネルギーに依存せざるを得ない。

　ロシア市民が意識を変えない限り，ロシア経済の高度化や多様化は絶望的である。にもかかわらず，富裕層は資産の海外移転に余念がない。一時騒いだ，いわゆるパナマ文書ではプーチン大統領のインナーサークル（取り巻き）が蓄財に熱心な事実が露呈した[42]。

　インナーサークルの一角を占めるゲンナジー・ティムチェンコ。この人物はロシア第5位の富豪であり，米国の制裁対象に指定されている。アルメニア生まれの63歳でサンクトペテルブルク市庁時代からのプーチン大統領の知人である。国際資源商社を代表するグンボルのオーナーとして著名だった[43]。

　グンボルは2000年に創設されたが，スウェーデン生まれの事業家と共同で経営していた。ティムチェンコ氏は2000年代半ばからロシア産石油の取引に手をつけた。だが，ここにきてグンボルの株式43%を共同経営者に売却，ロシア離れを鮮明にするグンボルの経営から手を引いた。ロシア産商品はグンボ

ル全体の 12% を占める。

　売却後もティムチェンコ氏は独立系天然ガス企業のノバテック，石油化学大手のシブール，建設大手のストロイトランスガスの株式も保有するが，金融制裁後，事業ポートフォリオの組み換えを急いでいる模様だ。他方，グンボルのトルンクビスト最高経営責任者（CEO）はトレーディングを補完できる物流分野に投資する方針を示している[44]。

　プーチン大統領は汚職の撲滅や経済課題の解決に取り組むどころか，大統領直属の国家防衛隊（親衛隊）を創設して悦に入っている[45]。愛国心を鼓舞することが創設の目的とされているが，実態はプーチン大統領個人の護衛。プーチン大統領自らがロシアという国家を私物化している。本質的には北朝鮮の独裁体制と何ら変わらない。

4．資源安に苦悩するロシアの石油・天然ガス産業界

　日本市場でロシア産の原油が流通して久しい。日本市場に流入するロシア産の代表油種はエスポ原油だが，このエスポ原油は品質の高さで優れる。軽質油で不純物が少ないのが特徴だ。それに中東産原油と比べれば，運搬距離は格段に短い。輸送距離の近さの点でもロシア産原油は比較優位にある。

　しかし，足元ではアジア市場でイランが販売価格を引き下げる姿勢を鮮明にし，競合するサウジアラビア産原油に対抗，シェア回復を急ぐ構えでいる。そのサウジアラビアも巻き返しに必死だ。

　日本の石油会社はイラン産原油の調達には慎重であるが（2016 年 1～4 月期における日本のイラン産原油輸入量は対前年同期比で 13% 減），中国のイラン産原油の輸入量は確実に増えている。日本のイラン産原油の輸入量が増えないのは，金融制裁の解除後も米ドル建てによる決済が事実上できない上に，船舶保険での制約が影響しているからである。

　米国が 2015 年末に原油輸出を解禁したことを受けて，日本の原油調達先の選択肢が広がっている。米国からは液化天然ガス（LNG）も南米，欧州，アジ

アに輸出されるようになった。年間 8,000 万トンの LNG 輸出を米当局が許可している。これは日本の年間消費量に匹敵する規模だ[46]。

米国産 WTI 原油の現物が日本市場に登場したことに加えて，メキシコ産の原油も輸入されている。米アラスカ産の原油もスポット（当用買い）で調達されている。南米からはコロンビア産やベネズエラ産の原油も日本に出荷されている。

2015 年実績で原油輸入量全体に占める中南米産の比率は 3.3% に増えている。ロシア産の比率は 8.1% だ。中東産原油の比率は 82.5% と減少傾向にある[47]。

イランの産油量は 2016 年 4 月で日量 356 万バレルに回復，原油輸出量も同 200 万バレルに増えてきた[48]。石油タンカーの海上運賃が下落したこととも相まって，アジア市場全体ではロシア産原油の競争力が落ちているのである[49]。

ロスネフチの純利益は 2016 年 1 〜 3 月期に対前年同期比で 75% 減のわずか 2 億ドルにとどまっている。同社の産油量は 2015 年実績で対前年比 0.9% 減に甘んじた。

ロシア国内の上流部門，すなわち油田開発に手詰まり感が漂うこと，欧州市場が飽和状態にあることを背景に，ロスネフチはベトナム南部沖に進出，ベトナム石油大手のペトロベトナム，インド石油天然ガス公社（ONGC）と合弁石油企業を設立する。金融制裁の影響で外国での油田開発に転換する方針でいる[50]。

また，ロスネフチは下流部門への投資を強化，東南アジア市場やインド市場を開拓する経営方針も示している。2015 年にはインド第 2 位の製油所であるエッサール・オイルの株式 49% を取得。原油需要が増大するインド市場を重要視する。インドネシアの石油最大手プルタミナと製油所を建設することも検討しているという[51]。

金融緩和策と原油価格の上昇を念頭に米系石油企業は金融機関から多額の借り入れを繰り返してきた。この結果，米シェール企業の債務が増大し，世界全体の石油・天然ガス企業の債務は 2006 年の 1 兆 1,000 億ドルから 2014 年には

3兆ドルに膨れ上がった。重債務企業の格付けが引き下げられ，株価の低迷を招いた。米シェール企業の倒産は金融機関の不良債権を膨らませた[52]。

しかし，ここにきて最悪期は脱した模様である。稼動リグ数の減少が原因の石油設備の余剰は徐々に解消に向かい，米国の産油量は回復しつつある。かつて世界の原油供給量を操ったのはOPECの盟主であるサウジアラビアであったが，このスウィング・プロデューサー（生産調整役）は米国にバトンタッチされている。米国は国際原油価格の形成でも主役を演じる。原油は国際金融商品としての地位を不動のものにしている。

要するに，ロシアの石油企業を取り巻く客観的環境は改善されず，苦境が継続しているのである。従来の事業活動では環境の変化に対応できない。新たな戦略を練り上げ，実践していかねばならない。

天然ガス産業界も例外ではない。

天然ガスの価格は原油価格に連動して下落。2016年初旬には米国で100万BTU（英国熱量単位）あたり2ドル近辺にまで低下したほか，相対的に需要が旺盛な東アジアでも同じく4.4ドル近辺で推移した。売り手が買い手を探す始末で，地域別の天然ガス価格が低位で収束する様相を呈した。買い手は長期契約よりもスポット取引を志向するようになっている。

天然ガス価格も原油価格と同様に低迷する一方，世界全体のLNG生産能力は拡大し続けている。2016年にはその2年前よりも3,000万トン増加して，2億7,430万トンに拡張する。さらに2018年を迎えると，6,500万トンも拡大する見通しとなっている[53]。天然ガス価格が急上昇する見込みは低いと診断せざるを得ない。

統計資料によって数値が異なるが，ロシアの天然ガス確認埋蔵量はイランに次ぐ世界第2位（図表Ⅴ-1参照）。ロシアは名実ともに世界屈指の天然ガス大国である。

| 図表Ⅴ－1 | 天然ガス確認埋蔵量 |

イラン	1,201兆4,000億立法フィート
ロシア	1,152兆8,000億立方フィート
カタール	866兆2,000億立方フィート
トルクメニスタン	617兆3,000億立方フィート
米　国	345兆立方フィート

出所：*Oil & Gas journal*, May 2, 2016, p.89.

　天然ガスに恵まれるロシアにとって原油と並び天然ガスも経済外交上の武器となる。と同時に，それはロシアの国益を満たすための具体的な安全保障上の道具としての役割も演じる。モスクワはこれまでこの武器を有効に駆使，勢力の拡大を画策してきた。その主要なターゲットは欧州。西シベリアの天然ガス田から延びるパイプラインが欧州全域に張り巡らされている。

　ベラルーシやウクライナ経由で東欧諸国に供給され，ドイツやイタリアに至る。また，バルト海海底に敷設された天然ガスパイプラインはドイツに輸出するための直結ルートだ。このパイプラインは「ノルドストリーム」と命名されている。欧州は天然ガス需要の3割をロシアに依存する[54]。

　一方，黒海海底にも天然ガスパイプラインは敷設されており，これは「ブルーストリーム」と呼ばれる。「トルコストリーム」はトルコ経由で南欧諸国にロシア産の天然ガスを供給する構想である。

　合わせて，サハリンからはLNGも輸出されている。供給先が面状に広がるパイプラインと違って，LNGは生産地と消費地とを点でつなぐ。しかし，LNGの輸出先は地球全体の消費国に拡散できる。供給先の多様化を図るにはLNGの輸出は欠かせない。

　ところが，天然ガス市況が急変し，価格が急落すると，市場は売り手優位から買い手主導に変質する。当然のことながら，ロシアの経済外交に誤算が生じる。ロシアは有力な経済外交の手段を失うことになる。

事実，ガスプロムは欧州市場で価格戦争に巻き込まれている。米国産のLNGが欧州市場に登場したことで値崩れが発生，ガスプロムは守勢に転じざるを得なくなった。2016年3月のドイツ向け平均価格は1,000立方メートル当たり130ドル。ガスプロムは採算割れに直面した[55]。

値崩れに伴うガスプロムの2016年損失額は13億ドルに達すると試算されている[56]。確かにガスプロムの生産コストは相対的に割安である。ガスプロムは価格引下げに応じて，シェアの維持を優先せざるを得なくなった。

天然ガスの価格急落は収益を圧迫，ガスプロムの業績を極度に悪化させている。ここに金融制裁も加わる。純債務は倍増，年間の資本支出は170億ドルに抑制しなければならなくなった。2011年実績で470億ドルであったことから相当程度の切り詰めだといえる。

追い詰められ，資金繰りに苦慮するガスプロムは中国に泣きついた。バンク・オブ・チャイナのロンドン支店から5年ローンで20億ユーロを借入。主としてパイプラインの建設に融資を充当する構えだ。中国向けの天然ガスパイプラインである，いわゆる「シベリアの力」，それに「ノルドストリーム2」，「トルコストリーム」の建設資金となる[57]。

中国石油天然ガス（CNPC）とは30年間の天然ガス供給契約を締結し，この天然ガス収入となる4,000億ドルを確保したいガスプロムだが，腹積もりどおりに中国がロシア産の天然ガスを受け入れるかどうかは依然として不透明な状況にある。

資源安と金融制裁が足枷となって身動きが取れないのはガスプロムもロスネフチも同様である。両社とも金欠，外貨不足に陥っている。

欧州諸国が資源エネルギーの脱ロシア依存を粛々と展開させていることもガスプロムを窮地に追い込んでいる。供給ルートと調達先を多様化することで，欧州諸国は脱ロシアを進展させて，エネルギー安全保障を強化させたい。

カスピ海に面するアゼルバイジャンのシャフ・デニズ2天然ガス田（カスピ海海底）で生産された天然ガスをジョージア，トルコ経由でギリシャ，アルバニア，イタリアに供給する壮大なプロジェクトが進められている[58]。この大

型天然ガス田はアゼルバイジャン石油会社SOCARと英BPなどが開発する。イタリアにはアドリア海横断で輸出される。イタリアからは北上し，ドイツやフランスにも供給される予定となっている。SCP（アゼルバイジャン・トルコ東部間），TANAP（トルコ東西横断），TAP（アドリア海東西横断）の各パイプラインが相互に接続され，2020年には完成する計画だ。

　大統領の権限が強化されるアゼルバイジャンもまた原油安に苦しむ。高度経済成長に恵まれた時期もあったが，足元ではマイナス成長に沈む。通貨マナトは下落し，資金流出圧力がかかる。アリエフ大統領はポスト石油の時代を見据えていると豪語するけれども，汚職撲滅や人権擁護など社会的に解決しなければならない課題は山積している[59]。

　2016年5月17日にはギリシャ北部の主要都市テッサロニキでギリシャ・イタリア間のパイプラインTAPの着工記念式典が開かれた[60]。総延長は870キロメートルにのぼる。年間100億立方メートルの天然ガスが輸出される予定となっている。

　こうした南部天然ガス回廊（SGC）の事業費は130億ドル，天然ガス田開発も含めた総事業費は450億ドルに達する。ロシアを迂回する大動脈が実現することになる。

　欧州諸国は供給ルートの複数化だけではなく，LNGの輸入も徐々に拡大。結果として，ガスプロムは主導権を失ってきている。

　バルト3国は天然ガス消費の全量をロシアに依存していた。だが，リトアニアがLNG受け入れ基地を設置，ノルウェー産のLNGを調達するようになった。リトアニアから周辺国に供給される体制も整っている。これでロシアの牙城は突き崩されている。

　ロシアを毛嫌いするポーランドも中東産のLNG調達に動く。クロアチア，ギリシャ，トルコもLNG輸入の計画が相次いでいる。ウクライナは欧州経由で天然ガスを調達する。欧州には中東産，オーストラリア産，米国産のLNGも流入，欧州各国が相互に天然ガスや電力を融通しあうエネルギー同盟構築に向かって動き出している。

ガスプロムの株式時価総額は 2008 年のピーク時に 3,500 億ドルを超えていた。しかし，足元では 560 億ドル程度。大きく削る事態を招いている。
　ガスプロムの衰退はロシア経済の凋落を象徴している。

5．日本とロシア

　モスクワの目的は日本企業による対露投資とロシア産資源エネルギーの対日売り込み。日本マネーのロシア本格上陸を切望する。両国には経済的な補完関係が成立している。ロシア側は平和条約の締結で日本との経済関係強化に弾みをつけたい。

　ドイツはプーチン政権の強権体制を警戒しながらも，ロシアの孤立ゲームに終止符を打つべきだと考えているようだ。ロシアとの対話は絶やさないとの姿勢は日独共通の戦略でもある。この意味で日本はモスクワとの正常化に動いている。

　安倍晋三首相はロシアをアジア地域の地政学にとって重要だと判断，ロシアとの建設的な関係構築を模索する。東京はロシアを脅威だとは考えていない。一方，欧州諸国や北米はロシアが最大の脅威だと位置づける。欧米諸国にとって中国よりもロシアのほうが脅威なのである。米国はロシアをアジア・太平洋全体のなかに位置付けていない。ゆえに東京には誤ったシグナルをロシアに送ってほしくない[61]。

　だが，日本にとっての危険国は北朝鮮と中国。北朝鮮と中国を牽制するにはロシアが重要だとの認識を抱く。日本と欧米諸国との間には対ロシア観で溝がある。東京がこの溝を埋めることができるか。この作業を抜きにしてロシアとの建設的な関係は築けない。

　ロシアには今，複雑なお家の事情がある。2018 年を迎えると大統領選挙が待ち構えている。この先，反プーチン大規模デモはご法度。選挙対策担当者はあらゆる手段を講じて，反プーチンデモを封じ込めなければならない。この先頭に立つ人物が大統領府副長官のヴャチェスラフ・ヴォロディン。ヴォロディ

ン氏はプーチン大統領の期待に応えられるかどうか。現在，審査中である[62]。

　ウクライナに対してクレムリンは強硬策を講じなければならない。ロシア国民からの弱腰だとの批判を回避するためである。ウクライナ国境やクリミア半島に戦力を集中配備，国境警備を強化する[63]のはロシア国内の世論を意識する結果にほかならない。

　プーチン大統領は政界で権勢を誇ってきたインナーサークルにメスを入れ，世代交代を加速している。セルゲイ・イワノフ大統領府長官を更迭，無名のアントン・ヴァイノにバトンタッチさせた[64]。ただ，イワノフ氏は安全保障会議のメンバーには残留している[65]。

　それでも，今後も側近の若返りは進められるだろう。プーチン大統領に対抗心や野心を抱かない有能な人物を今，発掘中である。残念なのは人材の発掘が組織的な取り組みではなく，プーチン大統領個人によるキャリア形成であることだ。一連の人事は日露関係にも投影されていくだろう。

【註】

（１）*Financial Times*, August 16, 2016.
（２）『日本経済新聞』2016年8月11日号。
（３）『日本経済新聞』2016年8月10日号。
（４）『日本経済新聞』2016年8月13日号。『日本経済新聞』2016年8月20日号。
（５）『日本経済新聞』2016年6月11日号。
（６）『日本経済新聞』2016年9月3日号。
（７）『日本経済新聞』2016年8月15日号。
（８）*Financial Times*, February 3, 2016.
（９）*Financial Times*, August 8, 2016.
（10）*Financial Times*, February 5, 2016.
（11）*Financial Times*, May 30, 2016.
（12）*Financial Times*, April 25, 2016.
（13）『日本経済新聞』2016年8月12日号。
（14）『日本経済新聞』2016年8月8日号。
（15）『日本経済新聞』2016年8月9日号。

(16) *Financial Times,* August 1, 2016.
(17) *Financial Times,* April 6, 2016.
(18) *Financial Times,* May 11, 2016.
(19) 『日本経済新聞』2016 年 8 月 18 日号。
(20) 『日本経済新聞』2016 年 8 月 15 日号。
(21) 『日本経済新聞』2016 年 8 月 19 日号。
(22) 『日本経済新聞』2016 年 8 月 21 日号。
(23) *Financial Times,* February 16, 2016. *Financial Times,* August 25, 2016. *Financial Times,* August 29, 2016.
(24) 『日本経済新聞』2016 年 8 月 24 日号。
(25) 『日本経済新聞』2016 年 8 月 20 日号。
(26) 『日本経済新聞』2016 年 8 月 19 日号。
(27) 『日本経済新聞』2016 年 8 月 10 日号。*Financial Times,* August 10, 2016.
(28) *Financial Times,* March 16, 2016.
(29) 『日本経済新聞』2016 年 8 月 20 日号。
(30) *Financial Times,* May 25, 2016.
(31) 『日本経済新聞』2016 年 8 月 18 日号。
(32) *Financial Times,* August 11, 2016.
(33) *Financial Times,* August 8, 2016.
(34) 『日本経済新聞』2016 年 6 月 26 日号。
(35) *Financial Times,* June 24, 2016.
(36) *Financial Times,* May 14, 15, 2016.
(37) 『日本経済新聞』2016 年 3 月 26 日号。
(38) *Financial Times,* February 2, 2016.
(39) *Financial Times,* March 24, 2016.
(40) *Financial Times,* February 5, 2016.
(41) 『日本経済新聞』2016 年 7 月 20 日号。国際エネルギー機関（IEA）によると，原油の世界供給過剰は 2016 年初めで日量 130 万バレル，同年 4 ～ 6 月期で同 20 万バレルに縮小したという。また，同年 7 ～ 9 月期には日量 20 万バレルの供給不足に転じるとする見方もあった。IEA は 2016 年 5 月の世界原油生産量は日量 9,540 万バレルで，同年初めよりも同 60 万バレル減少したと報告している。一方，2016 年の原油需要は日量 130 万バレルの増加。米エネルギー情報局（EIA）は世界需要が年間ベースで日量 150 万バレルの増加と予測していた（『日本経済新聞』2016 年 6 月 22 日号）。しかし，イラン，リビア，ナイジェリアの産油量が一斉に回復すれば，供給過剰の解消や供給不足に転じるとするシナリオは崩れてしまう。総じて，原油相場はもみ合う展開が続き，長期低迷の公算が大きいと指摘する声が多い。
(42) *Financial Times,* April 5, 2016.

Chapter V 窮地に追い込まれるロシアのエネルギー外交

(43) *Financial Times,* June 1, 2016.
(44) 『日本経済新聞』2016 年 5 月 13 日号。
(45) *Financial Times,* April 7, 2016.
(46) 『日本経済新聞』2016 年 5 月 4 日号。
(47) 『日本経済新聞』2016 年 6 月 15 日号。
(48) 『日本経済新聞』2016 年 6 月 8 日号。
(49) 『日本経済新聞』2016 年 6 月 30 日号。
(50) *Financial Times,* March 7, 2016.
(51) *Financial Times,* June 9, 2016.
(52) *Financial Times,* March 22, 2016.
(53) *Financial Times,* March 11, 2016.
(54) 『日本経済新聞』2016 年 5 月 15 日号。
(55) 『日本経済新聞』2016 年 5 月 15 日号。
(56) *Financial Times,* February 4, 2016.
(57) *Financial Times,* March 4, 2016.
(58) *Financial Times,* August 29, 2016.
(59) *Oil & Gas Journal,* May 2, 2016, pp.84-86.
(60) 『日本経済新聞』2016 年 5 月 19 日号。
(61) *Financial Times,* May 26, 2016.
(62) *Financial Times,* August 19, 2016.
(63) *Financial Times,* August 18, 2016.
(64) *Financial Times,* August 13, 14, 2016.
(65) 『日本経済新聞』2016 年 8 月 23 日号。

(中津孝司)

Chapter Ⅵ
プーチン訪日で日露関係は進展するか

1．国際環境の激変と日本の国家課題

　国の生存を脅かす外敵はその国によって異なる。その要因はさまざまであるが，地理的近接性という地政学的条件が最重要要件であろう。外敵と正面から向き合うか，外敵のいわば後姿を眺めるかによって，脅威の度合いが違って当然である。

　わが国の脅威は何といっても核兵器保有国の中国であり，北朝鮮であろう。その北側に広がるロシアも核超大国である。ただ，ロシアの場合は直接的には日本ではなく，もう1つの核兵器の超大国である米国と対峙している。従来，米露の経済関係は希薄であり，また，政治的対話も乏しい。もっぱら核軍縮交渉の相手国にとどまっている。

　したがって，日露関係は安全保障条約を保持する日本と米国の関係と米露関係の間接的な関数に過ぎなかった。日本政府が日米関係を日本外交の主軸，基軸だと繰り返してきたゆえんでもある。

　ところが，今日，北朝鮮が核兵器保有国に昇格すると同時に，中国が軍拡的な海洋戦略を展開するにいたって，日本を取り巻く近隣の国際環境が急速にわが国にとって不利なものへと変化するようになった。

　そうなると，日本としては戦略的にロシアとの関係を見直そうとする発想が自ずと生まれてくる。こうした外交的な発想が安倍晋三首相の展開する，地球儀を俯瞰する外交の基本となっている。換言すると，それが中国包囲網の構築ということになるが，それを完結するにはロシアとの関係改善が不可欠であ

る。

　かくして中国包囲網形成の必要条件となるロシアとの関係強化に安倍政権は乗り出した。しかし，そこには取り除くことが困難な，さまざまな障害が存在している。

　その障害物の多くは日本の国外に横たわる。日本国民の対露感情は今もって芳しくないが，ソ連邦時代とは違って，ロシアの存在が日本の脅威だと感じる日本国民は少なくなった。ソ連邦に代わって日本国民が脅威だと感じる国は中国へとシフトしている。

　しかし，欧州地域に眼を転じると，誰もが口を揃えて，脅威だと感じる国はロシアだという。南シナ海が中国の海と化しているのと同様に，欧州地域では黒海がロシアの海と化している。

　ロシアの飛び地であるカリーニングラードはロシアにとってきわめて重要な軍事拠点に仕立て上げられ，ポーランドやバルト3国はロシアの脅威と日々向き合っている。事実，こうした地域のロシアとの国境沿いでは，北大西洋条約機構（NATO）とロシアがそれぞれ軍事力を強化する。

　ロシアが軍事侵攻して，クリミア半島を略奪したウクライナでもロシアは依然として，その軍事的プレゼンスを誇示した状態が続く。ウクライナの東部地域は事実上，ウクライナから分断され，国家分裂の危機に瀕している。

　ロシアが露骨に軍事介入するシリアでもロシアの暴挙が繰り返され，アサド独裁体制を擁護する。その結果，国際社会が求める即時退陣を退け，アサド大統領の政治的延命を支えている。大量の難民がシリアから溢れ出して欧州地域に流れ込み，欧州各国の治安を不安定化させている。

　このようなロシアの国力を弱めるべく，欧州連合（EU）は対ロシア経済制裁（資産凍結，取引禁止，新規融資の禁止など）を発動し，幾度となく制裁措置を延期してきた。米国による対露制裁は緩和される可能性が浮上していたが，EUにはそうした選択肢はない。

　にもかかわらず，日本の安倍政権はあえてロシアとの対話路線へと舵を切る。安倍首相は否定するが，この日本の外交政策が主要7カ国（G7）の結束を

乱していることは間違いがない。

したがって、この対露政策を貫いていくには日本としての大義が必要であると同時に、欧州諸国、ひいては国際社会には丁寧な説明が不可欠となる。安倍首相はこうした外交的努力を怠ってはなるまい。対露接近の大義は日本の生存を脅かす外敵が欧州とは異なって、中国であるという一点に尽きる。中国の脅威を国際社会に説得することこそが日本の対露政策の大前提条件となる。この点を肝に銘じておく必要がある。

2．安倍政権悲願のプーチン大統領訪日

A．プーチン訪日の前哨戦

安倍政権はプーチン大統領の訪日を実現するために、周到に準備を進めてきた。安倍首相は第2次安倍政権成立直後、すなわち2013年4月から頻繁にプーチン大統領との接触を繰り返し、首脳会談に臨んできた。

ロシアの風光明媚な保養地であるソチで開催された冬季五輪の開会式に出席した安倍首相は、プーチン大統領に訪日を要請する。しかし、その直後にロシアがクリミア半島に軍事侵攻したことから、プーチン大統領の早期の訪日計画が頓挫、訪日の時期は先送りされる。それでも国際会議の場を有効利用して、日露首脳会談が実施されてきた。

プーチン大統領の訪日の環境が整ったのは2016年に入ってからである。2016年5月上旬、安倍首相自らがロシア南部のソチに飛び、プーチン大統領と会談した。通訳のみが出席する膝詰めの協議も実施、領土問題や平和条約締結交渉への道を開いていく。この時、初めて新たな発想に基づくアプローチという言葉が踊り出す。その新たなアプローチとは今もって不明だが、どうやら北方領土での共同経済活動が新アプローチに相当するようである。

また、安倍首相はこのソチ会談の席上で、ワンパッケージの対露経済協力策を提示する。8つの経済協力分野の原型は、日本式最先端病院の建設など医療・健康分野、都市交通網整備など都市づくり、中小企業同士の交流や協力の

拡大，石油・天然ガスなどエネルギー開発，産業の多様化と生産性向上の取り組み，極東地域での産業振興やインフラ整備，原子力やIT（情報技術）など先端技術分野，若者やスポーツ・文化分野の人的交流にある[1]。

　欧米諸国による経済制裁でロシアには外貨（米ドル，ユーロ）が流入しなくなったほか，資源安の長期化でオイルマネーをはじめとする資源マネーも枯渇している。その結果，ロシア経済は低迷を続け，財政は赤字転落してマイナス成長を余儀なくされている。ロシアの財政均衡点は1バレル70ドル程度とされるが，足元の原油価格は同50ドル台で推移しており，この水準を大きく下回る。

　ロシアは今，経済制裁とは無縁の国や企業からの資金調達や出資を急いでいる。ロシア石油最大手のロスネフチは独立系の資源商社であるスイス系のグレンコアとカタール系の政府ファンド（SWF）であるカタール投資庁（QIA）からの出資を受け入れて，保有株式19.5％を放出する。株式放出の見返りとして，ロスネフチには102億ユーロが舞い込む[2]。ただし，この株式の大半は中国の企業に転売されている。

　中東の産油国がロシアに投資する事例は少ない。金欠で背に腹は変えられないということか。なりふり構わず，経済制裁を科さない中東産油国からのマネーも受け入れるようになった。

　この出資劇では当初，日本勢の参画が取り沙汰されていたが，結局は見送られた。制裁要件に抵触して，欧米での事業展開に支障をきたすと日本側が判断したからであろう。日本の対露経済協力が難しいのは欧米での事業を制限しない範囲という制約があるからだ。制裁措置に抵触しない分野に制限されてしまう。日本の企業や金融機関としては欧米での事業を優先せざるを得ない。

　国際協力銀行（JBIC）はロシア国内の企業や金融機関に融資する際，次の4つの条件を規定している[3]。

・欧米企業が撤退した案件は対象としない
・民間が融資しないことを確認する

・融資先への送金網を確保する
・債権を早期に民間へ売却する

　日本政府はロシア経済分野協力担当相を新設したが，こうして経済制裁を科す欧米諸国に配慮して，G7の結束を乱さない方針を固めている。
　それだけに日本の対露経済協力は欧米諸国が科す制裁の内容に触れない範囲内にとどまらざるを得ない。そうなると，どうしても開発途上国に対する支援といった色彩の濃い中身となる。日本の対露協力とは事実上の経済支援である。金欠に喘ぐロシアを救済するという意識が先行する。
　ロシア側は日本による経済支援を真剣に受けとめて，部品供給などの面で尽力できるかどうか。ロシアでは今もって，汚職や行政手続きの不透明さが残存するけれども，ビジネス環境を整備して，ロシアに進出した日本企業を支援できるかどうか。ロシア極東地域では今も反社会的勢力が優勢だ。経済支援の可否はロシア側の取り組み次第である。
　ただ，経済支援で領土問題進展の糸口を探ることができるかもしれないが，それが領土問題の解決の切り札とはならない。領土問題と経済支援は別次元の話である。少なくともロシア側はそのようにとらえている。平和条約（敵対する勢力が戦争状態を終結し，領土や賠償請求問題を解決するために結ぶ[4]）締結の重要性は日露共通の認識ではあるが，そこに至る手続きをめぐっては日露両国には大きな隔たりがある。この隔たりは簡単には解消されそうもない。
　そもそも北方領土（北海道・根室半島の沖合にある択捉島，国後島，色丹島，歯舞群島）に対する認識が日露間で違っている。日本側は事あるごとに北方領土を日本固有の領土だと主張するが，そもそもロシアに固有の領土という考えは通用しない。領土は武力で拡大できるとロシアという国は思い込んでいる。ゆえにロシアは第2次世界大戦の結果として4島統治の正当性を主張する。
　また，日本側は領土の返還のみに関心が集中する一方で，ロシア側は北方領土を千島列島の一部と位置付けた上で，オホーツク海から千島列島全域を見据えて，その海域全体の安全保障に注目する。事実，ロシアは2016年11月に択

捉島と国後島に新型の地対艦ミサイル，バスチオン（射程300キロメートル）とバル（同130キロメートル）をそれぞれ配備，発射演習を実施する構えでいる[5]。

それだけにロシア側はその海域に戦略的価値を見いだしている。北方領土を日本に返還するとなると，たちどころに日米安全保障条約の適用範囲が北上してしまう。ロシアが領土返還に慎重となるのも無理はない。

ソチ会談の後も安倍首相とプーチン大統領はロシア極東のウラジオストク（2016年9月初旬，2017年9月初旬），ペルーの首都リマ（2016年11月中旬）で顔を合わせ，首脳会談の場を持った。ウラジオストクでは東方経済フォーラムが開催され，安倍首相が出席するとともにスピーチもした。リマではアジア太平洋経済協力会議（APEC）が開催されていた。

2016年は歯舞群島と色丹島の2島を日本に引き渡すと明記した，日ソ共同宣言（1956年10月19日に鳩山一郎首相とソ連邦のブルガーニン首相がモスクワで署名した文書[6]）が締結されてから60年という節目の年でもある。日ソ共同宣言をもって日露両国は国交を回復したけれども，それから60年以上が経過したにもかかわらず，平和条約すら結べないのは確かに正常ではない。真の正常化とは平和条約を締結してはじめて創出されるものだろう。

ただ，北方領土が日本に返還されることはないだろう。ロシアが実効支配しているだけでなく，ロシア化が進み，軍事拠点化も着々と進む，択捉島と国後島の返還は絶望的である。国後水道は不凍海峡であり，かつ冬場に凍らない不凍港を備える北方四島は，ロシアにとって貴重な資産であり，安全保障上の要でもある。

ロシアの上院議長であるマトビエンコ氏は1956年の日ソ共同宣言が有効だとの認識を示しながらも，国後島と択捉島は協議の対象外だと主張している[7]。

この現実を日本政府，および日本国民はどのように受けとめるのか。

B．プーチン大統領の山口，東京訪問

プーチン大統領が日本の土を踏むことになる2016年12月15日，安倍首相

は一足早く，東京から故郷の山口に移動し，首脳会談が開かれる会場となる，長門市の旅館・大谷山荘へと向かった。それから間もなくして，父親である安倍晋太郎元外相の墓前で手を合わせた。プーチン大統領を大谷山荘で出迎えたのはその日の夕刻である。

その直後から首脳会談が開かれ，引き続いてワーキングディナーへと催しが進められた。夕食は日本流の伝統的な会席料理で蟹の甲羅盛りから始まり，とらふぐ刺し，長萩和牛，あんこう唐揚などが卓上に並んだ[8]。最高級のおもてなしである。

にもかかわらず，首脳会談で領土問題はほとんど進展せず，領土の帰属問題は決着しなかった。安倍首相は一歩一歩着実に交渉を前進させると胸を張るが，領土返還の道のりは今なお遠い。

今回の首脳会談では日露両国による北方領土での共同経済活動が主要テーマとなった。特別な日露両国共通の制度・法的ルール，たとえば経済特区のような仕組みを設定し，漁業・海面養殖（栽培漁業），水産加工，観光，医療，環境，地熱発電などの分野で経済活動を実施していく構想だ。

ただし，この場合でも主権や区域など検討しなければならない課題が山積する[9]。課題の解決に向けて，今後，日露両国間で共同委員会のような組織をつくって，協議を開始することになる。英経済紙『フィナンシャル・タイムズ』が指摘するように[10]，共同経済活動が日本にとっての重要な離陸となるかどうかは予断を許さない。プーチン大統領は共同経済活動をロシアの利益と語っている[11]。

実は訪日以前にリマでの日露首脳の席上，プーチン大統領は安倍首相に北方領土での共同経済活動に言及していた[12]。その狙いは日本への領土引渡しを牽制すると同時に，日本の協力で北方四島の経済発展・振興を促すことにある。いずれにせよ，ロシア側は日本からの経済支援の一環と位置付けているようだ。

プーチン大統領は日本と経済協力を進めていく上での障害物が経済制裁だと断言，日本側に制裁解除を露骨に要求する。これはクリミア半島強奪を認める

ように迫っていることと同義である。だが，日本政府が制裁を緩和，あるいは解除し，2014年3月のクリミア併合を容認しても，国後島と択捉島は返還されない。日本政府はこの点を肝に銘じ，現実的な姿勢でロシアと向き合う必要がある。

3．対露経済協力の内容

　JBICがロシア最大手銀行のズベルバンクに円建てで40億円規模の単独融資に踏み切った[13]。ズベルバンクはJBICからの融資をロシア極東にある，ウラジオストクに近いボストーチヌイ港の運営会社に振り向ける。その運営会社は石炭積み下ろし設備を購入する。これは信用力の高い地場銀行（ズベルバンク）を経由する，ツーステップローンである。JBICは2016年10月からルーブル建ての融資を開始している。

　このJBICの融資はもちろん，既述した対露経済協力の一環である。また，JBICはロシア直接投資基金（RDIF）と1,000億円規模の投資基金を立ち上げ，日露合弁事業などに投融資する。

　三井住友銀行はロシアの大手銀行であるアルファバンクに融資するが，その際，日本貿易保険（NEXI）が信用枠を設定する。NEXI，三井住友銀行，アルファバンクは対露支援ファシリティ（管理・運用）に関する覚書を交わしている。加えて，アルファバンク向け輸出バンクローン設定に向けた協力に関する覚書も締結している。そして，ロシア産業の多様化促進と生産性の向上に貢献する。

　日本の金融機関は対露融資に慎重な姿勢を崩していない。欧米諸国で事業展開するために，新規融資はほぼ停止している状況となっている。たとえば3メガバンクの場合，対露融資残高は2014年3月期の170億ドルから2016年3月期には90億ドルに激減している[14]。たとえば三菱東京UFJ銀行の対露融資残高は60億ドルから23億ドルに急減している[15]。JBICがこうした状況を補う格好だ。

港湾整備については，国土交通省とロシア運輸省とが協力の覚書を締結している。ボストーチヌイ港やその北側にあるワニノ港の設備を拡充して，日本を含むアジア市場向けの輸出基地に仕立て上げる計画である。ワニノ港に関しては丸紅とコルマール社が石炭ターミナルに関する覚書を交わしている。

また，ハバロフスク空港に関しては，大手商社の双日，日本空港ビルディング，ハバロフスク空港会社が新ターミナルの整備と運営に参画する。官民ファンドの海外交通・都市開発事業支援機構（JOIN）も出資する。国土交通省は2016年10月にJOINの借り入れや社債発行の枠を広げている[16]。

それではここで一連（総数で82件）の対露経済協力の案件を列挙してみよう[17]。

これまでの日露貿易・経済関係は日本側の輸入で8割を資源燃料と石油製品が占有してきた。また，日本の輸出も自動車と自動車部品だけで輸出全体の5割を占めてきた。さらに，日本企業の対露進出は400社程度と，中国の3万3,400社や米国の7,800社と比べるとかなり見劣りする。

しかも隣国同士であるにもかかわらず，日本の対露貿易は貿易全体のわずか1.4％に過ぎず，ロシアにとっても対日貿易は4.6％というきわめて低い水準にとどまっている[18]。

この現状を今後の取り組みで打破し，日露経済関係を多様化していく狙いが込められている。今回のプロジェクトで日本側の投融資総額は3,000億円に上る。

健康寿命の伸長に役立つ協力

総合商社の三井物産が製薬大手のアールファーム（R‒Pharm）に150億～200億円を出資（資本提携），株式10％を取得してヘルスケア分野で協力する[19]。医薬品の種類を増やして，外国市場を開拓する。

三井物産は食糧大手で穀物，食用油，畜産を手がけるルースアグロとも資本・業務提携を目指す覚書を交わす。ルースアグロはロンドン証券取引所に上

場している。経営ノウハウや日本の農業技術をルースアグロに提供し，アジア市場やロシア国内市場での販売拡大をバックアップする。

　三井物産はロシアを重点国と位置付けて，自動車の販売や食材の宅配事業部門などへの投資を増やしてきている。

　アールファーム社については，富士フイルムもヘルスケア事業での協業を検討する確認書を交わしている。

　また，東芝メディカルシステムズはロシア国内で医療機器を製造する。一方，理化学研究所はエイドス社と携帯型感染症診断システムを開発する。

良好な居住環境の創出に向けた都市づくり

　日建設計がロシア住宅統一開発研究財団と都市整備プロジェクト実施に向けての基本合意書を交わした。その上でウラジオストクの都市再開発プラン（自動車交通に依存しない都市開発，港湾再開発）を策定することになった。技術協力で基本合意し，コンサルティング契約を締結する[20]。

　廃棄物処理技術分野に関して，国立研究開発法人・新エネルギー・産業技術総合開発機構（NEDO）とブリヤート共和国が意向表明書を交わしている。

日露中小企業の交流と協力の抜本的拡大

　ロシア中小企業発展公社と独立行政法人・日本貿易振興機構（JETRO）が中小企業分野の覚書を結んでいる。

石油・ガスなどのエネルギー開発協力，生産能力の拡充

　独立行政法人・石油天然ガス・金属鉱物資源機構（JOGMEC），国際石油開発帝石（INPEX），丸紅，そしてロスネフチがロシア周辺海域の炭化水素の共同探査・開発・生産に関する協力基本合意を締結している。具体的には，サハリン沖にある油田・天然ガス田の開発を指す。

　また，JOGMECはイルクーツク石油（INK）と東シベリア地域の共同探鉱に関する協力覚書を結んでいる。INPEXと伊藤忠商事はJOGMECとの共同出

資会社を通じて，49％の権益を保有するが，残余の51％はINKが出資している。掘削試験では日量３万バレル程度の原油を生産，商業生産に向けた開発に着手する[21]。

三井物産とロシア国営天然ガス独占体のガスプロムが戦略的協力に関する協定書を結んだ。ガスプロムとは三菱商事も戦略的協業に関する覚書を交わしている。「サハリン２」プロジェクトで増設することを念頭に新たな覚書を交わす構えでいる。

「サハリン２」の経営権はガスプロムが握るようになったが，ここには三井物産，三菱商事と英蘭系のロイヤル・ダッチ・シェルも出資している。2009年から液化天然ガス（LNG）を日本に供給するようになった。

現在，LNG生産基地は２基あるが（年産1,000万トン），ガスプロムは１基増設し，2022年から新たなLNGを輸出する計画でいる。この際，米エクソンモービル，ロスネフチ，サハリン石油ガス開発（SODECO）が権益を持つ，「サハリン１」が保有する天然ガス田を含む，サハリン沖の天然ガス田からの供給を想定している[22]。

JBICはヤマルLNGプロジェクトに日本企業がプラント建設を請け負うための融資契約（10億ユーロ規模）をヤマルLNG社と締結した。

川崎重工業，双日，ロシアの水力発電大手のルースギドロはロシア極東地域でのプロジェクトにガスタービン発電機を活用するための協定書を結んでいる。また，このルースギドロは駒井ハルテックや三井物産と風力発電事業，風車現地生産化についての基本合意書を締結している。合わせて，三井物産とルースギドロは電力分野の共同企業推進に関する協力覚書を交わした。さらに，川崎重工業は双日やサハ共和国とエネルギー分野の協定書を交わしている。

エンジニアリング大手の日揮はサハリン州政府とサハリン州において超小型LNGプロジェクトに関する事業化調査（FS）を実施するための覚書を結んだ。年産１万2,000トンの液化設備をサハリン東部に設置，LNGをサハリン西部に輸送して家庭・産業向けに供給する。

三井物産は独立系の天然ガス大手ノバテックと協業を検討する協力覚書を結んでいる。同時に、ノバテックは三菱商事とも協業を検討する覚書を締結した。さらに加えて、ノバテックは丸紅と新規LNGプロジェクト開発（アークティックLNG2）、LNG・石油製品取引に関する協力覚書を交わしている。天然ガスの生産から日本市場での販路開拓までの協力を検討している[23]。
　ガスプロムは経済産業省・資源エネルギー庁と協力合意書を締結している。ガスプロムとは三井住友銀行、みずほ銀行、米銀大手のJPモルガン・チェースが融資契約書を交わしている。8億ユーロの協調融資を実施する[24]。

ロシア産業の多様化促進と生産性向上
　三菱重工業と双日は現地企業とともに、タタールスタン共和国の肥料尿素プラント第2期プロジェクト推進に関する覚書を結んでいる。

極東における産業振興、アジア太平洋地域に向けた輸出基地化
　ロシア極東地域はロシア総面積の3分の1を占めるにもかかわらず、人口規模はわずか6000万人ときわめて少ない。それに主要産業にも恵まれない。それゆえにプーチン政権にとって極東地域の経済発展は喫緊の課題となっている[25]。
　そこで三井物産は現地国営の極東電力と組んで、シベリアなど極東地域（サハ共和国、シベリア沿岸、カムチャッカ地方）に最大で出力10万キロワットの大規模風力発電所を設置する計画でいる。総事業費は200億円規模に達し、発電設備の輸出を拡大する[26]。
　JBICとロシア開発対外経済銀行はナホトカ肥料プラント建設に向けた協力に関する覚書を結んでいる。
　日揮とハバロフスク地方政府は温室野菜栽培事業の拡大に向けた温室拡張工事の遂行、協力にかかわる覚書を締結している。
　飯田グループホールディングスとロシアの極東開発公社はロシア極東でプロジェクトを実施するための合意書を結んでいる。飯田グループはロシアで製材

工場を建設，寒冷地仕様の良質な住宅の供給を目指す。

北海道総合商事，ヤクーツク市，サハ共和国はヤクーツク市区で1年中利用可能な温室施設の投資プロジェクト実現に関する交渉の覚書を締結している。

日揮，北斗病院，極東投資誘致輸出促進エージェンシー，そして沿海地方政府はウラジオストクでの外来リハビリテーション事業に関する覚書を交わしている。

三菱重工業，丸紅とロスネフチはロシア極東においてガス化学プロジェクト事業化を進めるための協定書に調印している。

前川製作所と丸紅は極東養鶏食肉工場の協業についての基本合意書に署名している。

日露の知恵を結集した先端技術協力

富士通とPFU，ABBYY社は人工知能（AI）に基づく多言語文書処理ソリューションに関する覚書に調印している。

ファナックとスコルコヴォ財団はスコルコヴォ・イノベーションセンターにおける協力の基本原則に関する覚書を交わしている。

パナソニック，パナソニック・ロシア，ライディックス社が戦略的パートナーシップを締結する覚書を交わしている。

日本郵便とロシア郵便は郵便事業での協力に関する覚書を結んでいる。また，ロシア郵便は東芝と郵便・物流システム事業の戦略的協業についての覚書を締結している。

両国間の重層的な人的交流の抜本的拡大

東北大学とモスクワ大学が高等教育機関協会の創立についての了解覚書を交わしている。

電通とガスプロムメディア・ホールディングが戦略的協力関係の了解覚書を交わしている。

4．追い詰められるロシア経済

　対外的に強硬な姿勢を貫くクレムリン（ロシア大統領府）だが，ロシア国内の経済は悲惨な状況にある。長年の経済課題である脱資源・エネルギーは思うようには進展せず，相変わらず資源マネーの流入に頼る始末だ。経済発展の根幹にかかわる中小企業もほとんど育っていない。

　国家，すなわち国営企業が経済の大半を支配し，競争原理は機能していない。国内総生産（GDP）に占める国営部門のシェアは7割に達する[27]。民間企業が育たないのは至極当然の帰結である。

　大国というのはまずは経済大国でなければならない。経済力に乏しい大国はありえない。今のロシアのように経済停滞が続けば，必ずや国力は衰退する。原油安と経済制裁が襲来する以前の2013年には，経済成長率はすでに1.3％に低下，足元ではマイナス成長に沈む。何よりも設備投資が積み上がらない。これは企業がロシアの将来を悲観的に眺めている証左である。大国ロシアは幻想に過ぎない。

　たとえ経済リベラル派が正しい認識を示しても，決まって抵抗勢力が巻き返しを図る。保守勢力が伸張する社会に未来はない。労働人口が減少しているだけでなく，年金生活者や公務員など国にしがみつく層が圧倒的に厚い。これでは活力のある社会は創出され得ない。潜在成長率は1％以下にとどまるという。

　プーチン大統領の支持率は依然として高いと聞くが，それは意図的にナショナリズムを鼓舞し，対外強硬策を繰り返し駆使した結果である。国民自らの生活水準が改善されたからではない。国民の支持基盤は意外と脆い。

　ロシア中央銀行のナビウリナ総裁はわずかながらも経済状況が改善されていると語っている。実際，モスクワ証券取引所の株価は上向き，2016年は27％の上昇を記録した[28]。投資家がロシア経済は最悪期を脱したと診断しているからであろう。

2016年は通貨ルーブルも上昇，同年末には年初来高値圏を舞った。原油市場の需給が改善するとの見方，あるいはトランプ米政権の誕生で米露関係が改善するとの思惑を背景に，経常収支が黒字であることがルーブル相場を支えている。とは言え，1ドル60ルーブル近辺とクリミア半島侵攻以前の水準には遠く及ばない[29]。ただ，ルーブル安で製造業には追い風が吹いている。

　ロシアの産油量が世界最大級であることから，株価もルーブル相場も国際原油価格にほぼ連動して推移する。トランプ政権の対露政策も不透明である。株価や通貨の相場反転がいびつな状況であることには変わりはない。

　ロシア国内では実質所得が低下しているほか，物価上昇率も5.8％と決して低くない。インフレが年金や給与を侵食している。小売売上高は2016年10月，年率換算で4.4％も低下している。政策金利はルーブル相場を下支えするために，7.75％と高水準だ。この水準では新規の設備投資に踏み切れない。

　財政収支が赤字転落して久しいが，ロシア政府は2017年国防費を27％削減する方針を表明している[30]。ロシアは今後，軍拡競争から撤退しなければならない。

　そもそもロシアの場合，そのシステムは国家管理型の民主主義であり，市場経済である。だが，ロシアは今，分裂，弱体化，カオスに直面する。

　要するに，最悪期は脱したかもしれないとはいえ，経済成長率はゼロ％成長近辺で推移するということである。仮に原油価格が持ち直し，かつ経済制裁が解除されて，一時的に経済が上向いたとしても，労働市場や年金システムの改革といった構造改革に着手せずに，ロシア経済の復活はなし得ない。しかし，ロシアはこれまで構造改革には失敗ばかり繰り返している。

　原油価格が反転すると，産業構造の多様化がさらに遅れるという副作用に見舞われる。また，労働生産性が悪化しているので，少々資源価格が上昇しても相殺されてしまう。いずれにせよ，抜本的な経済変革が必要なことは間違いがない。

5．北方領土問題と安全保障

　いわゆる北方四島（択捉島，国後島，色丹島，歯舞群島）の日本への帰属がロシアとの間で確認されたのは1855年の日露通好条約（江戸幕府とロシア帝国が調印）までさかのぼる[31]。だが，第2次世界大戦末期（1945年8月9日），ソ連邦が対日参戦して，4島に侵攻，占領した。日本人は強制退去させられている。そのとき以降，ソ連邦，ロシアが領有権を主張，実効支配が続く。ロシア側は北方四島を戦利品だと認識している。

　それでも北方四島には長くアイヌ民族が居住，島名もアイヌ語からきている。こうした経緯が日本固有の領土という日本政府の主張に結びつく。ただ，既述のとおり，ロシアという国には固有の領土という発想は通用しない。

　現在，北方領土には1万7,000人のロシア人が住む。総面積は5,000平方キロメートルを超え，福岡県よりも大きい[32]。サケ，タラ，タラバガニなどの水産資源が豊富で，さらに加えて，周辺海域の海底には貴重な資源が埋蔵されるといわれる。

　領土問題の解決はきわめて困難だが，北方四島を千島列島からオホーツク海に至る海域全体の中に位置付けた上で，日本，ロシア双方の安全保障を見据えて，大局的にとらえることが肝要である。北方四島のみを切断して，領土問題を理解することは日本の安全保障上，得策でない。

　北方領土周辺の地図を見れば明らかだが，北方四島を起点として，そこから北東の方向に千島列島が伸び，カムチャッカ半島に至る。この海域のすぐ西側にはオホーツク海が広がり，サハリン（樺太）へと続く。そして，千島列島の東側には広大な太平洋がある。この海域が戦略上，枢要な役割を果たすのである。それは日本海から宗谷海峡を経て，太平洋へと抜けるシーレーン（海上輸送路）に匹敵するからだ。この海域の戦略的価値が一気に高まり，文字通りの地政学的に重要な海域となっている。

　ここにはきわめて重要な安全保障上の含蓄が潜む。

それは第1に，アジア太平洋地域の最北に位置する点だ。21世紀はアジア太平洋の時代だと叫ばれて久しいが，該当する海域はアジア太平洋への出口であり，米アラスカ州からカナダ北部へと至る，いわゆる北極海航路の始点に相当するからである。それゆえに日本，ロシア，米国，カナダがそれぞれの海洋権益を死守しようと躍起になっている。

　それだけではない。厄介なことに，この海域とは一見，無縁の中国までもがここに食い込もうと野心を燃やす。この中国の野心が周辺国と摩擦を生むことは想像に難くない。中国海軍が北回り航路で太平洋へと抜けようとする，あるいは北極海に踏み込もうとすると，たちどころに周辺国の海洋権益と衝突する[33]。

　現実に2013年7月，中国海軍の艦艇5隻が史上初めて，日本海から宗谷海峡を通過，オホーツク海に入ってウルップ島と択捉島との海域を通り，太平洋へと抜け出た。さらに，2015年9月には中国海軍の艦艇がアラスカ沖のベーリング海まで進出している[34]。

　その直後からロシアは大規模軍事演習を実施，北部統合戦略司令部を発足させるなど，極東全域の軍事力強化に乗り出している。国後島と択捉島に配備された最新式の地対艦ミサイルも極東地域の軍事力強化の一環である。加えて，ロシアは中距離核の保有を執拗に主張しているが，中国海軍の海洋戦略，ひいては軍事戦略全体を念頭に置く，ロシアの対抗策であることは明白であろう。

　他方，日本に対しては，2016年11月に承認されたロシア連邦対外政策概念の中で，善隣関係を構築すると明記している。

　第2に，ロシア北部に広がる北極海の重要性である。地球温暖化が深刻化すると，北極海が新たな北回り航路としての役割を果たすことができる。従来ならば，南回りで東シナ海から南シナ海，マラッカ海峡，インド洋，紅海，スエズ運河と抜け，地中海から欧州に輸送していたが，北回り航路が完成すると，輸送時間と距離が劇的に短縮される。これこそが海運革命。21世紀の海運革命と言っても過言ではない。

　この海域に関与する国が中国海軍の進出を阻もうとしても決して不思議では

ない。こうして関与する周辺国と中国とが衝突していく。周辺国はこの中国の動きを阻止し，封じ込めようとする。

　2016年中旬の日露首脳会談では安倍首相の敗北という文字が躍り，失敗だったと酷評する論評が目立つが，それは誤りである。今回の首脳会談の成果は何よりも，外務・防衛担当閣僚級協議（2プラス2）の再開の必要性で一致したことである。安全保障交流の拡大によって，日露両国が信頼を醸成することは非常に意義深い。

　確かにモスクワは米国が東欧諸国や韓国など世界で展開するミサイル防衛（MD）システムに懸念を示している[35]。朝鮮半島の韓国には地上配備型ミサイル迎撃システム（THAAD）が配備されることになって，中国政府が猛反発したことは記憶に新しい。北東アジア地域で日米安全保障条約や米韓安全保障条約によって米国のプレゼンスが誇示されていることにも警戒を怠らない。

　北方領土の一部だけでも日本に返還される事態になると，当該地域は当然のことながら，日米安保の適用範囲となる[36]。日本に返還されると，即刻，ロシアは米国の軍事力と対峙することになるからだ。

　しかしながら，トランプ米新政権はロシアとの関係悪化をリセットして，プーチン政権を尊重する方針を打ち出し，プーチン大統領も2016年12月1日に行った年次教書演説（施政方針演説）でトランプ新政権と協力する用意があると述べ，関係の改善に期待感を表明していた[37]。米国がロシアに科している経済制裁を解除させる狙いがあると推察できるが，米露両国の関係改善は日本にとって悪い話ではない。

　ロシアが北京に急接近して政治的支援を求めたのは，欧米諸国との関係が悪化して，東西冷戦の様相を呈していたことが背景にある。そのためロシアは高性能の武器を中国に再び輸出する方針に転換，SU－35戦闘機4機を供与する[38]。中国人パイロットをロシアで軍事訓練することにも踏み込んでいる。

　ただ，中国はロシアの知的財産権保護に調印しているけれども，衛星システムや弾道ミサイル・イスカンデルといったロシアにとって要となる武器・兵器は輸出していない。ロシアにとって中国は真の友好国とはいえない。

ロシアにとって中国は重要な武器・兵器の輸出市場である。現在，80億ドル規模に達する契約を抱えている。軍事力を強化している中国の軍事費は米国に次ぐ世界第2位で，2015年実績では2,150億ドルに及ぶ。中国はまた，2011年～15年期で世界第3位の武器・兵器輸入国でもある。

一方，ロシアは世界第2位の武器・兵器輸出国だ。2016年10月中旬，インドを訪問したプーチン大統領はモディ首相と会談，防衛協力の拡大で合意した[39]。このとき，プーチン大統領は軍用ヘリコプター（カモフ226T）を共同開発することや，ロシア製の地対空ミサイル（S400）をインドに売り込む商談をまとめている。

軍用ヘリコプターに関しては，ロシアとインドの両国で共同出資会社を設立して，インド国内で200機以上を生産する見込みだという。また，飛行距離400キロメートルとされる地対空ミサイルをインドが購入すれば，防空体制を強化できる。さらにインドはフリゲート艦も購入する。総額で50億ドル規模に達する取引となる。

日本とロシアが安保対話を再開して，これを米国がロシアに関与する受け皿にできれば，安倍政権が念頭に置く，対中国包囲網の構築が最終段階を迎える。そのためにも日本はロシアと北東アジア地域で共通した利害関係を築く必要がある。2プラス2がこの戦略に寄与することは指摘するまでもない。

6．産油国としてのロシアと国際原油市場

原油価格競争に疲弊した石油輸出国機構（OPEC）は思うように原油の輸出市場を拡大できず，ついに米シェールオイルやOPEC非加盟産油国の前に屈服，米国が戦勝国となった。米国は2010～15年に日量400万バレルを市場に追加投入している[40]。市場拡大競争を断念したOPECは産油量を抑制して，油価防衛に傾注，原油価格の上昇を重視する方針に大転換を図る。

2016年11月末，OPECは総会を開催，産油量を減産することで合意，その返す刀でOPEC非加盟国にも協調減産を要請した。こうして15年ぶりの協調

減産が実現する。

　OPEC加盟諸国による減産は日量120万バレル（OPECの産油量は全体で同3,250万バレル），OPEC非加盟国の減産が同60万バレルであるから（減産協議に参加したOPEC非加盟国の産油量は2015年時点で同1,800万バレル），合計で同180万バレルの減産量となる[41]。世界規模の原油過剰量は日量100万バレル程度と推定されているために[42]，供給不足に陥るかもしれない。

　こうした産油量の協調減産を投資家は好感，国際原油市場はこれに素直に反応し，1バレル50ドル台半ばで推移するようになっている。OPECが2017年後半に原油市場の需給が供給過剰の解消が進み，均衡に向かうと予測していること[43]も原油の買い材料となっている。

　原油価格の上昇は世界の株式市場にも波及，強気相場に転じて，先進国や産油国の株高も演出した。と同時に，早くもインフレ観測も広がり，米国債が売られ，米長期金利が上昇。米ドルの全面高となり，これが円安を導出している。

　問題は各産油国が産油量の減産を遵守するかどうかにある。国際原油市場の代表的な波乱要因として，次の点が指摘できる。

　先進国では再生可能エネルギーやエコカーの導入が相次ぎ，全体として，原油需要が膨らまない産業構造にシフトしている。新興国の電力などエネルギーの需要は旺盛だが，それでも天然ガスへの転換に力を入れるようになっている。発電部門では再生可能エネルギーが石炭を上回る水準にまで普及するようになった[44]。OPEC自らも今後15年以内に石油需要がピークを迎える可能性を自覚する。そのコア・シナリオは2040年とされる[45]。

　米国ではシェールオイル生産の技術革新が進展，価格競争力が強化されて，原油価格の採算ラインが1バレル50ドル台前半へと急速に低下している[46]。石油企業は効率を重視して，人員の削減などに努めている。

　実際，米シェール大手のヘス・コーポレーションは2017年の投資額を対前年比18％増の22億5,000万ドルにすると，5年ぶりの投資増を表明している。そして，シェールオイルの増産姿勢を鮮明にした[47]。

経済合理性が機能する米国では，原油価格が上昇すれば増産インセンティブが作用して，自ずと原油生産量が増える。生産された原油を運ぶパイプラインの設置に伴う環境問題が足枷となっていたが（産油量が増えても，送油手段がないと市場に原油を投入できない）[48]，トランプ新政権が石油産業界を政策面で支援，重要視していることも増産意欲を刺激するだろう。

　そうなると，原油輸出が解禁されたことを背景に，米国産の原油が国際市場に流出していく。OPEC産油国の市場が侵食され，焦ったOPECも再度，市場占有率重視へと回帰する可能性がある。

　そもそもOPEC加盟国も一枚岩でない。減産を遵守する保障がないだけでなく，国際社会による経済制裁が解除されたイランは，増産意欲が旺盛である。その産油量は日量380万バレルに及ぶ。

　OPEC加盟国の中でも減産が適用除外された例外国がある。リビアとナイジェリアだ。リビアの産油量は2016年9月現在，日量60万バレルに上り，さらに増えていく可能性がある。一方，ナイジェリアの産油量は日量180万バレルに達している。しかもナイジェリアには欧米の石油企業が追加投資に動く。産油量が増えるのは確実である[49]。

　最後にロシア。ロシアの原油生産量はソ連邦崩壊後で最高水準となる日量1,120万バレルと世界最大級を誇る（1987年時点は日量1,140万バレル）[50]。しかも今後3年間で日量59万バレルの増加となる見込みである。

　OPEC加盟国とは異なり，石油企業は国営最大手のロスネフチだけではない。複数の石油企業が石油産業に携わる。ロシア政府が協調減産に応じたとはいえ，ロシア国内すべての石油企業が減産に応じるとは限らない。ロスネフチでさえも増産計画を掲げている。

　ロスネフチは経済制裁後，北極圏の開発を断念して，油井数の増強（2014年の750カ所から2017年の1,700カ所）とともに，シベリアの陸上油田での生産を強化する方針に転換している[51]。そのために投資の増強も図り，今後5年で2014年水準の倍増以上に相当する1バレル当たり353ルーブルの投資を計画する。

子会社のユガンスクネフチェガス（旧ユーコス）の産油量は2015年夏の実績で日量125万バレル（対2012年比8％減，ロシア産油量の9分の1，ロスネフチ全体の31％）であったが，油井数の増加によって，2019年までに日量12万バレル（10％増）を追加する。

　ロシアにはまた，米国と同様にシェールオイル（バジェノフ鉱区）が眠る。その埋蔵量は750億バレルに達するという。外資が参入すれば，開発が可能となる。

　OPEC非加盟産油国全体の産油量は2017年に日量5,700万バレルとなる見通しである。OPEC加盟国の産油量よりも圧倒的に多いことがわかる。OPECが国際原油市場を凌駕できる時代はすでに終焉を迎えている。

　OPEC加盟国は油田の開発や原油の生産といった蒸留部門よりも，原油消費国で製油所や石油化学コンプレックスを建設するなど下流部門への参入に力点を置く戦略に転換していかねばならなくなった。これがOPECに求められる時代の要請なのである。

　経済制裁や原油安に苦しむロスネフチが事業ポートフォリオの見直しを急いでいる。

　グレンコアとカタール投資庁（QIA）からの出資受け入れを決断したことで，ロスネフチの株主構成に変化が生じている。ロシア政府が50.0％を保有する筆頭株主であるが，グレンコア・QIA連合が19.5％を保有，第2位の大株主に浮上していた。また，英系国際石油資本（メジャー）のBPも19.5％を保有する第2位の株主となっている。残余は浮動株である[52]。ただし，グレンコア・QIA連合保有株の大半は中国企業に転売されている。

　グレンコアは，いわばロスネフチの代理人として，ロスネフチ産の原油を輸出してきた。2013年に締結された5カ年契約で日量17万バレルの原油をロスネフチから購入している。新たに結ばれた契約では今後5年間にわたって，日量22万バレルの原油を購入する。

　QIAがロスネフチに出資することは欧米が科す経済制裁に抵触しない。カタールは経済制裁とは無縁の国だからだ。しかし，ここにイタリアの銀行最大

手のインテサ・サンパウロが74億ドルを融資するとなると，話は別だ。インテサ側はロスネフチの民営化アドバイザーとしての融資であるから問題はないとしているが，当局が精査することになっている。

それにグレンコアはイタリアとロンドンに上場している。これも問題だ。グレンコアは3億ユーロ，カタール投資庁は25億ユーロをそれぞれ負担するだけだった。残余はインテサからの融資でまかなった[53]。

ロスネフチが外国の資産を購入する事例もある。

2016年10月中旬，インドの大手財閥エッサール・グループから石油子会社エッサール・オイルを買収することで最終合意している[54]。株式（49％，35億ドル）や資産の買収総額は130億ドルに達する。原油輸出先を確保するだけでなく，製油所や給油所を買収することでインド市場に参入する。エッサール・オイルはインド西部のグジャラート州に年2,000万トンの処理能力を持つ製油所を保有，2,700カ所の給油所も展開する。

さらにエッサール・オイルが追加で放出する株式49％はグレンコアと同じスイスの資源商社であるトラフィギュラ（24％）とロシアの投資ファンド（25％）が買収する。エッサール・グループは株式を売却して，債務（グループ全体で1兆ルピー）の圧縮に充当する。

ロスネフチはまた，イタリア炭化水素公社（ENI）からエジプト沖の海底にある，ゾール天然ガス田の権益30％を11億ドルで買収する[55]。この天然ガス田は地中海最大規模で2017年末までに生産が開始され，エジプトに供給される。追加でさらに5％の株式を取得する可能性があるという。

ではなぜ，石油会社のロスネフチが外国で天然ガス田を保有するのか。

それはまず，ロシア国内のライバル企業であるガスプロムを意識していることにある。そして，LNG大国のカタールがロスネフチの株主になったことも，ロスネフチが天然ガス事業に参入するインセンティブとなっている。カタールには天然ガス開発事業やLNG事業でノウハウの蓄積がある。カタール，ロスネフチ双方にメリットがある。

最後に，国際政治的な要因だ。ロシアとエジプトは伝統的に友好国であり，

強権的な政治体制を保持していることも共通因数として存在する。
　OPECとOPEC非加盟産油国が減産に合意し，その減産が2017年1月から始まったとはいえ，即座に供給過剰が解消に向かうわけではない。確かに足元では2016年安値の2倍の価格水準で推移しているが，このまま減産を遵守する保障はまったくない。ヤミ増産が横行する可能性は否定できない。
　需要サイドでは新興国での需要の伸びは期待できるものの，先進国の需要は頭打ちとなっている。
　米ドル高局面で国際商品価格が伸び悩むというのは市場のセオリーとなっている。国際原油価格の動向は米国の石油産業や金融政策次第なのである[56]。

7．激化するクレムリンの権力闘争

　日露経済協力の中身を吟味していた最中，ロシア側の窓口であったウリュカエフ経済発展相が突如として，連邦捜査委員会に収賄容疑で拘束，刑事訴追された。その後，解任されている[57]。ここにはプーチン大統領周辺の派閥争い，権力闘争とロスネフチによる石油企業バシュネフチの民営化に伴う買収劇という要素が複雑に絡み合っている。
　バシュネフチはバシュコルトスタン地域を基盤とするロシア第6位の石油企業で，その株式の69.5％をロシア政府が保有していた。2010年以降，産油量が50％も増えており，優良企業といえる。一方，ロスネフチはロシア産油量の42％，製油部門の37％，ガソリンスタンドの4分の1を占有する，ロシア最大手の石油企業だ[58]。
　権力闘争の構図はリベラル経済派とシロビキ（治安機関出身閥）による正面衝突という様相を呈している。これがプーチン大統領の後継者争いに投影されていく。それはメドベージェフ首相を中核とする内閣と治安機関出身者によって構成される保守強硬派（シロビキ）という対立構図である。
　問題はロスネフチがバシュネフチを買収する是非をめぐる見解の相違に集約される。リベラル派はこの買収に猛反対，ロスネフチの勢力伸張を阻止した

かった。買収反対の旗振り役を果たしていた人物がウリュカエフである。メドベージェフ首相も買収を容認していなかった。これに対してロスネフチのセチン社長はバシュネフチ株50.08％を53億ドルで買収することによって，総資産の規模を拡張したかった[59]。

セチン社長は治安機関出身者でシロビキ勢力内の実力者である。バシュネフチ買収に横槍を入れるリベラル派の影響力を削ぐべく，中央銀行第1副総裁などを歴任したウリュカエフを標的とした。バシュネフチ買収の際，ウリュカエフが賄賂200万ドルを要求したとして，収賄容疑で拘束したのである。賄賂を送った側のロスネフチは無罪放免になったことから，セチン社長が介入したのは明らかであろう。

この権力闘争は大統領府長官を解任されたセルゲイ・イワノフによる巻き返し作戦でもある。セルゲイ・イワノフもシロビキの一角を占める人物である。リベラル派にとっては打撃となる[60]。

なお，ウリュカエフの後任には財務省の戦略計画局出身のマキシム・オレシュキンが着任している。オレシュキンは経済通であることで知られ，経済省と財務省の橋渡し役を果たせるとの評価もある。ただ，この人事がリベラル経済派を優勢に導いていくかどうかは疑わしい[61]。それよりもむしろシロビキの逆襲がどの範囲まで及ぶのかに注目が集まっている。

一時，騒いだパナマ文書問題をご記憶だろうか。世界中のスーパーリッチが資金を租税回避地の一角を占めるパナマに移動させていたことが露呈して問題となった。ロシアも例外ではなかった。

ロシアの場合，プーチン大統領周辺の人物（インナーサークル）が蓄財に励んでいることが判明した。たとえば，セルゲイ・ロルドゥギンという人物。プーチン大統領に資金提供しているとも噂され，プーチン・インナーサークルのファンド・投資を管理しているといわれる。いわばインナーサークルの金庫番である。プーチン大統領の最初の妻を紹介したことで知られ，プーチン大統領の長女の名付け親でもある[62]。

このロルドゥギンがパナマに20億ドルを保有していることがわかった。バ

ンク・ロシアの大株主で 3.2％を保有する。バンク・ロシアのオーナーはユーリ・コバルチュクでプーチン大統領の友人だ。ロルドゥギンはバンク・ロシアの金融ネットワークにアクセスできる。なお，バンク・ロシアもコバルチュクも欧米諸国による経済制裁の対象となっている。

　ロルドゥギンはロシアの自動車企業，ロスネフチ，ガスプロムの株式も保有する。株式売買で得た利益は外国に移している。

　オレグ・ゴルディンという人物は英領バージン諸島に名義を置く，取引中継企業となっているサンダルウッドを支配している。対外貿易銀行（VTB）の子会社である RCB キプロスからサンダルウッドに資金が流れている。一方，サンダルウッドはロシア国内のプロジェクトに投資している。たとえば，コバルチュクが経営するオゾン社にサンダルウッドが 1,130 万ドルという資金を貸し付けた。そのオゾン社はスキーリゾート建設を手がけている。このスキーリゾートはプーチン大統領の次女と密接な関係があるという。

　サンダルウッドは 2012 年に閉鎖されたが，閉鎖後の取引はオベ・フィナンシャル・コープに移行している。このオベ・フィナンシャル・コープはプーチン大統領のメディア・アドバイザーと関係しているとされる。

　プーチン大統領周辺の人物にマネーが集中する仕組みが仕上がっている。しかもそのマネーは巧みに外国の租税回避地へと移されている。しかしながら，これらの内容は一握りの事実に過ぎない。巨大なマネー流入装置が存在しているのである。これがプーチン大統領の権力基盤を支える動力にもなっている。

【註】

（１）『日本経済新聞』2016 年 5 月 8 日号。
（２）*Financial Times,* December 13, 2016.
（３）『日本経済新聞』2016 年 11 月 1 日号。
（４）『日本経済新聞』2016 年 12 月 17 日号。
（５）『日本経済新聞』2016 年 11 月 23 日号。
（６）『日本経済新聞』2016 年 10 月 19 日号。

（7）『日本経済新聞』2016 年 11 月 1 日号。
（8）『日本経済新聞』2016 年 12 月 16 日号。
（9）『日本経済新聞』2016 年 12 月 17 日号。
（10）*Financial Times,* December 16, 2016.
（11）『日本経済新聞』2016 年 12 月 17 日号。
（12）『日本経済新聞』2016 年 11 月 22 日号。
（13）『日本経済新聞』2016 年 10 月 22 日号。
（14）『日本経済新聞』2016 年 11 月 2 日号。
（15）『日本経済新聞』2016 年 11 月 2 日号。
（16）『日本経済新聞』2016 年 12 月 17 日号。
（17）『日本経済新聞』2016 年 12 月 15 日号。
（18）*Financial Times,* December 14, 2016.
（19）『日本経済新聞』2016 年 12 月 16 日号。
（20）『日本経済新聞』2017 年 1 月 25 日号。
（21）『日本経済新聞』2016 年 12 月 15 日号。
（22）『日本経済新聞』2016 年 9 月 26 日号。
（23）『日本経済新聞』2016 年 12 月 17 日号。
（24）『日本経済新聞』2016 年 12 月 6 日号。
（25）『日本経済新聞』2016 年 11 月 5 日号。
（26）『日本経済新聞』2016 年 11 月 6 日号。
（27）『日本経済新聞』2016 年 11 月 24 日号。
（28）*Financial Times,* December 19, 2016.
（29）『日本経済新聞』2017 年 1 月 14 日号。*Financial Times,* December 30, 2016.
（30）*Financial Times,* November 1, 2016.
（31）『日本経済新聞』2017 年 1 月 7 日号。
（32）択捉島の面積は 3,168 平方キロメートルで人口は 5,906 人，以下，国後島 1,490 平方キロメートル，7,916 人，色丹島 251 平方キロメートル，3,006 人，歯舞群島 95 平方キロメートル，国境警備隊のみ（『日本経済新聞』2016 年 12 月 16 日号）。
（33）*Financial Times,* December 14, 2016.
（34）『日本経済新聞』2016 年 12 月 9 日号。
（35）『日本経済新聞』2016 年 12 月 16 日号。
（36）『日本経済新聞』2016 年 12 月 11 日号。
（37）『日本経済新聞』2016 年 12 月 2 日号。
（38）*Financial Times,* November 4, 2016.
（39）『日本経済新聞』2016 年 10 月 16 日号。
（40）*Financial Times,* October 28, 2016.
（41）『日本経済新聞』2016 年 12 月 11 日号。

（42）『日本経済新聞』2016 年 12 月 13 日号。
（43）『日本経済新聞』2016 年 12 月 15 日号。
（44）*Financial Times*, October 26, 2016.
（45）*Financial Times*, November 9, 2016.
（46）『日本経済新聞』2016 年 12 月 10 日号。
（47）『日本経済新聞』2017 年 1 月 14 日号。
（48）*Financial Times*, September 27, 2016.
（49）*Financial Times*, December 16, 2016.
（50）『日本経済新聞』2016 年 12 月 10 日号。
（51）*Financial Times*, September 22, 2016.
（52）*Financial Times*, December 13, 2016.
（53）*Financial Times*, December 17, 18, 2016.
（54）『日本経済新聞』2016 年 10 月 18 日号。*Financial Times*, October 17, 2016.
（55）*Financial Times*, December 13, 2016.
（56）『日本経済新聞』2017 年 1 月 12 日号。
（57）『日本経済新聞』2016 年 11 月 15 日号。
（58）*Financial Times*, October 7, 2016.
（59）*Financial Times*, November 16, 2016.
（60）『日本経済新聞』2016 年 11 月 16 日号。
（61）*Financial Times*, December 1, 2016.
（62）*Financial Times*, April 5, 2016.

（中津孝司）

Chapter VII
産油国の国際政治経済学

1．低迷が続く国際原油価格

　長期低迷局面に突入か。国際原油価格の水準がレンジ相場から抜け出せない。

　石油輸出国機構（OPEC）とOPEC非加盟の主要産油国が原油生産量の協調減産策を打ち出し，実施し始めた2017年1月頃，国際原油価格は1バレル55ドルを挟む水準を維持できていた。協調減産に踏み切る以前の価格水準が同45ドル近辺であったから，同10ドルほど価格が押し上げられたことになる。

　ところが，同年6月には再び，1バレル45ドルの水準へと下落，協調減産の価格押し上げ効果を早くも打ち消してしまった。足元でも同50ドル台の水準で推移している。欧米の主要投資銀行各社は同50ドルの価格水準から大きく乖離することはないと判断している[1]。

　原油は国際金融商品でもあることから，米ドル高局面では売り対象となる。金利を伴わない商品からはマネーが流出するためだ。

　周知のとおり，米連邦準備理事会（FRB）は金融引き締め（金利引き上げや保有資産縮小・テーパリング）へと舵を切っている。雇用の拡大や失業率の低下が賃金増や物価上昇を導かないことで，米ドル高が演出されていないけれども，長期的には円安ドル高が続く。投資家は積極的に原油を買い対象にできない。

　先進国では着々と脱化石燃料が進む。ガソリン車やディーゼル車からクリーンな電気自動車（EV）などエコカーへのシフト，普及が進み，さらには風力，太陽光といった再生可能エネルギーの導入も推進されている。加えて，燃費改

善も顕著となってきた。

　世界石油消費の65％は自動車など輸送向けが占有する[2]。脱石油・燃料が本格化することは間違いなく，これが否応なく石油・ガソリン需要を鈍化させていく。2040年を迎えると，日量800万バレルの石油需要が減るとする予測もある[3]。

　2016年実績で世界のEV台数はわずか200万台に過ぎないが，国際エネルギー機関（IEA）の見通しによると，2020年に2,000万台と一気に10倍の規模に拡大，2025年には7,000万台に急増するという[4]。

　そうなると，別の問題が山積してくる。まず，電力需要が急激に伸びていくだろうから，新規需要に応答するために発電所の新設を急ぐ必要がある。電源・エネルギー源を何に求めるかで地球温暖化ガス排出量が異なってくる。

　また，EVには専用の電池が必要となるから，その原材料をいかに確保するのか。加えて，使用済みの電池をどのようにして廃棄するのか。それに内燃機関を備えた従来の自動車とは違って，EVは電気モーターで走行する。それは車輪をつけた家電製品になる。自動車産業界は質的・量的に変貌を遂げるだろう。もちろん業界の雇用にも多大な影響を与える。

　供給サイドはどうか。

　米国での原油増産が足枷となって，産油国による協調減産効果を帳消しにしている。OPECが市場に口先介入を試みても，市場の反応は冷静沈着。経済協力開発機構（OECD）加盟国の商業在庫は30億バレル[5]。この原油の過剰在庫を背景に，市場は単なる口先介入であることを見抜いて，笛を吹いても踊らない。

　2017年5月中旬，OPECの盟主を自認するサウジアラビアのファリハ・エネルギー産業鉱物資源相が原油減産を2018年3月まで9カ月間延長すると表明，口先介入で市場に買い材料を提供した[6]。続く5月下旬に開催されたOPEC総会では，1月から実施してきたOPEC非加盟産油国とOPEC加盟諸国による日量180万バレル弱におよぶ協調減産を9カ月間延長することで合意している[7]。その後，協調減産をさらに9カ月間延長し，2018年末まで続け

ることで合意されている。

　誤算。OPECの見込み違いは米国の産油量が急速に回復していることにある。2017年7月上旬現在で米国の産油量は日量933万8,000バレルで，リグ（石油掘削装置）の稼動数は768基（2017年8月上旬，天然ガスの掘削リグは181基）に達している[8]。米エネルギー情報局（EIA）は2017年の米国産油量見通しを日量931万バレルに引き上げている。

　EIAによると，米シェールオイルの生産量は2017年8月で558万バレルとしている[9]。つまり米国産油量全体の6割をシェールオイルが占有する。今やシェールオイルを抜きにしては米国の石油産業を語れなくなった。

　ただ，FRBによる金融引き締めが進展すると，米石油企業による資金調達に悪影響が及び，原油増産シナリオが崩れる。米シェール企業の損益分岐点の中心帯は1バレル40～65ドルとされ[10]，原油価格が同40ドルを下回る水準にとどまり続ければ，石油企業は減産に転じるだろう。そうなると原油価格は自ずと上昇する。

　米産油量の復活は直線的にOPEC産原油の需要減につながる。OPEC加盟産油国やOPEC非加盟産油国が期待する原油価格の上昇は実現できず，産油量の協調減産や協調減産期間の延長は原油相場の底割れを防いでいるに過ぎない。よほどのサプライズがない限り，市場は反応しなくなった。

　そもそもOPECは一枚岩でない。OPECによると，2017年5月のOPEC産油量は日量3,214万バレルと，対前月比で同34万バレル弱の大幅増を記録している（新規加盟の赤道ギニアを含まず）。また，同年6月の産油量も日量3,261万バレル（赤道ギニアを含む）と一段増となっている。さらに，同年7月の産油量は日量3,287万バレルと同26万バレルも増えている[11]。なお，同年8月のOPEC加盟14カ国の産油量は日量3,276万バレルで若干減少している[12]。

　OPEC加盟国であるにもかかわらず，リビアやナイジェリアは産油量減産の適用が免除されている。こうした加盟国で原油生産量が回復すると，協調減産効果はたちどころに薄らいでしまう。サウジアラビアの産油量も日量1,006万バレル（2017年7月）と節目の同1,000万バレルを上回っている。

事実，リビアとナイジェリアの2カ国で5月のOPEC産油量を日量35万バレル押し上げたのに続いて，6月も同22万バレル上積みした。ナイジェリアの産油量は現在，日量186万バレル程度であるが，同200万バレルに接近する可能性が高い。リビアの産油量も日量89万バレルの水準に達している。

イラクも減産に消極的で，2017年7月の原油生産量は日量440万バレルとなっている[13]。イラク政府としては，原油増産で戦費増大（過激派組織イスラム国［IS］対策）が原因の財政難を緩和したい。イラン政府も2017年末に原油生産量を日量400万バレルに引き上げる方針でいる[14]。イランからは日量150万バレル程度の原油がアジア諸国（日本，韓国，インド，中国など）にも輸出されている[15]。

一方，ロシアやカザフスタンといったOPEC非加盟国の産油量は2017年見通しで日量5,814万バレルとOPEC当局は見通している。

ロシアのノワク・エネルギー相はOPEC，ことにサウジアラビアと減産方針で協調することについて，協力の新時代到来と自画自賛する一方で[16]，2017年の原油生産量を過去最高水準の5億4,900万トンと予測。現在の産油量を2035年まで維持する方針を表明している[17]。シベリアを代表とする陸上油田の大規模開発を断行する構えでいる。

2018年3月に大統領選挙を控えるロシアにとって，原油市場の安定が経済安定を導く要因となるだけに，OPECとの協力は欠かせないものの，その協力姿勢が継続するかどうかは疑わしい。

OPECを中心とする産油量の協調減産に同調するロシアではあるが，OPEC加盟産油国と違って，ロシアの石油企業は民間企業も含めて複数が乱立する。産油量減産を徹底させることは至難の業だ。勢い，ロシアは原油増産に意欲的となる。他方，カザフスタン当局は産油量協調減産からの出口論に言及，協調減産から逸脱してしまった。

下落傾向をたどる原油先物価格に苛立ちを募らせる産油国が2017年7月下旬，ロシア第2の都市サンクトペテルブルクに集結，閣僚会合を開いた[18]。会合では需給を引き締めるために原油協調減産追加策が決定され，必要に応じ

て減産の再延長も視野に入れる。

　原油生産量が回復基調にあるナイジェリアについては，正常化の目安となる日量180万バレルに産油量が達した場合，原油生産量に上限を設ける方針が表明された。リビアについては，日量125万バレルを原油生産目標とすることが確認された。他方，サウジアラビアは2017年8月の原油輸出量を日量600万バレルに抑制すると言明していた。

　しかしながら，OPECの産油量は日量3,300万バレルへと徐々に接近，減産は遵守できずにいる。財政難を理由にイラクが減産に消極的であることはすでに述べたが，同じ理由でエクアドルも協調減産を放棄，増産する姿勢を鮮明にしている。

　OPECによる減産追加策に市場はいかに反応したか。市場は追加策が実施されたとしても原油在庫圧縮の決め手にならない，つまり需給改善が進まないと判断。原油価格上昇のエネルギーは限定的だ。市場は供給過剰に歯止めがかかる程度と受けとめているようだ。

　従来，OPEC加盟国やOPEC非加盟の産油国による生産動向が国際原油市場に多大な影響を及ぼしてきた。原油価格形成の支配権を一手に牛耳っていたわけである。ところが，現在，市場価格支配権は米国へとバトンタッチされている。米国産の原油がシェアを奪う構図は容易に崩れない模様である。

　米国の原油生産量，リグ稼動数，在庫水準といった変動要因を市場は注視，その結果，産油国要因の影響力に陰りが生じている。さらに加えて，カナダの産油量もまた増加基調をたどり，2017年に日量27万バレル，2018年には同32万バレルをそれぞれ追加できるという[19]。米国は大量の原油をカナダから輸入している。

　結果として，国際原油価格は1バレル60ドルの水準を明確に上抜けられない。市場にとってはこの価格水準が居心地の良い水準なのかもしれない。

　需要サイドではなく，供給サイドに市場が注目する状況はしばらく継続しそうである。そこで以下では，供給サイド，すなわち中東産油国，ロシア，米国に照準を定めて検討してみたい。

2．中東世界の政治力学とサウジアラビア

　2017年6月初旬，サウジアラビアを代表とするアラブ諸国が突如として，カタールに国交断絶を突きつけた。世界に激震が走ったが，関係修復には至っていない。

　アラブ世界で最も影響力のある，衛星テレビ局アルジャズィーラ（Al Jazeera）の閉鎖など13項目の要求（アルジャズィーラ閉鎖のほか，イランとの外交関係縮小，トルコ軍基地の閉鎖，イスラム原理主義組織「ムスリム同胞団」などとの関係断絶，テロリストに指定されている人物の引き渡し・資金提供の禁止，サウジアラビア・エジプト・アラブ首長国連邦［UAE］・バーレーン4カ国の国民へのカタール国籍付与の禁止・内政干渉の停止，賠償金の支払い[20]）をアラブ諸国はカタール側に提示した。

　しかしながら，カタール政府は断固として要求を拒否。返す刀で世界貿易機関（WTO）に提訴，経済封鎖が国際貿易のルールに反すると訴えた[21]。実施されている国境閉鎖，国民の往来禁止といったカタール経済封鎖は長期化する様相を呈している。これと並行して親米アラブ諸国同士の対立も長期化，事態収拾は困難なことが必至の情勢となっている。

　カタールには米空軍基地が置かれると同時に，1万1,000人の米軍が駐留する[22]。文字通り，中東地域における米国の戦略的拠点となっている。この意味において，カタールはほかのペルシャ湾岸産油国と同列に並ぶ。

　国際社会がイラン経済制裁を緩和，解除の方向を示したことで，イランの脅威に身構えるサウジアラビアの外交政策は萎縮。泥沼化するイエメン内戦への軍事介入やIS掃討作戦による体力消耗も相まって，中東世界におけるプレゼンスが低下していた。イランがイエメンのイスラム教シーア派系・反体制武装組織フーシを支援することから，イエメンを戦場とするイランとサウジアラビアによる代理戦争へと発展している[23]。

　ところが，米国で共和党政権が誕生し，イラン融和策を否定する外交方針が打ち出される。トランプ米大統領による初の外遊先がサウジアラビアであった

ことから自信を深めたのか。サウジアラビアの挑発的な外交攻勢に拍車がかかった。

A. カタール経済封鎖と中東世界

　経済封鎖はカタールを舞台とする企業活動に悪影響を及ぼしている。

　東京五輪後の2022年を迎えると，カタールでサッカー・ワールドカップ（W杯）が開催される予定となっている。このためカタールでは総額2,000億ドル，日本円に換算すると23兆円にも達するインフラ整備が急ピッチで進められている。1週間あたり5億ドルが投じられる計算になる。

　輸入先は日欧米が主流であるものの，UAEなどが自国の港に立ち寄った船舶がカタールに向かうことを禁じていることから，資機材を運ばなければならないカタール企業は対応を迫られる。いわゆるサプライチェーン（供給網・物流網）が寸断されている。

　また，外資系企業はペルシャ湾岸地域の統括拠点をUAEのドバイに置く。カタールの首都ドーハとドバイを結ぶ国営カタール航空などによる直行便の運航が停止されていることで，オマーン経由などの代替ルートに切り替えざるを得ず，人の往来にも支障が生じている。

　空路閉鎖でカタール航空の運航に支障が生じている問題については，カタール当局は国際民間航空機関（ICAO）に介入を求めている。

　ただ，経済封鎖は一方通行ではない。サウジアラビア，UAE，バーレーンの企業もカタールでの建設工事を受注する。当然，契約不履行のリスクを抱え込むことになる。

　人口270万人に過ぎない小国カタールは，天然ガス大国として世界的に知られる。天然ガス生産量で世界シェアの5％を占める。世界屈指の経済的に豊かな国家である上，外貨準備金は340億ドルに達する[24]。

　政府系ファンド（SWF）のカタール投資庁（QIA，資産規模3,350億ドル）はドイツの自動車大手フォルクス・ワーゲン（VW）の株式12.5％，英国際金融グループ・バークレイズの株式6.04％，ロンドンにある，欧州随一のシャード・

タワーや名門デパート・ハロッズを保有する(25)。

また，カタール投資ファンドはフランスのサッカー強豪クラブチームであるパリ・サンジェルマンを所有する。このパリ・サンジェルマンがブラジル代表のスター選手，ネイマール・ダ・シルバ・サントス・ジュニアを史上最高額の移籍金2億2,200万ユーロで獲得。ネイマール選手はスペインのFCバルセロナからパリ・サンジェルマンに移籍する(26)。

カタールは周辺国にパイプラインで天然ガスを供給するほか，世界最大の液化天然ガス（LNG）生産国・輸出国で，世界供給の3割近くを占有する。2015年実績で1,029億立方メートルのLNGを輸出している。国営石油会社カタール・ペトロリアム（本社ドーハ）はLNGの生産能力（年7,700万トン）を5～7年後に30％拡充（1億トン）する計画を明らかにしている(27)。日本もカタールから大量のLNGを輸入，輸入LNGの15％をカタール産に依拠する(28)。

カタール・ペトロリアムはフランス石油大手のトタルとアッシャヒーン油田（原油生産量は日量30万バレルでカタール産油量の半分を占有）を開発・生産する。カタール政府は外資系企業を積極的に誘致する方針を示している。外国人労働者に永住権を付与する法案も成立させている(29)。

カタールリスクは天然ガスやLNGの価格急騰要因になりそうだが，実際には価格は反応していない。なぜか。需要側と供給側の双方から点検してみよう。

2016年のLNG取引量は2億6,360万トンで対前年比7.5％増となり，過去最高を更新した(30)。長期契約による取引が主流ながらも，最近では短期・スポット（随時契約）取引が増加している。

世界最大のLNG輸入国である日本のLNG需要は原子力発電所再稼動が原因で減少した一方，中国とインドの需要が3割以上の伸びを記録した。環境負荷が少ない天然ガスの需要が新興国でも高まっていることがわかる。中東諸国も天然ガス需要国としての存在感を高めている。

こうした需要増に応答して，LNG生産国は生産能力の増強や新規供給に努めている。オーストラリアでは米系国際石油資本（メジャー）のシェブロンが

主導するゴーゴン・プロジェクトでLNG生産を開始。米国でもシェールガスを利用したLNG生産，輸出が本格始動している。

全体として，LNG需給は逼迫していない。IEAが公表した報告書によると，2022年段階での世界LNG輸出能力は年間6,500億立方メートルに達する一方で，世界LNG需要量は4,600億立方メートルにとどまる。つまり大幅な供給超過になるという。

原油価格低迷の影響も受けて，天然ガスとLNGの価格変動はきわめて限定的，心理的なカタールリスクを相殺している。事実，アジア市場のLNGスポット価格は100万BTU（英国熱量単位）あたり5ドル台と，低水準にとどまっている[31]。これは経済封鎖にもかかわらず，天然ガス，LNGがカタールから安定的に供給され続けていることを意味する。

UAEには潤沢な原油資源が埋蔵される一方，天然ガスは不足する。仕方なく隣国のカタールからパイプラインで天然ガスを調達する。UAEとしては国内消費を抑制して，でき得る限り多くの原油を輸出向けに充当したい。そのため発電用には天然ガスが利用されている。

エジプトにも原油，天然ガスが埋蔵されるが，自国のエネルギー需要をまかなうまでには至らない。不足分は輸入に依存する。LNGに関しても，カタールからの調達に依拠しているのが実態だ。エジプトはサウジアラビアとともにカタールに絶縁状を突きつけたものの，カタール発のLNG専用タンカーを受け入れている。また，スエズ運河ではカタール国籍船舶の航行を妨げる気配もない。

ただし，カタール断交の影響で半導体や光ファイバーの製造工程（冷却）に欠かせないヘリウムガスが値上がりしている。カタールがヘリウム産出国（米国，アルジェリアなども産出国）であるために，サプライチェーンが寸断されたことで輸出が停滞，輸送コストが膨らんだからだ[32]。

ではなぜ，一部のアラブ諸国はカタールとの絶縁を選択したのか。カタールが独自外交を展開してきたことは事実であるが，イスラム過激派やイスラム系テロリストを国家レベルで支援，あるいは擁護してきたとはいえない。し

がって，アラブ諸国の主張はカタールに対する濡れ衣であり，口実に過ぎない。

アラブ諸国の真意，本音はメディア・言論統制を通じて，王室批判，体制批判を封じ込めたいところにある。つまり自己防衛のための制裁に過ぎない。その標的がカタール首長家の出資するアルジャズィーラ[33]。

政治体制を死守したいアラブ諸国では反カタールへと急速に傾いている。カタールが過激思想を支持している，テロリストに拠点を提供している，アラブ諸国を攻撃している。反カタール論調一色に染まっている。アラブ諸国のメディアは政府擁護報道を繰り返す。

ところが，アルジャズィーラは違う。正々堂々とアラブ各国の過激派や反体制派の主張を報道，中東民主化運動「アラブの春」が中東世界を席巻した際には，各地の民衆蜂起を詳細に報じた。これが強権独裁国家の崩壊に影響を与えたことは指摘するまでもない。

生き残った強権独裁国家の指導者にとって，アルジャズィーラが最大の敵であることは想像に難くない。行き着く先がアルジャズィーラの閉鎖要求である。

しかし，強権国家の指導者は世代交代という地殻変動を理解していない。これは中東世界に限定されない。日本も含めて，若年層は中高年のようにテレビを視聴せず，インターネットの世界に浸る。そこでは個人の好みに応じた，きわめて細分的な世界が広がる。テレビ報道は一方通行だが，ネットの世界は双方向である。

強権をもって言論を統制，封じ込めることはもはや不可能に近い。中高年，後期高齢の年齢層に属する政治指導者はこの点を理解していない。否，理解しているからこそ圧力をかけるのかもしれない。だが，その政治圧力は制御不能の暴発リスクを内包する。

B．サウジアラビアの経済変革は進展するか

中東世界では今もって強権的な政治体制，独裁色の濃い支配構造が主流と

なっている。社会秩序を保つための必要悪なのかもしれないが，いずれ崩壊する運命が待ち構えている。とはいえ，「アラブの春」がその受け皿となり得なかったことも事実。独裁体制に代わる政治装置が中東世界に求められている。そのためには回り道だが，教育の重要性を再認識する必要がある。この教育こそが中東世界を安定に導いていく磁石となる。

現在進行しているのはコップの中の世代交代だが，これが閉塞状況を打破する突破口となるかどうか。

サウジアラビアのサルマン国王が 2017 年 6 月 21 日，王位継承順位が第 1 位のムハンマド・ビン・ナエフ皇太子を解任，実子である継承順位第 2 位のムハンマド・ビン・サルマン国防相兼副皇太子を皇太子に勅令で昇格させた[34]。サルマン国王が退位して，皇太子に生前譲位するとの観測すら流れる[35]。

ナエフ皇太子については，副首相と内相の職務からも解任されている。明らかに宮廷クーデターである。内相にはアブドゥルアジズ・ビン・サウド・ビン・ナエフ王子が任命されている[36]。新内相は国内の治安安定という重要な任務を背負う。

確かに世代交代は進んだものの，一個人に権力が集中することになる。宮廷クーデターや暗殺はこのような無理な人事が導火線となる。これが中東アラビア半島の限界であり，現実なのである。

ムハンマド・ビン・サルマン新皇太子は 2016 年初頭のイラン断交や敵視政策，カタール断交を主導した経緯がある。イエメン内戦への軍事介入も画策したに違いない。サウジアラビアが中心となって，中東地域の集団安全保障体制を構築する構想も練る[37]。ムハンマド新皇太子が UAE アブダビ首長国のムハンマド・ビン・ザイド皇太子と結託して，カタールに断交を通告した状況証拠がある[38]。

イエメン，イラン，カタールとサウジアラビア自らが不安定要因を生み出したことになる。この不安定要因がコスト増の大きな圧力となってサウジアラビアに重くのしかかる。

戦争を知らない世代は戦争の怖さも知らない。周辺国との軋轢をでき得る限

り除去し，自国の防衛力を強化することに注力すべきであるにもかかわらず，若さゆえの短慮で強硬的，好戦的になり，混乱を助長する。これでは北朝鮮の独裁者と同列に並んでしまう。

その一方で，新皇太子はサウジアラビアの包括的経済変革構想「ビジョン2030」を策定することも主導してきた。「ビジョン2030」を通じて，脱石油産業構造を実現する構えだ。720億ドルにのぼる「ビジョン2030」では経済における政府の役割を縮小する一方，2020年までに民間企業で120万の雇用を創出することが描かれている。

サウジアラビアは今，人口爆発に直面，失業率は12％を超える。若年層が急増していることから（25歳以下の若年層が人口の半分を占める），雇用の受け皿を創出することが喫緊の社会経済課題となっている。石油部門の成長が停滞する一方，非石油部門は堅調に成長している模様である。非石油部門がサウジアラビア経済を牽引するようになってきた[39]。それでもマクロ経済はゼロ成長に甘んじている[40]。

長期間にわたる原油安が予想されることから，赤字転落した財政の再建も急務である。不満を募らせる若年層が納得するサウジアラビアの近代社会をいかにして成し遂げるのか。若者はアラブ民族主義も資源ナショナリズムも知らない。

国家意識の乏しいサウジアラビアでにわかに台頭してきたのが国家ナショナリズム・愛国主義。自国最優先の身勝手なムードが漂う。パラダイム転換なのか[41]。絶対王政を死守するサウジアラビアにとって痛みを伴う変革であることは間違いがない。

サウジアラビアのロイヤルファミリー（サウド家）や政府は自国民に政治への参加を制限する見返りとして，社会保障や雇用の安定を約束してきた。いわば国民に対する社会契約である。この契約を棚上げして，国民に痛みを強いる大義は何か。

付加価値税（VAT）を導入する以上，納税者に政治参加を容認しないと筋が通らない。当局は国民から信頼と理解を得る必要がある。そうでないと，変革

を前に進ませることはできない。

　そこで浮上しているのが2018年に予定される国営石油会社サウジアラムコの新規株式公開（IPO）である。政府が保有するサウジアラムコ株式の一部（5％）を市場に放出することを通じて，経済変革の目玉とする構想である。実現すれば，世界最大規模のIPOとなる。サウジアラムコのIPOを総額2,000億ドルに達する民営化プログラムの起爆剤としたい。

　ただ，サウジアラムコはきわめて特殊な国営石油企業でもある。石油や天然ガス関連の事業を手がけるだけでなく，社会福祉ファンドの側面もあり，政府系投資ファンドの役目も兼ね備える。その経済的評価は難しい。

　脱石油・ガソリンが世界的な潮流となる中，化石燃料を事業の中核に据えてきた世界の石油企業は戦略の見直しという困難な課題と向き合っている。サウジアラムコは英蘭系メジャーのロイヤル・ダッチ・シェルとともに，再生可能エネルギーの分野で協力する方針を打ち出した[42]。石油，天然ガスといった化石燃料の時代が幕を閉じることはないとしながらも，新たな路線を追求していく姿勢を鮮明にした格好だ。

　加えて，ロシア国営天然ガス独占体のガスプロムの石油部門子会社である，ガスプロムネフチとサウジアラムコは掘削技術，研究開発の交流で協力する[43]。

　合わせて，サウジアラビア政府は2017年にはソフトバンクグループと10兆円規模の投資ファンドも立ち上げている。実質的にソフトバンクグループが掌握するこの投資ファンドは積極的に世界のIT（情報技術）系ベンチャーに投資する。あらゆるモノがネットとつながるIoT時代の到来，人工知能（AI）やスマートロボットの台頭を見据えた壮大なる戦略である[44]。

　サウジアラビアは中東アラビア半島屈指の保守的な国家であるだけでなく，世界最大の原油輸出国であり（世界原油の13％を供給），イスラム聖地の守護者，イスラム教スンニ派の盟主でもある。OPECはサウジアラビアを抜きにしては成立しない。米国の枢要な同盟国でもある。中東世界安定の要だ。サウジアラビアの安定が中東世界全体の安定のための必要条件となっている。それだけに

サウジアラビア新皇太子の責務は重い。

　もちろんサウジアラビアは日本にとっても重要な貿易相手国である。一言で表現すると，日本・サウジアラビア両国の貿易は日本側の大幅な輸入超[45]。日本からサウジアラビアへの輸出総額は2015年実績で6,828億円であるのに対して，サウジアラビアからの輸入総額は2兆5,081億円に達する。日本からは自動車，電気機器，ポンプ・遠心分離機などが輸出される一方，原油・粗油などを輸入する。

　サウジアラビアからの輸入に占める原油・粗油の比率は89.2％に及ぶ。2016年度の統計数値だが，日本の国別原油輸入先は以下のとおりである。サウジアラビアが原油輸入全体の37％を占め，輸入先で首位，第2位は24％のUAEと，サウジアラビア，UAEの2カ国で6割を占める。以下，カタール（9％），イラン（7％），クウェート（6％），ロシア（6％），その他（11％）となっている[46]。

　日本・サウジアラビア両国政府が合意した「日本・サウジアラビア・ビジョン2030」を通じて硬直的な貿易構造を打破し，事業のパートナー相手国へと昇華できるかどうか。両国関係も転換期を迎えている。

　ここに横槍を入れる国が中国。今やオマーン産原油の8割は中国に向かう。日本の中東産石油輸入量が日量418万バレル（2016年）にまで縮小する一方，中国の輸入量は同922万バレル（同）に拡張している。貿易面だけではない。中国企業が中東に投資する一方，中東も中国国内に投資している。中国の金融機関が積極的に中東諸国に融資する姿も散見される。中国は戦略的に中東諸国を取り込もうとしている[47]。

C．イラン，イラクと中東世界

　イランの核開発をめぐって，2015年7月，米国，英国，ドイツ，フランス，中国，ロシアの6カ国とイランが包括的共同作業計画で合意，2016年1月から履行されている[48]。イランにとって濃縮ウラン貯蔵量や遠心分離機の削減など，原子力分野の活動が制限されることとなったが，その反面，経済成長の足枷となっていた経済制裁は解除されることになった。

制裁解除を背景に，イラン当局は積極的に外国資本を誘致。これに呼応してトタルがイランに上陸している。ロウハニ大統領は対外関係を改善して，外資を誘致，失業問題に取り組むとともに，経済を活性化させると誓っている[49]。イランはロシアに次ぐ天然ガス埋蔵量を誇る。と同時に，世界第4位の原油埋蔵国でもある[50]。

　イランとカタールに挟まれたペルシャ湾の海域には世界屈指の南パルス天然ガス田が眠る（カタール領はノースフィールド天然ガス田，海底でつながる）。この天然ガス田の開発にトタルと中国石油天然ガス（CNPC）が参入する。制裁解除後の外資参入としては最大規模となる。

　事業権益の50.1％をトタルが出資，コンソーシアム（企業連合）の主導権を握る。CNPCは権益の30％を掌握する。残余の19.9％については，イラン国営石油会社（NIOC）の子会社ペトロパルスが保有する。第11鉱区での22年間にわたる開発と生産で総事業費は48億ドルに及ぶという。2021年には天然ガス生産が開始される見通しとなっている。

　資源エネルギー関連の外資ではロイヤル・ダッチ・シェル（南アザデガン油田）やイタリア炭化水素公社（ENI）も開発調査でイラン側と覚書を交わしている。

　米ホワイトハウスがイラン敵視を鮮明にする中，欧州系の資源企業がどのように対応するのか。欧州系企業は米国市場を優先するのか，イラン開拓に力点を置くのか。イラン政府はどのように外資と向き合うのか。依然として不透明感は残る。

　カタールをめぐる立ち位置も不鮮明だ。カタールがイランと一定程度の関係を保持して，自主外交を展開してきたのは事実だが，UAEのドバイもまたイランビジネスの拠点であることは周知の事実である。

　このUAEがイランとの特殊な関係を口実にカタールを締め付けるのは腑に落ちない。ペルシャ湾岸のロイヤルファミリーが体制批判を繰り広げるカタールのメディアを攻撃の標的に据えていることは明らかである。

　イスラム教シーア派が主導するイラクもまたイランとの関係を重要視する。

そのイラクではイランの影響下にある治安部隊が第2の都市モスルをISから奪還したことで，IS掃討作戦が終盤を迎えている。

その一方でクルド人自治区政府は住民投票を通じてイラクからの独立を標榜，バグダッドと対立する。このクルド独立の動きに神経を尖らせる国がトルコ。不発に終わったものの，カタール経済封鎖の一件で中東世界の大国ぶりをアピールして見せたエルドガン政権ではあるけれども，クルド独立に関しては，ヒステリックに猛反対する。エルドアン大統領の限界がここに凝縮されている[51]。

いずれにせよ，イラクでは宗派・民族対立が先鋭化するなか（モスルではイスラム教スンニ派が多い），戦後の復興を急がなくてはならない。

原油価格が低迷しているにもかかわらず，戦闘で壊滅されたインフラの復旧には1,000億ドルとも試算される多額の費用（イラクGDPの6割に相当）が必要である。イラクではエネルギー関連が政府歳入の8割を占有，財政均衡点は1バレル54.3ドルとされる[52]。

復興資金を捻出するには原油を増産して輸出を拡大するほかに術はない。イラクの原油輸出量は2017年1〜6月期現在，日量329万バレル。イラク政府は外資系石油企業向けに油田・天然ガス田の入札鉱区を発表している。

また，イラク政府は国債を発行，発行額は10億ドルで満期は2023年となっている。注目の利率は6.75％である。引き受けシンジケート団を組み，イラクが自らマーケティングした国際市場初の債券発行である。2017年には米国の保証がついた国債も10億ドル発行している[53]。

イラクとイランは今や密接な関係を構築する。2015年にはイラクの首都バグダッドにサウジアラビア大使館が再開，両国関係は改善されたけれども[54]，イラクをペルシャ湾岸産油国が積極的に支援するとは思われない。国際社会の協力が不可欠となるが，日欧米諸国がどの程度まで支援に踏み込めるかは不透明である。

ただ，世界銀行が3億ドル，ドイツが5億ユーロの支援を提案したという。2016年夏には国際通貨基金（IMF）から54億ドルの救済策を受けることで合

意している。

3．米露関係の急変と国際原油市場

　一寸先は闇。政治の世界ではいつ何が発生し，力関係がどのように急変するかを予想することはきわめて難しい。磐石と思われた政治構造がいとも簡単に崩壊することは日常茶飯事となっている。組織の浄化作用が正常に機能していないからであろう。つまり政治の失敗は政治組織の腐敗，すなわち内部崩壊に起因する。

　内政の失敗であれば，内閣総辞職・立法府解散，大統領弾劾で仕切り直すことができる。しかし，外交の失敗はそれで済まされない。国家滅亡へと導く恐れがある。

　今やホワイトハウスは組織ではない。目指すゴールが定まらず，組織構成員も定まらない。組織として機能していない。大統領選挙の際には機能していたのかもしれない。だが，大統領就任という目的が達成された時点で，その先を見失ってしまった。ホワイトハウス全体がレームダック（機能不全）化していると揶揄されても仕方がないほど機能不全に陥っている。

　米国が誇れるのはもはや軍事力とIT産業のみとなった。ただ，この軍事力とIT産業だけで世界を支配できることも事実。米国の国力は軍事力とITが牽引する。それにしても米国が特殊な状況下にあることだけは間違いがない。

A．ロシアゲート疑惑と米露関係

　学級崩壊状態のホワイトハウス。議会と大統領府のいわゆる，ねじれ現象が解消されたにもかかわらず，双方に協力関係が成立していない。むしろ緊張関係が継続している。内政はすでに失敗している。これが外交に波及している格好だ。

　世にいう「ロシアゲート」疑惑。そのポイントは以下の3点に集約できる[55]。第1に，米大統領選への介入。2016年に展開された米国の大統領選挙

戦のさなか，露骨にもロシアが米民主党，クリントン陣営にサイバー攻撃を駆使して介入した問題で，トランプ陣営がロシア側と共謀したのではないかという疑惑である。

　プーチン大統領は民主党候補のヒラリー・クリントン元国務長官や当時のオバマ政権がロシアの野党や反政府勢力に資金面も含めて支援してきたと判断している。いわばプーチン大統領にとっては宿敵だ。米国で民主党政権が継続すると，ロシアに不利な状況が継続すると考え，トランプ陣営のために援護射撃。政治の世界とは無縁の存在だったトランプ陣営がロシアに支援を求めたとしても決して不思議ではない。大統領選で勝利するためには手段を選ばない。

　トランプ大統領周辺の人物がロシア側要人と頻繁に接触していたという証拠は枚挙に暇がないけれども，実証することは困難かもしれない。だが，このポイントが「ロシアゲート」疑惑の本丸となる。そもそも欧米諸国が経済制裁を科すロシアと大統領選の渦中にわざわざ接触を重ねること自体，見識が問われる。

　今やホワイトハウスはトランプ・ファミリーによって牛耳られてしまったが，トランプ大統領の愛娘の婿であるクシュナー上級顧問がキスリャク駐米ロシア大使やロシア人女性弁護士（ナターリヤ・ヴェセルニツカヤ），それにロシア国営銀行頭取などと面会していたことが暴露されている。女性弁護士に関しては，ロシア当局がクレムリン（ロシア大統領府）との関係を否定している[56]。

　クシュナー上級顧問が事業資金繰りに窮していることは公然の秘密。融資や投資を外国の有力者に要請していたことは周知の事実になっている。トランプ大統領は無実だと擁護するものの[57]，クリントン陣営に不利となる情報提供を受けるために，ロシア人女性弁護士との面会を主導するなど，長男のドナルド・トランプ・ジュニアにも共謀疑惑の眼が広がる。

　第２の疑惑が外国政府への便宜供与。トランプ大統領の側近だったマナフォート元選対会長，フリン前大統領補佐官らがロシアなどから金銭を受け取り，便宜供与を図ったという密約疑惑。金銭受け取りの見返りがロシア制裁の見直しである。

第3が司法妨害。トランプ大統領がコミー前連邦捜査局（FBI）長官への疑惑捜査の終結要請や解任で捜査を妨害したのではないかという疑惑。トランプ大統領は2017年5月，コミー前長官を電撃解任，長官ポストは空席が続いていた。この空席を埋めた人物がクリストファー・レイ。司法省で刑事部長などを歴任してきた。有名なエンロン（米エネルギー大手）不正会計事件の捜査を指揮した。大統領府が司法に圧力を行使することはもちろん御法度だが，FBIが今後とも独立性を保持できるか。

　ただ，FBIは情報提供で捜査に協力するが，「ロシアゲート」疑惑をレイ長官が直接指揮することはない。「ロシアゲート」疑惑を捜査するのはあくまでもモラー特別検察官である。このモラー特別検察官とレイ長官とは盟友らしい。

　モラー特別検察官はワシントンDCで，起訴に相当する事件かどうかを見極めるための大陪審（一般市民から選ばれた陪審員が検察の示した証拠に基づき，犯罪の有無を審理する司法制度[58]）を招集するなど，疑惑捜査体制を拡充している。大陪審は召喚状の発送や証人に証言を要請するといった権限を持つ[59]。トランプ陣営とロシアとによる共謀疑惑の捜査は新たな段階に突入した。

　トランプ大統領がモラー特別検察官やセッションズ司法長官を今後，解任するかどうか。セッションズ司法長官が「ロシアゲート」疑惑捜査から身を引き，トランプ政権は防波堤を失った。問題は司法長官の進退にまで傷口を広げている。

　疑惑の闇に包まれるトランプ大統領周辺だが，制裁解除を狙って対米関係を改善したいというクレムリンの意図とは正反対に，米政界はロシアに対する制裁を強化する方向に突き進んでいる。トランプ大統領やそのファミリーとしては，大統領退任後を見据えて，中国やロシアでビジネスを展開，その布石として中国，ロシア両国との関係を修復したいところだが，外部環境がこれを許さない。

　トランプ大統領とプーチン大統領は2017年7月7日，ドイツのハンブルクで初会談に臨んだ。その席上，両人はシリア問題，ウクライナ問題，サイバー

攻撃，北朝鮮問題について協議した(60)。しかし，こうした努力もむなしく，両国には深い溝が横たわったままだ。

2017年8月2日，トランプ大統領はロシア制裁強化法の署名に追い込まれた(61)。拒否権は発動しなかった。米国はウクライナ領クリミア半島侵攻やウクライナ東部地域への軍事介入，それにサイバー攻撃による米大統領選への介入などを理由にした経済制裁を強化する。経済制裁を緩和・解除する際には議会の事前承認が必要となり，大統領の権限が大幅に制限される。これで対ロシア融和策・接近は封じ込められた。

制裁強化法ではロシアの事業体信用枠拡大やロシアのエネルギー・防衛産業と米国民によるビジネスが制限される(62)。ロシア向けのエネルギー関連投資は制限され，ロシア事業体に対する信用供与枠の拡大も制限される。さらにサイバー攻撃を実行した個人資産が凍結される(63)。たとえば，ロシア事業に携わっていた米系メジャーのエクソンモービルは200万ドルの罰金を支払うよう通告されている(64)。

当分の間，米露経済関係は停滞する。ロシア財界・実業家が悲願する制裁解除は地平線の彼方へと遠ざかってしまった。先端分野での対露投資が絶望的となるなか，世界のエネルギーグループは大惨事となる恐怖に身構えることになる(65)。

経済的打撃をさらに被るロシア側はロシア国内にいる米国の外交官，職員を753人減らすという人畜無害の報復措置で対抗したに過ぎない。北朝鮮と国境線を接するがゆえに，朝鮮半島でプレゼンスを拡張する米国に警戒心を隠さない。シリアではポストアサド時代を見据えて，主導権を握りたい。しかし，米国との決定的な決裂を避けたいのがクレムリンの本音である。産油国ロシアは原油安局面では強気になれない。

米露関係正常化や制裁解除が見通せなくなった今，モスクワは米国同盟国への揺さぶり，切り崩し作戦を強化していくはずだ。すでに最新鋭地対空ミサイルシステムS400（ミサイル迎撃を目的とする最新鋭の対空防衛システム）の供与をNATO加盟国のトルコやインドに打診している(66)。

ロシア産の天然ガスは「ブルーストリーム」でトルコに供給されているが，これに加えて，「トルコストリーム」天然ガスパイプライン（127億ドル規模のプロジェクト）の黒海設置も粛々と準備が進む。2019年には操業が開始される予定だ。ロシアにとってトルコはドイツに次ぐロシア産天然ガスの一大市場となっている。天然ガス市場が収縮する欧州で，需要が拡大するトルコはロシアにとっては魅力的で欠かせない存在である[67]。

　一方，中東世界で屈指の経済力を誇るトルコはカタール断交の仲裁にも熱心だ。不発気味だが，中東の大国として，その存在を内外に誇示する。ロシアはこの貴重なトルコカードを握りたい[68]。ロシア原子力大手のロスアトムはトルコ南部に同国初となる原子力発電所を建設，2023年には電力が供給される。

　核兵器を保有する，米国とロシアという世界の二大超大国が対話の扉を閉ざす現状は非常に危険ではあるけれども[69]，どこが沸点になるかは今もって不透明である。

　米露両国は朝鮮半島情勢をめぐる対応でも迷走する。モスクワは北京と同様に，米国の軍事力と朝鮮半島にある国境線付近で直接向き合うリスクに神経を尖らせる。中露両国は緩衝地帯となる北朝鮮の体制転換を嫌い，現状を温存したい。

　中国国内には今もって北朝鮮との血の同盟関係を重視する勢力が存在する一方，ロシアは北朝鮮を伝統的な友好国と位置付ける。北朝鮮高官がモスクワを頻繁に訪れていることはもはや周知の事実である。今や中国よりもロシアとの接触のほうが多い[70]。

　ロシアは原油や石油製品を北朝鮮に直接輸出するほか，中国経由でも北朝鮮に供給する。自由世界が北朝鮮を制裁で締め付けても，中国とロシアが存在する限り，制裁措置は骨抜き状態となる。核関連技術がロシアやソ連邦構成共和国，それにイランなどから北朝鮮に流入した状況証拠は数多く存在する。

　ロシア制裁強化は欧州で物議を醸している。ドイツはソ連邦時代から特殊な関係を保持してきた。ソ連邦からは冷戦時代でも原油，天然ガスがパイプラインで間断なく供給されていた。欧州の天然ガス市場におけるガスプロムのシェ

アは 34％に達する(71)。

　そして今，ドイツとオーストリアの企業がロシアからバルト海海底経由で天然ガスを直接輸入するルート，「ノルドストリーム 2」（総工費 95 億ユーロ，総延長 1,200 キロメートル）の建設に参画する。ガスプロムが主導し，2019 年の稼動を目指す(72)。この計画が制裁強化法に抵触する恐れが生じている。

　自国産 LNG を欧州諸国に売り込みたい米国は天然ガス大国のロシアに対抗する姿勢を鮮明にする(73)。「ノルドストリーム 2」が米制裁強化法の標的になっているとドイツやオーストリアが反発するゆえんだ。フィンランド湾岸に建設予定の LNG 受け入れ基地や黒海海底に敷設されている「ブルーストリーム」（ロシア・トルコ天然ガスパイプライン）も制裁の標的になるのではないか。欧州連合（EU）当局はエネルギー政策全般や域内の石油大手に悪影響が及ぶことを懸念する(74)。

　ロシアの大地には 32 兆立方メートルの天然ガスと 1,100 億バレルの原油が眠る(75)。この潤沢な資源が欧米の石油大手をロシアに引きつけてきた。反面，資源大国であるがゆえに，資源に依存する甘えの構造が染み渡っていることもまた事実。再生可能エネルギーの普及が遅れている背景でもある。

　石油・天然ガスがロシア国内総生産（GDP）の 15％を創出し，政府歳入の 35％を占有する。その一方で，エネルギー消費に占める再生可能エネルギーの割合はわずか 3.6％に過ぎない(76)。

　だが今後，米系石油大手による北極圏の開拓や深海プロジェクト，それにシェールオイル・ガスの開発は全面的に不可能となった。膨大な事業機会を逃すことになる。欧州勢も積極的にロシア投資を推進する国際環境でない。ロシアは当面，外資不足，外貨不足に苦しむことになる。

　制裁強化はロシア資源大手の収益を圧迫するだけでなく，マクロ経済全体を下押しする(77)。ロシア経済は 2 年連続のマイナス成長に沈んだが，制裁強化で不確実性が増し，経済を冷え切らせてしまう(78)。

　原油安とも相まって，制裁強化が株価（主要株価指数は RTS）を押し下げ，通貨ルーブル相場の重石にもなる（2017 年 6 月以降は 1 ドル 60 ルーブル台で軟調に推

移[79]）。要するに，ロシアから大量の資金が流出するのだ。ロシア経済の復活は望めない。

B. 混迷を深めるロシア経済

　経済制裁と原油安でロシア経済の浮揚は絶望的となっている。2017 年の経済成長率も 1％台にとどまるとの見方が支配的だ。世界銀行は 2017 年の経済成長がわずか 1.3％，2018 年と 2019 年についても 1.4％の成長にとどまると予測している[80]。

　インフレが沈静化した（4％程度）とはいえ，ロシアの主要政策金利は年 7.75％といまだ高い。企業の資金調達コストを押し上げる要因となっている。

　経営危機に陥った金融機関を中央銀行が国有化するケースも発生している。そもそもロシアの中小金融機関は新興財閥の財布，すなわち資金供給の役割を担っている経緯がある。それだけロシアの金融機関は存在そのものが不健全なのである[81]。

　ロシア国民，特に地方の住民は生活苦に喘ぐ。経済停滞の影響で貧困層は 2016 年に過去 10 年で最悪の 2,000 万人弱に達する[82]。プーチン大統領の支持率は依然として高いものの，反政権腐敗デモがロシア各地に拡散した経緯がある[83]。

　反体制指導者と位置付けられるアレクセイ・ナヴァルヌィは大統領選挙にロシアの法律上，出馬することはきわめて困難だが，ロシア当局が反政府運動を強制排除すれば，国民，ことに若年層が猛烈に反発することになる。ロシア政府がナヴァルヌィを脅威だと認めてしまうことになるからだ[84]。ロシア政府は対応に苦慮することだろう。ナヴァルヌィの狙いはまさにここにある。

　ただ，ナヴァルヌィ氏には続々と支援者が応援に駆け付けている。彼自身も最低賃金について，月間 2 万 5,000 ルーブル（415 ドル）を提唱するなど，選挙公約を明言するようになった[85]。ロシア全土 80 都市で 16 万人の選挙ボランティアを確保できているという[86]。現職プーチン大統領の挑戦者として浮上してきたことは事実である。クレムリンのアウトサイダーであるナヴァルヌィ

氏が挑戦者から勝利者に化けるかどうかは不確実だが，クレムリンにとって無視，軽視できない存在となったことは確かである。

また，左派勢力の一角を占める政治活動家のセルゲイ・ウダルツォフは大統領選での投票ボイコットを呼びかけている。プーチン大統領に反旗を翻す人物が大統領選挙に出馬できない選挙システムが存在する以上，選挙そのものが意味をなさないと主張したいのだろう[87]。

ロシアの主要産業は国営部門やプーチン大統領周辺企業が支配，GDPの7割を独占する。と同時に，石油・天然ガス部門に過度に依存する。このような市場では競争的な事業環境は望めず，成長投資に踏み切る企業はいなくなる。

ただ，農業部門は輸入代替効果で復活しているようである。ロシアに科された経済制裁に対抗すべく，ロシア政府はEUからの食糧・食品輸入を厳しく制限している。EUのロシア向け農産物輸出，食肉や魚介類といったロシアの食品輸入が2014年以降，急減していることに伴って，小麦を代表とする穀物の生産が大幅に伸びてきている[88]。

ただし，こうした輸入代替措置は国際競争力が育成されないがゆえに，中長期的に見ると，ロシア農業の成長を阻害する。経験則でわれわれが知るところでもある。

国営企業民営化の必要性は叫ばれているが，形式的な小規模民営化にとどまり，実質的な民営化は放置されている。かつてメドベージェフ首相と対立して政権から離れたアレクセイ・クドリン元財務相はプーチン大統領に石油部門の全面民営化を進言，外資に開放することを主張する。

そうなると，ロシア国営石油最大手のロスネフチ，ひいてはそのセチン社長を敵に回してしまう。ロシアでは国営系石油企業が産油量の75％を占め，ことにロスネフチは40％を占有する（足元の原油生産量は日量457万バレル[89]）。石油流通部門では国営のトランスネフチが独占する[90]。

中国と同様に，ロシア社会でも汚職・腐敗や縁故主義（ネポティズム）が蔓延する。クドリン発言後，クレムリンは公式見解ではないと火消しに追われた。民営化案件は政争の道具と化し，抵抗勢力が民営化に猛反対，結局は成功しな

い。

　インフラや住宅は老朽化し，経済・経営効率はきわめて低い。労働人口が減少し，しかも全産業部門の単位労働コストが上昇している。プーチン政権は雇用の創出や教育，ヘルスケアの改善にも失敗。ロシアは構造的な不況局面に突入する。低成長，財政赤字，所得格差といった悪循環から脱却できない。経済課題が山積する一方で，その課題を何1つ解決できていない。

　ここにメスを入れると，相当程度の痛みが伴うことが予想される。それゆえに，政府は経済変革に着手できず，2018年3月に実施予定の大統領選挙後に先送りされている。結果として，資源エネルギー産業に安住する経済体質を改善できていない。まさしく資源の呪いである。

　外資の導入は停滞を打破する突破口になり得るが，ロシアには経済制裁が科されており，実行できない。中国開発銀行（CDB）がロシア直接投資ファンド（RDIF）とロシア対外経済銀行（VEB）に計110億ドル相当を融資するけれども[91]，万策はすでに尽きている。経済停滞がプーチン大統領の権威を浸食する局面についに突入した。

　中東地域でISが壊滅されると，イスラム過激派の残党がロシアに逆流してくる恐れもある。大統領選挙が近づくにつれて反政府キャンペーンが頻発すると[92]，ロシアは今後，経済混乱とともに，政治的動揺に見舞われることになる。

C. ロスネフチとガスプロム

　南米にある反米国家ベネズエラの社会情勢が緊迫化している。経済的にはすでに破綻しているが，マドゥーロ大統領の権限強化を狙う政権側は憲法改正で強行突破を図ろうとする。これに国際社会が一斉に反発する中，ロシアはベネズエラを支援する姿勢を鮮明にする。

　ロスネフチは以前からベネズエラ国営石油会社PDVSAに接近，世界屈指の原油埋蔵量を誇るベネズエラとの関係強化を進めてきた。反面，米国とベネズエラの関係は悪化をきわめるが，米国はベネズエラ産原油を大量に受け入れ

ている。米国政府はベネズエラにも経済制裁を科しているが，石油取引の規制には踏み込めていない[93]。

PDVSA の子会社シトゴ・ペトロリアムが米国内に製油所を 3 カ所（3 カ所合計の精製能力は日量 75 万バレル）[94] と 6,000 カ所のサービス・ステーションを保有する[95]。

だが，原油安で PDVSA の資金繰りが苦しくなったことで，ロスネフチが PDVSA に 20 億ドルを融資して資金面で支援。ロスネフチはシトゴ・ペトロリアムの株式 49.9％を担保にすると同時に，PDVSA は原油輸出で現物返済しているとされる。

ロスネフチのイーゴル・セチン社長は米国による制裁の対象人物であるがゆえに，米国に入国できないけれども，PDVSA を介して，ロスネフチは間接的に米国上陸を果たせる。ロスネフチの目的がシトゴ・ペトロリアムの経営権にあることは明白である。ロスネフチは格安で PDVSA の資産を獲得できる。

ロスネフチによるベネズエラ支援の視線上には米国がある。これはクレムリン＝ロスネフチの外交攻勢であることに留意すべきだろう。セチン社長は米国のレックス・ティラーソン国務長官と親しい。

プーチン大統領の盟友でもあるセチン社長がロスネフチの影響力強化で辣腕を振るうが，その対外戦略もまた華麗である。触手を伸ばすのはベネズエラだけではない。

ロスネフチはインドの中堅財閥エッサール・グループの石油部門子会社であるエッサール・オイル買収にも動く。ロスネフチは欧州系の大手資源商社トラフィギュラやロシアの投資ファンドとともに，エッサール・オイル株を 129 億ドルで買収した[96]。エッサール・オイルはインド第 2 位の製油所で 2,700 カ所のガソリン・スタンドを所有する[97]。インドはロシアの伝統的な友好国。インドがロシアの資源企業にとって魅力的な成長市場であることは間違いがない。

また，ロスネフチはインドネシアでも製油所を建設している[98]。

力点を置くエネルギー外交の標的市場は中東。ロスネフチは 2016 年，株式

19.5％を資源商社のグレンコアとカタール投資庁（QIA）から成るコンソーシアムに売却，中東産油国の一角との関係を深めた。また，経済制裁の発動以降，トラフィギュラなど資源商社を介して，ロスネフチ産原油を輸出している。130億ドル規模のエッサール・オイル買収はロスネフチとトラフィギュラが合同で進めた[99]。

　株式の高値転売にもロスネフチは熱心だ。中国の民間石油大手の一角を占める中国華信能源（CEFC）がグレンコアとQIAが保有するロスネフチ株の14.16％を破格の高額となる91億ドルで買収。ロスネフチと共同で資源開発や製油所建設などの業務提携も進める[100]。金欠のロシアが中国に泣きつく典型的なケースだろう。中国はロシア国内の油田に直接アクセスできるようになる[101]。

　CEFCは中国人民解放軍と関係することで知られ，チェコやルーマニア，スロバキアなどの中・東欧諸国やカザフスタン，ジョージア（旧グルジア）といった旧ソ連邦圏に進出している。北京が推進するいわゆる21世紀のシルクロード構想に便乗しているわけである[102]。

　カタールとの関係強化を起点として，ロスネフチはリビア国営石油公社から2,000万〜3,500万バレルの原油，イラク北部のクルド人自治区から1,500万〜2,500万バレルを調達する契約をそれぞれ締結，中東産油国に急接近する。クルド人自治区では油田開発にも乗り出す構えでいる[103]。

　ロスネフチもガスプロムもクレムリンによるエネルギー外交の具体的な担い手，エージェントである。戦略的に中東諸国を重要視していることがわかる。中東で米国の存在感が希薄となる中，その間隙を突いた形だ。また，経済制裁が否応なくロシアを中国に急接近させている。ロシアにとって中国は自国産エネルギー資源の枢要な市場であるだけでなく，米ドル経済圏から締め出されたために，チャイナ・マネーが貴重な資金源となる。

　全体として，ロスネフチの国際化戦略は流通部門と精製部門という，いわゆる下流部門に主眼が置かれている。エジプトでは原油を調達すると同時に，ゾール天然ガス田の株式30％も11億ドルで買収している。ロスネフチの足跡をたどると，クレムリンによる中東外交のターゲット，すなわち「シリアの

次」が見えてくる。

　ロシアの天然ガス産業を牛耳る企業が国営独占体のガスプロム。ガスプロムは頑なに分割・民営化を拒否し，ソ連邦時代からの経営構造，すなわち上流部門から下流，川下部門に至る全過程を掌握，死守してきている。独立系の天然ガス企業ノバテックが存在するが，その影響力は限定的だ。有力なライバルといえば，天然ガス部門にまで翼を広げるロスネフチくらいしか見当たらない。ロシアの経済社会で卓越した巨大寡占企業である。

　このガスプロムが熱心に取り組むプロジェクトが中国への天然ガス輸出事業。ロシア・東シベリアにある巨大天然ガス田を開発して，総延長が3,000キロメートルに達する新規パイプライン「シベリアの力」で中国に天然ガスを輸出しようとする総工費4,000億ドルの一大事業である。2019年12月20日から30年間にわたって1兆1,500億立方メートルの天然ガスを中国に供給するという[104]。

　ガスプロムの収益はロシア国内での天然ガス供給にあるのではなく，輸出がその主柱となっている。2016年の実績で収益の4分の3が輸出に支えられている。ここに新規市場の中国が加わるのだから，収益源が強化されることは間違いがない。年間380億立方メートルのロシア産天然ガスが中国北東部に供給されることになるが，中国天然ガス市場の12％を占めるようになるらしい。

　欧米諸国による経済制裁の影響で，ロシアは中国に急接近する。中露両国には経済的補完性が成立するけれども，ロシアが中国に擦り寄る目的はチャイナ・マネーにある。ロスネフチが中国企業に事業権益を売却する，CNPCがロシア・ヤマル半島でノバテックが進めるLNG生産事業の権益20％を保有する，ガスプロムが中国銀行から20億ユーロの融資を獲得する，中国政府がロシア企業2社に110億ドルを供給するなど，チャイナ・マネーのロシア進出が著しい。

　ガスプロムは西シベリア産の天然ガスをモンゴル・カザフスタン国境から中国に輸出する構想も練る。総延長2,150キロメートルの天然ガスパイプラインを建設して，大量に送ガスするプロジェクトである。

ガスプロムは石油部門ガスプロムネフチも兼ね備えている。ガスプロムネフチには産油量で2016年に日量253万バレルを追加できた実績がある[105]。このガスプロムネフチが西シベリアの油田開発でスペインの石油大手レプソルと協力する。制裁対象を回避した分野で協力関係を構築する模様である[106]。

4．国際原油市場の主役に躍り出た米シェールオイル

　中東産油国，OPEC加盟産油国が国際原油市場の動向に一喜一憂する中，米国のシェール産業は急成長を遂げてきた。「革命」と命名されたゆえんだ。今ではシェールが米原油生産の6割を占める。加えて，ハリケーンがしばしば直撃する米メキシコ湾の海底油田でも原油増産が進む。2017年3月時点の産油量は日量176万3,000バレルと対前年同月比8％増で過去最高を更新している。

　ちなみに米メキシコ湾海底油田の損益分岐点は浅瀬で1バレル22ドル，深海で同37バレルという。シェール油田の損益分岐点は1バレル40～65ドルと地域によってばらつきがある。ただ，シェール油田と違って，海底油田では生産調整が難しい[107]。

　米国では石油掘削設備（リグ）の稼動数が950基にまで膨らんできた。世界最大級の原油・天然ガス生産大国へと一気に登り詰めた米国。米国は今や国際原油市場のスウィング・プロデューサー（生産調整役）の役割を果たしている。世界のエネルギー市場で覇権を狙える実力が備わってきた。

　米国南部にあるテキサス州とニューメキシコ州に広がるパーミアン油田地帯は米国最大のシェール鉱区である。パイオニア・ナチュラル・リソーシズなどのシェール企業が開発，生産を手がける。シェール鉱区では一般に，原油（シェールオイル）と天然ガス（シェールガス）の両方が産出されるが，パーミアン鉱区では原油の比率が高いことが特徴だという。パーミアン鉱区だけで産油量は日量250万バレルと，米国産油量全体（2017年夏実績で日量942万バレル[108]）の27％も占有する[109]。

ロシアが大規模軍事演習を展開し，緊張が高まるバルト3国。バルト3国に近接するポーランドに2017年6月7日，米シェールガス由来のLNGの専用タンカーが初到着した。ポーランドは仮想敵国ロシアから天然ガス消費量の3分の2に相当する天然ガスをパイプラインで調達する(110)。エネルギー安全保障の一角をロシアのガスプロムに牛耳られている格好だ。それだけに米国産LNGの輸入は調達先の多様化に役立つ。

ロシアと対立する米国側も意識して，自国産の原油やLNGの輸出に熱を入れる。ポーランドだけでなく，オランダ，イタリア，ポルトガルなどの欧州諸国も米国からLNGを輸入し始めている。日本や中国などのアジア諸国も米国産原油・LNGを調達する。現段階で米国産原油の最大輸入国は中国である(111)。米国の対中貿易赤字を解消する一翼を担う。米国は原油やLNGを戦略的に活用し始めた。

「シェール革命」で原油と天然ガスの生産が急増。米国政府は2015年末に原油輸出を40年ぶりに解禁する一方，2016年にはLNGの輸出も本格化。LNGの純輸出国に転じている。輸出先は23カ国に拡大してきた。今後もLNG生産事業が稼動する見込みとなっており，米国のLNG輸出量は確実に増加する。2020年以降になると，米国のLNG輸出は日量110億立方フィートに達すると予測されている。米国はカタールやオーストラリアに次ぐ世界第3位のLNG輸出国に成長する(112)。

日本勢では中部電力が2017年1月にシェールガス由来のLNGを初めて輸入した。関西電力も追随して年間120万トンのLNGを20年間調達する。東京ガスも年間140万トンの米国産LNGを20年間輸入する(113)。

天然ガスを液化するコストは100万BTUあたり3ドル，日本までの輸送コストは同2ドルとされる。日本のLNG輸入価格は2014年初めに同18ドル台であったのが，足元ではアジア市場のスポット価格で同9ドル台で推移する(114)。米国産LNGはコスト競争力を備えているか。米国産LNGを日本企業が輸入するかどうかの判断基準はここに潜む。

ただ，世界のLNG需要は2022年に年間4,600億立方メートルと，10年間で

5割も増える見通しとなっている。2030年を迎えると，LNGの世界需要量は4億7,900万トンと，2016年よりも9割増える見通しである[115]。他方，2022年の世界LNG輸出能力は6,500億立方メートルにまで膨張する[116]。世界のエネルギー大手が天然ガス田開発やLNG生産事業に力を入れる構図がしばらく続きそうである[117]。

世にいう2023年問題。LNGの需給が引き締まることが警告されているが，果たして現実に需給は引き締まるのか。2025年から供給能力が不足するとの見方もある。世界最大のLNG輸入国は日本だが，アジアを中心にLNG需要が急増していくのかもしれない。

米シェール企業の強みは生産量を巧みに調節できることにある。原油高局面で生産量を増やす一方，油価が下がると生産量を絞り込む。実際，2017年の投資計画では原油安で2018年の収益環境が悪化するとの見立てから，投資を抑制する姿勢を鮮明にしている[118]。

その一方で，油田・天然ガス田の掘削や生産に利用する油井管，シームレスパイプ（継目無鋼管）の価格が上昇[119]。原油価格の安定で関連企業が開発投資に前向きであることを示唆する。平均開発コストが2014年以来，40％も圧縮できていることも一役を買っている。関連企業が開発投資分野で選択と集中を進めているのも事実である[120]。

鋼管の需要が回復基調にあることは高付加価値品を製造する日本の高炉大手にとっては朗報だ。もちろん日本企業はLNGプラントの建設についても受注している。米シェール産業の勃興には経済波及効果も著しい。

【註】

（1）『日本経済新聞』2017年7月13日号。
（2）『日本経済新聞』2017年7月27日号。
（3）『日本経済新聞』2017年8月11日号。
（4）『日本経済新聞』2017年8月3日号。
（5）『日本経済新聞』2017年8月11日号。

（ 6 ）『日本経済新聞』2017 年 5 月 20 日号。
（ 7 ）『日本経済新聞』2017 年 6 月 14 日号。
（ 8 ）『日本経済新聞』2017 年 7 月 11 日号。『日本経済新聞』2017 年 8 月 12 日号。
（ 9 ）『日本経済新聞』2017 年 7 月 25 日号。
（10）『日本経済新聞』2017 年 7 月 1 日号。
（11）『日本経済新聞』2017 年 8 月 11 日号。
（12）『日本経済新聞』2017 年 9 月 13 日号。
（13）『日本経済新聞』2017 年 8 月 9 日号。
（14）『日本経済新聞』2017 年 7 月 13 日号。
（15）*Oil & Gas Journal*, March 6, 2017, pp.52-55.
（16）*Financial Times*, May 27, 28, 2017.
（17）『日本経済新聞』2017 年 4 月 21 日号。
（18）『日本経済新聞』2017 年 7 月 25 日号。
（19）*Financial Times*, June 30, 2017.
（20）『日本経済新聞』2017 年 7 月 5 日号。
（21）『日本経済新聞』2017 年 8 月 8 日号。
（22）*Financial Times*, July 5, 2017.
（23）『日本経済新聞』2017 年 7 月 27 日号。
（24）*Financial Times*, June 7, 2017.
（25）*Financial Times*, June 10, 11, 2017.
（26）*Financial Times*, August 3, 2017.
（27）*Financial Times*, July 5, 2017.
（28）『日本経済新聞』2017 年 8 月 19 日号。
（29）『日本経済新聞』2017 年 8 月 8 日号。
（30）『日本経済新聞』2017 年 3 月 28 日号。
（31）『日本経済新聞』2017 年 7 月 20 日号。
（32）『日本経済新聞』2017 年 8 月 2 日号。
（33）『日本経済新聞』2017 年 7 月 13 日号。
（34）『日本経済新聞』2017 年 6 月 22 日号。
（35）『日本経済新聞』2017 年 9 月 16 日号。
（36）*Financial Times*, June 22, 2017.
（37）『日本経済新聞』2017 年 8 月 9 日号。
（38）『日本経済新聞』2017 年 8 月 9 日号夕刊。
（39）*Financial Times*, May 30, 2017.
（40）*Financial Times*, July 28, 2017.
（41）『日本経済新聞』2017 年 7 月 31 日号。
（42）*Financial Times*, July 11, 2017.

（43）*Financial Times,* June 2, 2017.
（44）『日本経済新聞』2017 年 7 月 29 日号。
（45）『日本経済新聞』2017 年 3 月 13 日号。
（46）『日本経済新聞』2017 年 7 月 28 日号。
（47）『日本経済新聞』2017 年 9 月 4 日号。
（48）『日本経済新聞』2017 年 7 月 4 日号。
（49）*Financial Times,* August 4, 2017.
（50）*Financial Times,* July 3, 2017.
（51）Turkey & the Arab World, *Financial Times,* September 28, 2017.
（52）『日本経済新聞』2017 年 7 月 19 日号。
（53）『日本経済新聞』2017 年 8 月 4 日号。*Financial Times,* August 3, 2017.
（54）*Financial Times,* August 1, 2017.
（55）『日本経済新聞』2017 年 8 月 3 日号。
（56）*Financial Times,* July 11, 2017.
（57）*Financial Times,* July 13, 2017.
（58）『日本経済新聞』2017 年 8 月 5 日号。
（59）『日本経済新聞』2017 年 8 月 4 日号。
（60）『日本経済新聞』2017 年 7 月 8 日号。
（61）『日本経済新聞』2017 年 8 月 3 日号。
（62）『日本経済新聞』2017 年 7 月 27 日号。
（63）『日本経済新聞』2017 年 7 月 29 日号。
（64）*Financial Times,* July 21, 2017.
（65）*Financial Times,* August 4, 2017.
（66）『日本経済新聞』2017 年 8 月 1 日号。
（67）*Financial Times,* June 26, 2017.
（68）『日本経済新聞』2017 年 7 月 29 日号。
（69）*Financial Times,* May 31, 2017.
（70）*Financial Times,* August 17, 2017.
（71）*Financial Times,* July 10, 2017.
（72）『日本経済新聞』2017 年 6 月 23 日号。*Financial Times,* June 16, 2017.
（73）*Financial Times,* August 4, 2017.
（74）*Financial Times,* July 27, 2017.
（75）*Financial Times,* June 20, 2017.
（76）*Financial Times,* May 8, 2017.
（77）*Financial Times,* June 16, 2017.
（78）*Financial Times,* August 14, 2017.
（79）『日本経済新聞』2017 年 6 月 27 日号。

(80) *Financial Times*, May 31, 2017.
(81) *Financial Times*, September 1, 2017.
(82) 『日本経済新聞』2017 年 8 月 6 日号。
(83) 『日本経済新聞』2017 年 6 月 14 日号。
(84) *Financial Times*, August 3, 2017.
(85) *Financial Times*, August 8, 2017.
(86) 『日本経済新聞』2017 年 9 月 20 日号。
(87) *Financial Times*, August 11, 2017.
(88) *Financial Times*, September 4, 2017.
(89) *Financial Times*, August 5, 6, 2017.
(90) *Financial Times*, June 2, 2017.
(91) *Financial Times*, July 5, 2017.
(92) *Financial Times*, June 12, 2017.
(93) 『日本経済新聞』2017 年 8 月 10 日号。
(94) 『日本経済新聞』2017 年 8 月 5 日号。
(95) *Financial Times*, July 25, 2017.
(96) 『日本経済新聞』2017 年 8 月 22 日号。*Financial Times*, August 22, 2017.
(97) *Financial Times*, June 23, 2017.
(98) *Financial Times*, June 5, 2017.
(99) *Financial Times*, April 3, 2017.
(100) 『日本経済新聞』2017 年 9 月 10 日号。*Financial Times*, September 7, 2017.
(101) *Financial Times*, September 25, 2017.
(102) *Financial Times*, September 14, 2017.
(103) *Financial Times*, July 1, 2, 2017.
(104) *Financial Times*, July 7, 2017.
(105) *Financial Times*, April 20, 2017.
(106) *Financial Times*, July 4, 2017.
(107) 『日本経済新聞』2017 年 6 月 24 日号。
(108) 『日本経済新聞』2017 年 8 月 13 日号。
(109) 『日本経済新聞』2017 年 8 月 3 日号。
(110) 『日本経済新聞』2017 年 6 月 30 日号。
(111) 『日本経済新聞』2017 年 4 月 7 日号。
(112) 『日本経済新聞』2017 年 7 月 12 日号。
(113) 『日本経済新聞』2017 年 7 月 19 日号。なお，2016 年度実績の日本の液化天然ガス（LNG）輸入国はオーストラリア（28.5％），マレーシア（17.7％），カタール（12.8％），ロシア（8.8％），インドネシア（8.4％），その他（23.8％）となっている。
(114) 『日本経済新聞』2017 年 11 月 27 日号。

(115) 『日本経済新聞』2017年9月15日号。2030年になると，世界LNG需要に占める消費国の割合は次のとおりとなる。日本12.3％，韓国9.3％，台湾5％，中東4.4％，中南米2.3％，インド10.2％，中国13.4％，東南アジア8.9％，その他新興国12.1％，欧州22.1％。中国とインドが躍進することがわかる。
(116) 『日本経済新聞』2017年9月3日号。
(117) *Financial Times,* September 8, 2017.
(118) 『日本経済新聞』2017年8月13日号。
(119) 『日本経済新聞』2017年8月5日号。
(120) *Financial Times,* July 27, 2017.

(中津孝司)

索　引

A-Z

ABBYY……196
BG グループ……159
BP……25, 83, 159, 205
BRICs（ブラジル，ロシア，インド，中国）……160
BTU（英国熱量単位）……176
DD（ダイレクト・ディール）原油……141
EOG リソーシズ……158
ESPO（エスポ）原油……24
FC バルセロナ……219
GCC……74, 144
GCC 加盟国における持続可能な
　エネルギー計画と目標……75
HSBC……10
IoT……37
IRENA（International Renewable Energy
　Agency）……51
JFE エンジニアリング……30
JP モルガン・チェース……10, 195
JX ホールディングス……33
LNG……128, 134, 149
M＆A（合併・買収）……25, 162
OPEC（石油輸出国機構, Organization of
　the Petroleum Exporting Countries）
　……84, 106
OPEC・非 OPEC 合同閣僚監委員会……108
PFU……196
QHG シェア……44
RCB キプロス……209
RTS……22, 233
S オイル……15
SCP（アゼルバイジャン・トルコ東部間）
　……179
SENSEX……160
SOCAR……179
SU-35 戦闘機……201
TANAP（トルコ東西横断）……179
TAP（アドリア海東西横断）……179
TBM……33
TNK-BP……25
UAE……100, 131, 132, 137, 139, 144, 147, 148
WTI（ウェスト・テキサス・インターミディエート）
　……2, 81, 85, 161

あ

アイヌ語……199
アイヌ民族……199
アエロフロート……171
アサド大統領……167, 185
アジア太平洋経済協力会議（APEC）……189
アジア・太平洋地域……103, 106
アジア・プレミアム……129
アッシャヒーン油田……219
アブドラ国王金融地区……11
安倍晋三首相……180, 184, 29
アミン・ナセル……15
アラブの春……105, 221
アラブ民族主義……223
アラムコ……85
アリエフ大統領……179
アリ・ヌアイミ……12

アルジェリア···································100
アルジャズィーラ（Al Jazeera）···········217
アルファバンク································191
アールファーム（R-Pharm）···············192
アルローサ·································23, 172
アレクセイ・クドリン元財務相············235
アレクセイ・ナヴァルヌイ············22, 234
アンゴラ··100
アントン・ヴァイノ··························181

い

飯田グループホールディングス···········195
イエメン··137
イエメン内戦·································9, 217
イーグル・フォード鉱区······················158
イーゴリ・セチン································1
イスカンデル···································201
イスラム教シーア派························9, 226
イスラム教スンニ派···························224
イスラム国（IS）·····················33, 167, 215
イスラム債······································10
イタリア炭化水素公社（ENI）······159, 206, 226
1次エネルギー································121
1次エネルギー供給····························53
出光興産··33
伊藤忠商事·····································193
伊藤忠丸紅鉄鋼································33
イラク·······································84, 100
イラン·································84, 100, 132
イラン国営石油会社（NIOC）··············226
イルクーツク石油（INK）···················193
岩谷産業··32
インテサ・サンパウロ···················44, 206
インド・オイル································26
インド石油天然ガス公社（ONGC）···26, 175

う

ヴァチェスラフ・ヴォロディン············180
ウーバーテクノロジーズ······················18
ウリュカエフ経済発展相··················40, 207
ウルップ島·····································200
ウルトラ・ペトロリアム······················162

え

エイドス社·····································193
液化天然ガス（LNG）············28, 117, 174, 194, 219
エクアドル·····································101
エクソンモービル···········6, 83, 159, 194, 231
エスポ原油·····································174
エッサール・オイル·················175, 175, 237
エッサール・グループ·················206, 237
エナジー XXI·································5, 162
エネルギー安全保障····················120, 148
エネルギー源別再生可能エネルギー新規投資···································68
エネルギー源別再生可能エネルギー発電量···································56
エネルギー需要予測····························73
エネルギー情報局（EIA）···········109, 214
エネルギーブリッジ構想······················30
エルドアン大統領·················20, 165, 227
エンロン··230

お

オアシス・ペトロリアム······················158
オイル・インディア····························26
オイルサンド····································6
オイルショック································2
欧州経済領域（EEA）························18
欧州連合（EU）·····················18, 161, 185
オークション価格（水力）···················65
オークション価格（太陽光）················63
オークション価格（バイオマス）··········65
オークション価格（風力）···················64
オークションの短所···························62
オークションの長所···························61

索　引　249

オーストラリア……134
オゾン社……209
オフショア（海底）……27, 160
オベ・フィナンシャル・コープ……209
オホーツク海……199
オマーン……137, 144, 145
オリガルキ（寡占資本家）……172
オレグ・ゴルディン……209
オンショア（陸上）……160

か

海外交通・都市開発事業支援機構（JOIN）……192
外国直接投資（FDI）……12
海上輸送路（シーレーン）……20
外務・防衛担当閣僚級協議（2プラス2）……201
価格カルテル……35
ガスプロム……28, 168, 224, 239
ガスプロムネフチ……224, 240
ガスプロムメディア・ホールディング……196
カタール……100, 134, 137, 148
カタール航空……218
カタール投資庁（QIA）……44, 187, 205, 218, 238
カタール・ペトロリアム……219
カムチャツカ半島……199
カリーニングラード……185
川崎重工業……194

き

ギガファクトリー……76
キーストーンXLパイプライン……6
キスリャク駐米ロシア大使……229
北アフリカ……104
北大西洋条約機構（NATO）……18, 163, 185
キュラソー……46
ギュレン師……20, 165
共同経済活動……190

極東開発公社……195
極東地域……195
極東電力……195
極東投資誘致輸出促進エージェンシー……196

く

クウェート……83, 84, 100, 144
クシュナー上級顧問……229
グッドリッチ・ペトロリアム……5
国後水道……189
クリストファー・レイ……230
クリミア半島……25, 163, 186, 231
グリーンカード……12
クルド人自治区……238
クルド民主連合党（PYD）……165
クルド労働者党（PKK）……166
クレムリン……19, 163, 197, 229
グレンコア……26, 187, 205, 238
グンボル……173

け

経済協力開発機構（OECD）……214
経常収支……87
減産合意……107
原子力発電……117, 121
ゲンナジー・ティムチェンコ……173
原油掘削装置（リグ）……6
原油輸入量……124

こ

国際エネルギー機関（International Energy Agency：IEA）……3, 52, 172, 213
国際協力銀行（JBIC）……29, 187
国際石油開発帝石（INPEX）……43, 193
国際石油資本（メジャー）……6, 159, 219
国際通貨基金（IMF）……16, 160, 227
国際民間航空機関（ICAO）……218
国内総生産（GDP）……9, 160, 197, 233
ゴーゴン・プロジェクト……220

コズミノ港 ……………………………… 24
国家ナショナリズム ……………………… 223
国家変革計画 2020 ………………………… 17
国家防衛隊（親衛隊） …………………… 174
駒井ハルテック …………………………… 194
コミー前連邦捜査局（FBI） …………… 230
コルマール社 ……………………………… 192
コンソーシアム（企業連合） ……… 26, 226
コンチネンタル・リソーシズ …………… 158

さ

最高経営責任者（CEO） …………… 165, 174
最終エネルギー消費 ……………………… 53
再生可能エネルギー供給 ………………… 55
再生可能エネルギー資源賦存量
　（Theoretical Potential） ……………… 72
再生可能エネルギー投資 ………………… 66
再生可能エネルギー導入ポテンシャル
　（Theoretical Potential） ……………… 72
再生可能エネルギーのオークション …… 61
再生可能エネルギー発電の設備容量 …… 57
財政均衡点 ………………………………… 227
サイバーダイン …………………………… 33
サウジアラビア ……………… 83, 84, 100, 131,
　132, 139, 145, 147, 148
サウジアラビア電力公社 ………………… 32
サウジアラムコ ………………… 11, 162, 224
ササクラ …………………………………… 33
サダ・エネルギー産業相 ………………… 157
サハリン（樺太） …………………… 25, 199
サハリン 1 ………………………………… 194
サハリン 2 …………………………… 30, 194
サハリン石油ガス開発（SODECO） … 194
サプライチェーン ………………………… 218
サルマン国王 ………………………… 12, 222
サンダルウッド …………………………… 209

し

シェブロン …………………… 83, 159, 219
シェール …………………………………… 120
シェールオイル …………… 6, 91, 101-103,
　107, 158, 214
シェール革命 ……………… 2, 95, 96, 99, 105,
　109, 241
シェールガス ……………………………… 220
シェール企業 …………… 5, 175, 214, 242
シェンゲン協定 …………………………… 18
支援ファシリティ（管理・運用） …… 191
事業化調査（FS） ………………… 30, 194
事業ポートフォリオ ……………………… 174
資源ナショナリズム ………………… 84, 223
シティー …………………………………… 19
シトゴ・ペトロリアム …………………… 237
シブール …………………………………… 174
シベリアの力 ………………………… 178, 239
シームレスパイプ（継目無鋼管） …… 242
シャード・タワー ………………………… 218
シャフ・デニス 2 天然ガス田 ………… 178
上海協力機構（SCO） ………………… 169
主要 7 カ国（G7） ……………………… 185
昭和シェル石油 …………………………… 15
シリア内戦 ………………………………… 10
シリア民主軍（SDF） ………………… 165
シーレーン（海上輸送路） ……… 118, 199
シロビキ（治安機関出身閥） …… 41, 207
新エネルギー・産業技術総合開発機構
　（NEDO） …………………………… 193
新規株式公開（IPO） ………… 11, 162, 224
新規設備容量 ……………………………… 58
人工知能（AI） ………………… 196, 224

す

水圧破砕 …………………………………… 97
水平坑井 …………………………………… 96
スウィング・プロデューサー（生産調整役）
　………………………………… 2, 85, 176, 240
スコルヴォ・イノベーションセンター … 196
スコルコヴォ財団 ………………………… 196

スタンダード・アンド・プアーズ（S＆P）……9
ストロイトランスガス……174
ズベルバンク……191
スポット（当用買い）……175

せ

政府系ファンド（SWF）……10, 218
勢力均衡（バランス・オブ・パワー）……20
世界銀行……227
世界貿易機関（WTO）……217
石油……123
石油掘削設備（リグ）……158, 214, 240
石油消費量……124, 144
石油製品輸入量……124
石油天然ガス・金属鉱物資源機構
　（JOGMEC）……193
石油輸出額……87
石油輸出国機構（OPEC）……1, 81, 157, 202, 212
世耕弘成経済産業相……29
セチン社長……208, 235
セッションズ司法長官……230
絶対王政……223
ゼネラル・エレクトリック（GE）……17
セバストポリ港……19, 171
セブン・シスターズ……81, 85, 106
セルゲイ・イワノフ大統領府長官
　……181, 208
セルゲイ・ウダルツォフ……235
セルゲイ・ロルドゥギン……208

そ

双日……192
宗谷海峡……200
ソチ……186
ソフコムフロート……172
ソフトバンクグループ……37, 224
ソフトバンク・ビジョン・ファンド……10
ゾール天然ガス田……206, 238

た

対外貿易銀行（VTB）……44, 209
大陪審……230
対費用発電効率……69
ダコタ・アクセス・パイプライン……6
タース・ユリア……27

ち

チェサピーク・エナジー……158
蓄電池市場規模……76
千島列島……188, 199
地上配備型ミサイル迎撃システム
　（THAAD）……201
地対艦ミサイル……200
地対空ミサイル S300……169
地対空ミサイル（システム）S400
　……164, 231
中国……136
中国開発銀行（CDB）……236
中国華信能源（CEFC）……238
中国石油化工（シノペック）……15
中国石油天然ガス（CNPC）……43, 178, 226
中東……118
中東依存度……148
中東産ドバイ原油先物……2
チュメニ石油……25
チラチャプ製油所……15

つ

ツーステップローン……191
ツポレフ22長距離爆撃機……168

て

テイク・オア・ペイ条項……146
テスラモーターズ社……76
テーパリング……212
テヘラン協定……84
デボン・エナジー……5

電気自動車（EV） 212
電通 196
天然ガス 127
天然ガス輸入 147
電力消費量 144

と

東京電力 32
東京電力福島第1原子力発電所 121
東芝 29, 196
東芝メディカルシステムズ 193
東方経済フォーラム 189
東洋紡 33, 43, 159, 219, 226
トタル 43
凸版印刷 33
ドナルド・トランプ・ジュニア 229
ドバイ 86
トヨタ自動車 33
トラフィギュラ 26, 206, 237
トランプ大統領 19, 37, 38, 229
トランプノミクス 38
トランプラリー 38
トリポリ協定 84
トルクメニスタン 136
トルコストリーム 168, 177, 232

な

ナイジェリア 100, 112
ナターリヤ・ヴェセルニツカヤ 229
ナビウリナ総裁 197
南部天然ガス回廊（SGC） 179

に

西アフリカ 103
西シベリア 24
21世紀のための自然エネルギー政策ネットワーク（Renewable Energy Policy Network for the 21st Century：REN21） 52
日米安全保障条約 201
日露通好条約 199
日揮 32, 194
日建設計 193
日ソ共同宣言 189
日本空港ビルディング 192
日本・サウジアラビア・ビジョン2030 32, 225
日本取引所グループ（JPX） 33
日本貿易振興機構（JETRO） 193
日本貿易保険（NEXI） 191
日本郵便 196

ね

ネイマール・ダ・シルバ・サントス・ジュニア 219
年次教書演説（施政方針演説） 201

の

ノースフィールド天然ガス田 226
ノバテック 30, 174, 195, 239
ノーブル・エナジー 158
ノルドストリーム 177
ノルドストリーム2 28, 178, 233
ノワク・エネルギー相 13, 215

は

パイオニア・ナチュラル・リソーシズ 158, 240
パイプライン 117, 128, 149
バークレイズ 6, 218
バジェノフ鉱区 205
パシフィック・エクスプロレーション・アンド・プロダクション 162
バシュネフチ 26, 172, 207
バスチオン 189
バッケン鉱区 6
パナソニック 196
パナソニック・ロシア 196
パナマ文書 173, 208

索　引　253

ハバロフスク空港 192
ハバロフスク空港会社 192
パブリック・インベストメント・ファンド（PIF） 10
ハマダン基地 168
パーミアン鉱区 6, 158, 240
バラト・ペトロリソーシズ 26
バランスシート 159
パリ協定 78
パリ・サンジェルマン 219
ハリド・ファリハ保健相 16
バル 189
バルキンド事務局長 34
バルト3国 241
ハロッズ 219
バンク・オブ・チャイナ 178
バンク・ロシア 208
バンコール油田 26

ひ

非OPEC 107
比較優位 117
東シベリア 26
東シベリア太平洋パイプライン（ESPO） 24
ビジョン2030 10, 223
ヒラリー・クリントン元国務長官 229

ふ

ファナック 196
ファリハ・エネルギー産業鉱物資源相 214
ファンダメンタルズ 7
フィスカル・ブレークイーブン・オイル・プライス 111
フォルクス・ワーゲン（VW） 218
付加価値税（VAT） 10, 223
福島 121
フーシ 217
富士通 196
富士フイルム 193

プーチン大統領 20, 166, 186, 189, 229
物品・サービス税（GST） 160
ブハリ大統領 161
プライベートエクイティ（PE） 5
ブラジル 92
フラッキング 97
フリー・キャッシュフロー 28
フリゲート艦 202
フリン前大統領補佐官 229
ブルーストリーム 177, 232
プルタミナ 15, 175
ブルームバーグ新エネルギーファイナンス（Bloomberg New Energy Finance：BNEF） 67
ブレークイーブン・プライス 93, 94
ブレント 85

へ

米エネルギー情報局（EIA） 158
米韓安全保障条約 201
平和条約 188
ヘス・コーポレーション 203
ペッグ（固定） 161
ヘッジファンド 7
ペトロナス 15
ペトロパルス 43, 226
ペトロベトナム 27, 175
ペニャニエト大統領 19
ベネズエラ 84, 101
ベネズエラ国営石油会社 PDVSA 236
ペノコ 162
ヘリウムガス 220
ペルシャ湾岸諸国（イラン，イラク，クウェート，サウジアラビア，バーレーン，カタール，アラブ首長国連邦（UAE），オマーン） 118
ペルシャ湾岸戦争 10
変動為替相場制度 21
変動資源 76

ヘンリー・ハブ……………………………130

ほ

貿易額動向……………………………142
北斗病院………………………………196
北部統合戦略司令部…………………200
ボストーチヌイ港……………………191
北海道総合商事………………………196
北海ブレント原油先物…………………2
北方四島………………………………199
北方領土………………………………188
ポロシェンコ政権……………………164
ホワイトハウス…………………38，226

ま

前川製作所……………………………196
マキシム・オレシュキン……………208
マツダ……………………………………30
マティス国防長官………………………39
マドゥーロ大統領……………………236
マトビエンコ…………………………189
マナフォート元選対会長……………229
丸紅……………………………………192
マレーシア……………………………134

み

ミサイル防衛（MD）システム……201
みずほ銀行………………………33，195
三井住友銀行……………………33，191
三井物産…………………………29，192
ミッドステイツ・ペトロリアム……162
三菱重工業……………………………195
三菱商事…………………………30，194
三菱東京UFJ銀行………………10，191
南アザデガン油田………………………43
南・西アフリカ………………………103
南パルス天然ガス田……………43，226

む

ムスリム同胞団………………………217
ムーディーズ・インベスターズ・サービス……16
ムハンマド・ビン・ザイド皇太子…………222
ムハンマド・ビン・サルマン皇太子…………12
ムハンマド・ビン・サルマン国防相
　兼副皇太子…………………………222
ムハンマド・ビン・ナエフ皇太子…………222

め

メイ首相…………………………………18
名目GDP…………………………………87
メタンハイドレート………………120，148
メドベージェフ首相………41，207，235
メビオール………………………………33
メムドゥフ・ボイダック……………165

も

モサデク…………………………………84
モディ首相……………………………202
モラー特別検察官……………………230

や

ヤマルLNGプロジェクト……………194

ゆ

ユガンスクネフチェガス……………205
輸出バンクローン……………………191
ユーリ・コバルチュク………………209

よ

洋上風力発電投資………………………71
横川電機…………………………………33

ら

ライディックス社……………………196

索　引　255

り

理化学研究所 193
リセッション（景気後退） 161
リビア 112
リビア国営石油公社 238
リヤド協定 84

る

ルースアグロ 192
ルーブル 21, 198, 233

れ

レーガノミクス 38
レックス・ティラーソン国務長官 237
レプソル 240
レームダック 228
連邦準備理事会（FRB） 212

ろ

ロイヤル・ダッチ・シェル 11, 83, 159, 194, 224

ロウハニ大統領 168, 226
ロシア 92, 107
ロシア開発対外経済銀行 195
ロシア極東経済特区 30
ロシア経済分野協力担当相 29, 188
ロシアゲート 228
ロシア住宅統一開発研究財団 193
ロシア対外経済銀行（VEB） 236
ロシア直接投資基金（RDIF） 191
ロシア直接投資ファンド（RDIF） 236
ロシア郵便 29, 196
ロスアトム 232
ロースギドロ 29
ロスネフチ 1, 172, 187, 204, 235

わ

ワニノ港 192
割増金（プレミアム） 24

《著者紹介》(執筆順)

嶋崎善章（しまざき・よしあき）担当：Ⅱ

　秋田県生まれ。
　現　在　秋田県立大学システム科学技術学部経営システム工学科准教授，
　　　　　Ph.D. (Economics), The George Washington University, Washington, DC.

〈主要業績〉

『経営システム工学とその周辺』（共著）横浜図書，2010 年。
「産業連関表を用いた中国における経済発展と二酸化炭素排出に関する研究」（共著）日本LCA 学会誌 6（4），327 〜 337 ページ，2010 年。
『日本のエネルギー政策を考える』（共著）創成社，2012 年。

河村　朗（かわむら・あきら）担当：Ⅲ，Ⅳ

　京都府生まれ。
　1991 年　神戸大学大学院経済学研究科博士後期課程単位取得。
　現　在　西南学院大学経済学部教授。

〈主要業績〉

『中東問題の盲点を突く』（共著）創成社，2011 年。
『日本のエネルギー政策を考える』（共著）創成社，2012 年。
『中東社会のダイナミズム』（共著）創成社，2014 年。

《編著者紹介》

中津孝司（なかつ・こうじ）担当：はじめに，Ⅰ，Ⅴ，Ⅵ，Ⅶ，Ⅷ

1961年大阪府生まれ。大阪商業大学総合経営学部教授。
経済学博士（大阪学院大学）。
1989年神戸大学大学院経済学研究科博士後期課程単位取得。大学での講義，執筆活動のほかに，テレビ，ラジオに出演，各地で講演も多数行っている。主要著書に『ロスネフチの逆襲』，『プーチン降板』，『日本株式投資入門』，『世界市場新開拓』，『資源危機サバイバル』，『日本のエネルギー戦略』，『ロシア世界を読む』，『エネルギー資源争奪戦の深層』，『ロシアマネー日本上陸』いずれも小社刊，『クレムリンのエネルギー資源戦略』（同文館），『ガスプロムが東電を買収する日』（ビジネス社）など80冊程度。

（検印省略）

2018年3月5日　初版発行　　　　　　　　　　　　略称 ― 地殻変動

地殻変動する国際エネルギー資源業界

編著者　中　津　孝　司
発行者　塚　田　尚　寛

発行所　東京都文京区　　株式会社　創　成　社
　　　　春日2-13-1

電　話　03（3868）3867　　FAX　03（5802）6802
出版部　03（3868）3857　　FAX　03（5802）6801
http://www.books-sosei.com　振替　00150-9-191261

定価はカバーに表示してあります。

©2018 Koji Nakatsu　　　組版：トミ・アート　印刷：エーヴィスシステムズ
ISBN978-4-7944-3186-8 C3033　製本：宮製本所
Printed in Japan　　　　　落丁・乱丁本はお取り替えいたします。

― 経済学選書 ―

書名	著者	区分	価格
地殻変動する国際エネルギー資源業界	中津孝司	編著	2,600円
苦悶する大欧州世界	中津孝司	編著	2,600円
グローバル経済徹底解明 ―「シェール革命」から読み解く世界―	中津孝司	編著	2,000円
日本のエネルギー政策を考える	中津孝司	編著	2,700円
世界激変！ 指導者交代 ―2012年以降を大胆予測―	中津孝司	編著	2,200円
世界市場新開拓 ―チャイナ・リスクに警鐘を鳴らす―	中津孝司	著	2,200円
中東問題の盲点を突く	中津孝司	編著	1,800円
エネルギー資源争奪戦の深層 ―国際エネルギー企業のサバイバル戦略―	中津孝司	著	2,000円
中国の労働問題	塚本隆敏	著	2,900円
中国の農民工問題	塚本隆敏	著	2,800円
入門経済学	飯田幸裕・岩田幸訓	著	1,700円
国際経済学の基礎「100項目」	多和田眞・近藤健児	編著	2,500円
国際公共経済学 ―国際公共財の理論と実際―	飯田幸裕・大野裕之・寺崎克志	著	2,000円
マクロ経済学のエッセンス	大野裕之	著	2,000円
ファーストステップ経済数学	近藤健児	著	1,600円
福祉の総合政策	駒村康平	著	3,000円
ミクロ経済学	関谷喜三郎	著	2,500円
マクロ経済学	石橋春男・関谷喜三郎	著	2,200円
イギリス経済思想史	小沼宗一	著	1,700円

（本体価格）

創成社